U0581563

中央高校基本科研业务费专项资金资助（项目编号：2019WKZDJC）

中国特色社会保障制度理论发展研究

ZHONGGUO TESE SHEHUI BAOZHANG ZHIDU
LILUN FAZHAN YANJIU

丁建定 等著

人民出版社

前　　言

　　改革开放四十多年是中国经济社会发生重大变化的时代,更是中国社会保障制度发生重大变化并逐步走向完善的时代。在这期间,中国不仅建立起包括社会保险制度、社会救助制度、社会福利制度以及基本社会保障服务在内的社会保障制度内容体系,城镇职工基本社会保障制度、城乡居民基本社会保障制度以及针对特别困难群体的社会保障制度在内的社会保障制度结构体系,而且建立起国家基本社会保障制度、单位补充社会保障制度以及个人自愿社会保障制度在内的社会保障制度层次体系。

　　中国社会保障制度的发展是一个众人皆知的事实。中国社会保障制度的发展,离不开中国共产党对社会保障制度认识的发展变化。可以说,中国社会保障制度改革与发展的需要,推动着中国共产党对社会保障制度认识的发展,中国共产党对社会保障制度认识的发展,指引着中国社会保障制度改革与发展的方向。改革开放以来,中国社会保障的发展变化,既包括中国社会保障制度的发展变化,也包括中国共产党对社会保障制度认识的发展变化,这种认识既是中国特色社会保障制度理论的核心内容,更是中国特色社会主义理论的重要组成部分。

　　中国特色社会保障制度理论,既是中国共产党领导中国人民进行社会保障制度实践的经验总结,更是中国共产党在领导中国人民进行社会保障制度实践中,关于中国社会保障制度认识的凝练和提升。改革开放以来,以邓小平同志、江泽民同志、胡锦涛同志、习近平同志为主要代表的中国共产党人根据中国经济社会发展的新变化,在社会保障制度的功能、社会保障制度的目标、社会保障制度的理念、社会保障制度的道路、"扶贫开发"与"精准脱贫"等方面,提出一系列符合中国基本国情的社会保障制度改革与发展的认识和观点,这些认识和观点构成中国共产党关于中国特色社会保障制度理论的基本内容。

总结和把握中国社会保障制度发展的事实非常重要,而总结和探讨中国特色社会保障制度理论的发展成果同样重要。这是当今中国社会保障学界必须重视的一项重要工作和任务,是中国社会保障学界致力于提升中国特色社会主义制度自信、道路自信、文化自信与理论自信的必然要求,也是更好地推进中国社会保障制度深层改革与更加完善,更好地推进中国社会保障学术研究、学科发展与人才培养的必然要求。

笔者始终关注和重视社会保障思想和理论的研究和教学工作,这种关注和重视不仅仅体现在对西方社会保障思想史的研究,也体现在对中国特色社会保障思想与理论的学习与研究,特别是始终在思考和探讨改革开放以来,在中国经济快速发展、社会逐步转型、民生备受关注的背景下,中国共产党关于中国特色社会保障制度的功能、目标、理念、道路以及反贫困等方面的思想、认识与观点,因为这种思想、认识与观点是中国共产党治国理政基本指导思想的重要组成部分,也必将是中国特色社会保障制度改革与发展的基本指导思想。正是基于这样的思考和认识,笔者近年探索性研究中国特色社会保障制度理论的发展,并组织团队开展一系列的合作研究,发表了一系列的研究论文,在此基础上,形成了目前呈现给读者的这项成果。

鉴于目前中国社会保障学界对中国特色社会保障制度理论研究的相对薄

弱,也为了保证本研究所参考的文献资料来源的权威性,本书的主要参考文献为《邓小平文选》《江泽民文选》《胡锦涛文选》《习近平谈治国理政》,中共中央党史和文献研究院编辑出版的中国共产党的重要文献,《人民日报》《求是》等权威报纸和刊物发表的邓小平、江泽民、胡锦涛、习近平讲话等,以及《马克思恩格斯全集》《列宁全集》《毛泽东选集》《毛泽东文集》等,这也可以为读者提供有关中国特色社会保障制度理论的经典文献的阅读线索。

　　本书由丁建定教授提出研究框架和大纲,是由几位国内社会保障领域的中青年学者集体完成的研究成果。在此,特向各位作者表示感谢!具体分工如下:第一章中国特色社会保障制度理论的马克思主义渊源,华中科技大学丁建定;第二章中国特色社会保障制度功能理论的发展,华中科技大学丁建定;第三章中国特色社会保障制度目标理论的发展,华中科技大学郭林;第四章中国特色社会保障制度理念理论的发展,华中师范大学王超群;第五章中国特色社会保障制度道路理论的发展,长安大学杨斌;第六章中国特色扶贫开发与反贫困理论的发展,华中科技大学谢勇才;第七章中国特色社会保障制度的发展,华中科技大学丁建定;结语,华中科技大学丁建定。

　　作为中国特色社会保障制度理论研究的初步成果,希望本书的出版能够推动学术界关于中国特色社会保障思想理论的研究,尤其是改革开放以来中国特色社会保障制度理论的研究和总结。这是一项基础工作,也是一项重要的工作,我们有责任有义务去做。当然,作为中国特色社会保障制度理论研究的初步成果,本书一定存在不完善的地方需要进一步讨论、商榷、斟酌,也请学界同行与读者不吝指正。

丁建定

2021 年 11 月 26 日

目　　录

第一章 中国特色社会保障制度理论的马克思主义渊源

　　中国特色社会保障制度理论是马克思、恩格斯、列宁、毛泽东关于社会保障的重要思想在中国改革开放以来的新发展。马克思关注无产阶级的贫困化问题，并提出了"六项扣除"理论这一社会保障思想的重要内容；恩格斯对济贫法制度进行了系统的批判，并阐述了无产阶级的社会保障主张及其实现途径；列宁不但对资本主义社会保障的本质进行了深刻的揭示，而且提出了无产阶级国家保险的基本原则。毛泽东在革命战争年代和新中国成立之初的一系列民生和社会保障思想，更多地赋予民生与社会保障以下的意义与功能，即通过发展和改善民生争取人民群众支持和拥护中国共产党及其领导的革命斗争，一方面开展武装革命，一方面开展土地革命，以武装革命推动土地革命，以土地革命促进武装革命，夺取革命胜利，并维护新兴革命政权。改革开放以来中国共产党的社会保障政策主张，成为马克思主义社会保障思想中国化的重要内容。

一、马克思的社会保障思想

1. 无产阶级贫困化理论

　　无产阶级贫困化问题是马克思无产阶级社会保障思想的重要内容，也是马克思号召无产阶级进行革命斗争的思想理论武器。马克思始终关注无产阶级的贫困问题,早在 1844 年,马克思就指出:工人的劳动为富人创造了财富,却为自己生产了赤贫,"工人生产的财富越多,他的生产的影响和规模越大,他就越贫穷"①。1864 年,马克思又指出:"不论是机器的改进,科学在生产上的应用,交通工具的改良,新的殖民地的开辟,向外移民,扩大市场,自由贸易,或者是所有这一切加在一起,都不能消除劳动群众的贫困。"②马克思还在《资本论》第一卷中指出:"在一极是财富的积累,同时在另一极,即在把**自己的产品作为资本来生产**的阶级方面,是贫困、劳动折磨、受奴役、无知、粗野和道德堕落的积累。"③

马克思论述了无产阶级贫困化的原因:在资本主义社会中,无产阶级的贫困化是资本主义制度的产物。马克思指出:"在社会的增长状态中,工人的毁灭和贫困化是他的劳动的产物和他生产的财富的产物。就是说,贫困从现代劳动本身的本质中产生出来。"④马克思进一步指出,资本主义工资制度导致无产阶级的贫困化,"在论述剩余价值的生产的那几篇里,我们总是假定工资至少和劳动力的价值相等。但是,把工资强行压低到这一价值以下,在实际运动中起着极为重要的作用……在一定限度内,这实际上是把工人的必要消费基金转化为资本的积累基金"⑤。

资本主义生产手段的改进加重了对工人的剥削,从而加剧了无产阶级贫困化。马克思指出:"在资本主义制度内部,一切提高社会劳动生产力的方法都是靠牺牲工人个人来发展的;一切增加生产的手段都转变为统治和剥削生产者的手段"。资本积累进一步加剧了无产阶级的贫困化,"一切生产剩余价

---

① 《马克思恩格斯文集》第 1 卷,人民出版社 2009 年版,第 156 页。
② 《马克思恩格斯选集》第 3 卷,人民出版社 2012 年版,第 6 页。
③ 《马克思恩格斯全集》第 42 卷,人民出版社 2016 年版,第 665 页。
④ 《马克思恩格斯文集》第 1 卷,人民出版社 2009 年版,第 124 页。
⑤ 《马克思恩格斯全集》第 44 卷,人民出版社 2001 年版,第 692 页。

值的方法同时就是积累的方法,而积累的每一次扩大又反过来成为发展这些方法的手段。由此可见,不管工人的报酬高低如何,工人的状况必然随着资本的积累而恶化"①。

马克思不仅指出了无产阶级的贫困存在绝对化的特点,同时也承认随着资本主义社会经济的发展,无产阶级的贫困还存在相对化的特点。马克思在《工资》一文中指出:"在发展过程中,工资双重地下降:第一,相对地,对一般财富的发展来说。第二,绝对地,因为工人所换得的商品量愈来愈减少。"②不过,马克思还明确指出,尽管无产阶级贫困化同时存在绝对化和相对化特点,无产阶级与资产阶级的生活状况的差异还是明显扩大。他指出:"在劳动生产力提高时,劳动力的价格能够不断下降,而工人的生活资料量同时不断增加。但是**相对地说**,即同剩余价值比较起来,劳动力的价值还是不断下降,从而工人和资本家的生活状况之间的鸿沟越来越深"③。

2. "六项扣除"理论

马克思无产阶级社会保障思想的核心内容集中体现在 1875 年的《哥达纲领批判》中,他在批评哥达纲领笼统地提出"劳动所得应当不折不扣和按照平等的权利属于社会一切成员"时提出了"六项扣除"理论,成为马克思无产阶级社会保障思想的重要内容。马克思指出:"如果我们把'劳动所得'这个用语首先理解为劳动的产品,那么集体的劳动所得就是社会总产品。现在从它里面应该扣除:第一,用来补偿消耗掉的生产资料的部分。第二,用来扩大生产的追加部分。第三,用来应付不幸事故、自然灾害等的后备基金或者保险

---

① 《马克思恩格斯全集》第 42 卷,人民出版社 2016 年版,第 664—665 页。
② 《马克思恩格斯全集》第 6 卷,人民出版社 1961 年版,第 646 页。
③ 《马克思恩格斯全集》第 42 卷,人民出版社 2016 年版,第 536 页。

基金。"①

马克思这里所提出的后备基金或者保险基金当然主要是指商业保险基金，但毫无疑问，这种主张中包含着社会保障的基本内涵。同时，马克思还指出，在扣除上述三个方面所需的生产消费资料部分以外，剩余的社会总产品才能成为消费资料。他指出："在把这部分进行个人分配之前，还得从里面扣除：第一，同生产没有直接关系的一般管理费用。同现代社会比起来，这一部分一开始就会极为显著地缩减，并随着新社会的发展而日益减少。第二，用来满足共同需要的部分，如学校、保健设施等。同现代社会比起来，这一部分一开始就会显著地增加，并随着新社会的发展而日益增长。第三，为丧失劳动能力的人等等设立的基金，总之，就是现在属于所谓官办济贫事业的部分。"②

马克思还进一步指出，社会后备基金等的扣除数额应该与经济发展状况保持协调。从社会总产品中扣除社会后备基金和保险基金，"在经济上是必要的，至于扣除多少，应当根据现有的资料和力量来确定，部分地应当根据概率计算来确定"；同时，马克思还指出，社会后备基金费用尽管来源于生产者的劳动创造的财富，它"又会直接或间接地用来为处于社会成员地位的这个生产者谋利益"。③

3. 其他社会保障主张

马克思还对德国工人党纲领中有关社会保障方面的含糊表达予以批评，借以阐述自己对诸多社会保障项目的基本看法。哥达纲领提出了"正常的劳动日"说法，马克思对此指出，"正常的劳动日"这种要求十分含糊，应该明确

① 《马克思恩格斯全集》第 25 卷，人民出版社 2001 年版，第 16—17 页。
② 《马克思恩格斯全集》第 25 卷，人民出版社 2001 年版，第 17 页。
③ 《马克思恩格斯全集》第 25 卷，人民出版社 2001 年版，第 17 页。

指出"在当前条件下多长的工作日是正常的"①。马克思还指出,"正常劳动日"这一条中还忽略了工厂立法中关于卫生设施和安全措施等内容。针对哥达纲领提出的"限制妇女劳动和禁止儿童劳动"的主张,马克思指出:"如果限制妇女劳动指的是工作日的长短和工间休息等等,那么工作日的正常化就应当已经包括了这个问题;否则,限制妇女劳动只能意味着在那些对妇女身体特别有害或者对女性来说违反道德的劳动部门中禁止妇女劳动。如果指的是这一点,那就应当说清楚。'禁止儿童劳动'!这里绝对必须指出年龄界限。普遍禁止儿童劳动是同大工业的存在不相容的,所以这是空洞的虔诚的愿望。实行这一措施——如果可能的话——是反动的,因为在按照不同的年龄阶段严格调节劳动时间并采取其他保护儿童的预防措施的条件下,生产劳动和教育的早期结合是改造现代社会的最强有力的手段之一。"②

针对哥达纲领中提出的"对工厂工业、作坊工业和家庭工业实行国家监督",马克思指出:"在普鲁士德意志这样一个国家里,应当明确地要求:工厂视察员只有经过法庭才能撤换;每个工人都可以向法庭告发视察员的失职行为;视察员必须是医生。"③马克思在《资本论》中也指出,有工作能力的劳动者必须为失去工作能力者或者还没有工作能力者的生活提供一定的劳动。"如果我们把有劳动能力的人必须总是为社会中还不能劳动或已经不能劳动的成员而进行的劳动的量,包括到 1. 必要劳动和 2. 剩余劳动中去,也就是说,如果我们把工资和剩余价值,必要劳动和剩余劳动的独特的资本主义性质去掉,——那么,剩下的就不再是这几种形式,而只是它们的为一切社会生产方式所共有的基础。"④

---

① 《马克思恩格斯全集》第 25 卷,人民出版社 2001 年版,第 32 页。
② 《马克思恩格斯全集》第 25 卷,人民出版社 2001 年版,第 32 页。
③ 《马克思恩格斯全集》第 25 卷,人民出版社 2001 年版,第 32 页。
④ 《马克思恩格斯全集》第 46 卷,人民出版社 2003 年版,第 992 页。

二、恩格斯的社会保障思想

1. 无产阶级贫困化理论

恩格斯也关注无产阶级的贫困问题。他在《英国工人阶级状况》中指出："大城市里工人阶级的状况就表现为一个逐渐下降的阶梯：最好的情况是生活暂时还过得去……最坏的情况是极端的贫困，直到无家可归和饿死的地步；但是一般说来，是更多地接近于最坏的情况，而不是接近于最好的情况。"①英国工人中"到处都可以看到经常的或暂时的贫困，看到因生活条件或劳动本身的性质所引起的疾病以及道德的败坏；到处都可以看到人的精神和肉体在逐渐地无休止地受到摧残"②。

恩格斯还指出，虽然工人阶级的状况"有时也有所改善"，但"由于大量的失业后备军汹涌而来，由于工人不断被新机器排挤，由于现在同样日益受机器排挤的农业工人的移来，这种改善每次都又化为乌有"。③ 恩格斯也认为，无产阶级处境悲惨的原因应该到资本主义制度本身中去寻找，资本主义制度使社会分裂为两个部分：一部分是全部生产资料的所有者，另一部分是除了劳动力以外一无所有的雇佣劳动者，这使社会大多数成员因为几乎得不到保障而陷于极度贫困之中。

2. 对济贫法的批判

恩格斯始终关注英国的济贫法改革，并指出旧济贫法存在许多不合理的

① 《马克思恩格斯全集》第 2 卷，人民出版社 1957 年版，第 357 页。
② 《马克思恩格斯全集》第 2 卷，人民出版社 1957 年版，第 499 页。
③ 《马克思恩格斯全集》第 29 卷，人民出版社 2020 年版，第 402 页。

地方,他引述了1833年英国官方出版的济贫法委员会的报告:"它阻碍工业发展,鼓励轻率结婚,刺激人口增长,抵消人口增长对工资的影响;这个制度是一种全国性的制度,它使勤劳而诚实的人沮丧,使懒惰、放荡和轻浮的人受到保护;它破坏家庭的纽带,不断阻碍资本的积累,使现存的资本瓦解,并使纳税人破产;此外,它给私生子的抚育费无疑是在为私生子发奖金。"恩格斯对此评价道:"这一段对旧济贫法的作用的描述大体上是正确的;救济金鼓励懒惰,促进'过剩'人口的增长。在当前的社会关系下,穷人自然不得不成为自私自利的人,如果工作或不工作生活状况都一样,那么他在二者之中当然要选择后者。"①

恩格斯认为,旧济贫法的上述弊端出现的根本原因,不是由于工人贫穷,而是由于资本主义社会制度。他指出:"从这里只能得出结论说,当前的社会关系是糟糕透顶的;而不能得出像马尔萨斯派的委员们那样的结论,认为应当根据惩戒理论,把贫穷当做犯罪来对待。"恩格斯尖锐地批判了以马尔萨斯为代表的自由主义思想家在对待穷人问题上的错误理论以及新济贫法:"马尔萨斯及其他拥护自由竞争的人们都深信,最好是让每个人自己管自己,彻底实行自由放任的原则,他们最希望把济贫法全部废除。但是,由于他们没有足够的胆量和权威来这样做,他们就提出一个尽可能适合马尔萨斯观点的济贫法。这个法律比简单地应用自由放任的原则还要残忍,因为这个原则只是消极地起作用,而济贫法则是积极地起作用。"②

恩格斯对按照新济贫法所建立起来的济贫院的救济原则提出批评。他指出,在新济贫法下,"一切现金或生活资料的救济都取消了;只保留一种救济方式,即把穷人收容到已经在各处迅速建立起来的习艺所里去。这种习艺所(workhouses),或者如人民所称呼的'济贫法巴士底狱'(poor-law bastiles)的

---

①　《马克思恩格斯文集》第1卷,人民出版社2009年版,第486页。
②　《马克思恩格斯文集》第1卷,人民出版社2009年版,第486—487页。

设施,足以吓退每一个还有一点希望可以不靠这种社会慈善事业过活的人。为了使穷人只是在万不得已时才去请求救济,为了使他在决定请求救济以前自己先尽到最大的努力,马尔萨斯的信徒挖空心思把习艺所变成一个令人望而生畏的居留地。那里的伙食要比最穷的就业的工人吃的还要差,而工作却更繁重;否则工人会情愿住习艺所,而不愿在外面过那种可怜的生活……甚至监狱里一般的伙食也比这里好,因此,住习艺所的人为了能够进监狱,常常故意犯一点罪。实际上习艺所也就是监狱。不做完分内的工作不能吃饭;想外出须事先请假,准与不准要看他的表现或者监管人对他的意见;抽烟是禁止的;也不准接受所外亲戚朋友馈送的东西"①。

恩格斯总结指出,新济贫法"实质上是把穷人当做犯人,把习艺所当做惩治犯人的监狱,把住习艺所的人当做不受法律保护的、丧失人类尊严的、讨厌的、令人憎恶的对象"②。恩格斯认为,新济贫法是英国资产阶级对付无产阶级的手段:"在这个社会措施中,英国资产阶级是作为一个整体,作为政权出现的,在这里他们清楚地表明了自己的真实愿望,表明了他们对无产阶级采取的那些卑鄙的、从表面上看似乎只能归咎于个别人的行为的真正含义。这个措施不是出自资产阶级某一派别,而是得到了整个阶级的赞许……这样就宣布了无产阶级是不受国家和社会保护的;这样就公开宣布了无产者不是人,不值得把他们当人对待。"③

不过,恩格斯同时认为,新济贫法将唤起英国无产阶级新的斗争意识:"习艺所的建立比执政党的任何措施都更加激起了无产阶级对有产阶级的仇恨,而大部分有产者则因新济贫法而欣喜若狂。从纽卡斯尔到多佛尔,这个新法律引起了工人们**一致的**愤怒的呼声……新济贫法也大大促进了工人运动的

① 《马克思恩格斯文集》第1卷,人民出版社2009年版,第487—488页。
② 《马克思恩格斯文集》第1卷,人民出版社2009年版,第488页。
③ 《马克思恩格斯文集》第1卷,人民出版社2009年版,第493页。

发展,特别是促进了宪章运动的扩展;因为这个法律在农村中应用得最广,所以它将有利于农村地区无产阶级运动的发展。"①

3. 其他社会保障主张

恩格斯在《共产主义原理》中提出了废除私有制的 12 项建议和主张,这些建议和主张后来被概括为十个方面,作为工人阶级完成废除私有制的重要任务和目标写进了《共产党宣言》中。其中与社会保障问题相关的重要主张包括:"(4)在国家农场、工厂和作坊中组织劳动或者让无产者就业,这样就会消除工人之间的竞争,并迫使还存在的厂主支付同国家一样高的工资。(5)对社会全体成员实行同样的劳动义务制,直到完全废除私有制为止……(8)所有的儿童,从能够离开母亲照顾的时候起,都由国家出钱在国家设施中受教育。把教育和生产结合起来。(9)在国有土地上建筑大厦,作为公民公社的公共住宅。公民公社将从事工业生产和农业生产,将把城市和农村生活方式的优点结合起来,避免二者的片面性和缺点。(10)拆毁一切不合卫生条件的、建筑得很坏的住宅和市区。"②

可见,恩格斯当时提出的社会保障项目已经涉及工人阶级就业、教育、儿童关怀、住房与公共卫生等诸多方面。恩格斯进一步指出,废除资本主义私有制的重要目的之一,是促进工人阶级共同福利的发展。他指出:"由社会全体成员组成的共同联合体来共同地和有计划地利用生产力;把生产发展到能够满足所有人的需要的规模;结束牺牲一些人的利益来满足另一些人的需要的状况;彻底消灭阶级和阶级对立;通过消除旧的分工,进行生产教育、变换工种、所有人共同享受大家创造出来的福利,通过城乡的融合,使社会全体成员

---

①　《马克思恩格斯文集》第 1 卷,人民出版社 2009 年版,第 492 页。
②　《马克思恩格斯选集》第 1 卷,人民出版社 2012 年版,第 305 页。

的才能得到全面的发展，——这就是废除私有制的主要结果。"①

无产阶级进行革命斗争的重要目的之一，也是建立真正为全社会所享的福利。恩格斯指出："劳动产品超出维持劳动的费用而形成剩余，以及社会的生产基金和后备基金靠这种剩余而形成和积累，过去和现在都是一切社会的、政治的和智力的发展的基础。在迄今为止的历史中，这种基金都是一个特权阶级的财产……即将到来的社会变革将把这种社会的生产基金和后备基金，即全部原料、生产工具和生活资料，从特权阶级的支配中夺过来，把它们转变给全社会作为公共财产，这样才真正把它们变成了社会的基金。"②

三、列宁的社会保障思想

1. 无产阶级贫困化理论

无产阶级贫困化理论依然构成列宁无产阶级社会保障思想的重要内容。列宁在《我们党的纲领草案》中阐述了资本主义社会中无产阶级贫困化的理论，并提出俄国社会民主工党必须把无产阶级的社会保障问题放在极为重要的位置。列宁指出，资本主义社会中无产阶级存在严重的贫困化趋势，"目前在俄国，这种趋势在农民和工人中间已经表现得非常明显。其次，考茨基指出，'贫困等等的程度不断加深'这句话，不仅可以用来说明上述趋势，而且可以用来说明'社会贫困'的增长，即无产阶级生活状况同资产阶级生活水平，同随着劳动生产率的大大增长而不断提高的社会消费水平之间愈来愈不相适应"③。

列宁坚决主张必须把"贫困、压迫、奴役、屈辱、剥削的程度不断加深"这

---

① 《马克思恩格斯选集》第 1 卷，人民出版社 2012 年版，第 308—309 页。
② 《马克思恩格斯全集》第 26 卷，人民出版社 2014 年版，第 203 页。
③ 《列宁全集》第 4 卷，人民出版社 2013 年版，第 190 页。

句话写进俄国社会民主工党的纲领中去,理由是:"第一,这句话十分中肯地说明了资本主义基本的和重大的特性,说明了我们眼前发生的过程,也就是说明了产生俄国工人运动和社会主义的主要条件之一;第二,它概括了工人群众最难忍受和最为愤慨的许多现象(失业、微薄的工资、吃不饱、挨饿、资本的严酷纪律、卖淫、奴仆的增加等等,等等),为鼓动工作提供了大量材料;第三,由于这样确切地说明了资本主义的极有害的后果以及工人愤慨的必然性,我们就能够同动摇不定的分子划清界限,这些人虽然'同情'无产阶级,要求实行有利于无产阶级的'改良',但是力图在无产阶级和资产阶级之间,在专制政府和革命者之间采取'中庸之道'。"①

2. 无产阶级国家保险理论

1902 年,列宁在为俄国社会民主工党拟订的纲领草案中,详细系统地阐述了无产阶级政党在工人阶级社会保障方面的基本要求:"(1)一切雇佣工人的工作日应限制为一昼夜 8 小时;(2)由法律规定,国民经济各部门的男女雇佣工人,每周连续休息时间不得少于 36 小时;(3)绝对禁止加班加点;(4)国民经济各部门禁止做夜工(晚 9 时至翌晨 5 时),由于技术原因绝对必须做夜工的部门除外;(5)禁止企业主雇用年龄未满 15 岁的童工;(6)禁止在只对妇女身体有害的部门使用女工;(7)由法律规定,工人由于不幸事故或有害的生产条件而完全或部分丧失劳动能力时,雇主应负民事责任;工人无须证明上述丧失劳动能力的情况是由雇主的过错造成的;(8)禁止用商品支付工资;(9)国家对失去劳动能力的老年工人发放养老金;(10)增加工厂视察员的人数;在女工占多数的部门设女视察员;由工人选出并由国家支付薪金的代表监督工厂法的执行,以及由工人选出的代表监督工资标准的制定和商品的

---

① 《列宁全集》第 4 卷,人民出版社 2013 年版,第 190—191 页。

验收;(11)地方自治机关在工人代表的参与下共同监督企业主拨给工人的住宅的卫生状况,以及监督这些住宅的内部规章和租用条件,使雇佣工人作为私人和公民的生活和行动不受企业主的干涉;(12)在一切使用雇佣劳动的企业内对劳动条件建立正规的、全面的卫生监督;(13)把工厂视察机关监督制推广到手艺业、家庭工业、手工工业和国营企业中去;(14)规定破坏劳动保护法应负刑事责任;(15)禁止企业主以任何理由和为了任何目的(罚款、检验等等)克扣工资;(16)在国民经济各部门设立职业法庭,由对等的工人代表和企业主代表组成。"①

列宁不仅明确地指出了资本主义社会建立社会保险制度的必要性,而且具体阐述了建立无产阶级的国家保险的基本主张。列宁指出:"雇佣工人以工资形式取得的那一部分自己创造的财富,非常之少,刚能满足工人的最迫切的生活需要,因此,无产者根本不能从自己的工资中拿出一些钱去储蓄,以便在因伤残、疾病、年老、残废而丧失劳动力时,以及在资本主义生产方式必然造成的失业时使用。因此,在出现上述一切情况时对工人实行的保险,完全是资本主义发展的整个进程所决定的一种改革。"②

列宁还阐述了关于无产阶级国家保险的基本原则:"最好的工人保险形式是工人的**国家**保险;它是根据下列原则建立的:(一)在工人丧失劳动力的**一切**情况(伤残、疾病、年老、残废;还有女工的怀孕和生育;供养人死亡后所遗寡妇和孤儿的抚恤)下,或在他们因失业而失去工资的情况下,国家保险都应给工人以保障;(二)保险应包括**一切**雇佣劳动者及其家属;(三)对一切被保险人都应按照偿付**全部**工资的原则给予补偿,同时**一切**保险费应由企业主和国家负担;(四)各种保险应由**统一的**保险组织办理;这种组织应按**区域**和

---

① 《列宁全集》第 6 卷,人民出版社 2013 年版,第 195—197 页。
② 《列宁全集》第 21 卷,人民出版社 2017 年版,第 154—155 页。

被保险人**完全**自行管理的原则建立。"①

列宁进一步明确指出,无产阶级国家保险制度只能在推翻资本主义制度的前提下才有可能建立起来。他说:"必须彻底推翻沙皇制度,争得无产阶级自由进行阶级斗争的条件,才能实现真正符合无产阶级利益的保险改革。"②列宁还把实现无产阶级的社会保障作为无产阶级进行反对资产阶级斗争的重要内容和手段。他在《有党的工作者参加的克拉科夫会议的通报和决议》中指出:"1. 必须进行最坚决的、齐心协力的斗争,反对政府和资本家企图强迫工人不经过工人大会糊里糊涂地推选参加伤病救济基金会的受托人。……3. 工人们应当举行革命的群众大会,抗议在实行保险法过程中所发生的暴力和刁难行为。……6. 争取合理地选举伤病救济基金会代表的斗争一分钟也不应当停顿。……9. 必须把关于实行保险制度的整个鼓动工作同说明沙皇俄国的全部实际状况这一内容密切地结合起来,同时要说明我们的社会主义原则和革命要求。"③

3. 十月革命后的社会保障主张

十月革命胜利后不久,苏维埃政府就发表了《关于社会保险的政府通告》。其中指出:"俄国无产阶级在自己的旗帜上写上了对雇佣工人以及城乡贫民实行完全的社会保险……依靠工农兵代表苏维埃的工农政府通告俄国工人阶级,以及城乡贫民,它将立即着手颁布建立在工人保险口号基础上的完全的社会保险法令。"④列宁还对平等的劳动报酬、合理的收入分配提出自己的主张。他在 1919 年的《俄共(布)纲领草案》中指出:"我们力求使任何劳动的

---

① 《列宁全集》第 21 卷,人民出版社 2017 年版,第 155 页。
② 《列宁全集》第 21 卷,人民出版社 2017 年版,第 156 页。
③ 《列宁全集》第 22 卷,人民出版社 2017 年版,第 281—282 页。
④ 朱传一、沈佩容主编:《苏联东欧社会保障制度》,华夏出版社 1991 年版,第 7 页。

报酬一律平等,力求实现完全的共产主义,但在目前只是采取最初步骤从资本主义向共产主义过渡的时候,我们决不能给自己提出立刻实现这种平等的任务。"①

1921年,苏维埃实施新经济政策以后,列宁提出了反对平均主义的思想。他指出:"按照平均分配的原则来分配粮食会产生平均主义,这往往不利于提高生产。"②同年10月,列宁在《十月革命四周年》一文中写道:"我们原来打算(或许更确切些说,我们是没有充分根据地假定)直接用无产阶级国家的法令,在一个小农国家里按共产主义原则来调整国家的生产和产品分配。现实生活说明我们犯了错误。"③

四、毛泽东的民生与社会保障思想

1. 第一、二次国内革命战争时期的民生与社会保障思想

中国共产党始终重视民生和社会保障,并将革命、改革与民生、社会保障放在党的工作的重要位置。早在中国共产党成立初期和第一、二次国内革命战争时期,残酷的军事斗争伴随着艰难困苦的生活条件,成为威胁中国共产党领导的武装力量、红色政权以及革命前途的重要因素。在这样的背景下,毛泽东在非常重视政治与军事斗争的同时,也非常重视发展和改善民生,并在一系列重要文献中对此进行了比较全面、系统、深刻而又富于时代特征的论述。毛泽东在《中国的红色政权为什么能够存在?》中指出,在白色势力的包围中,军民日用必需品和现金的缺乏,成了极大的问题。"每天除粮食外的五分钱伙

---

① 《列宁全集》第36卷,人民出版社2017年版,第89页。
② 《列宁全集》第41卷,人民出版社2017年版,第357页。
③ 《列宁选集》第4卷,人民出版社1972年版,第571页。

食费都感到缺乏,营养不足,病的甚多,医院伤兵,其苦更甚。这种困难,在全国总政权没有取得以前当然是不能免的,但是这种困难的比较地获得解决,使生活比较地好一点,特别是红军的给养使之比较地充足一点,则是迫切地需要的。边界党如不能对经济问题有一个适当的办法,在敌人势力的稳定还有一个比较长的期间的条件下,割据将要遇到很大的困难。"①显然,在毛泽东看来,民生保障问题不仅事关人民群众的生活,更是关系到中国共产党领导的工农武装和割据政权是否能够长期存在的重要影响因素。

毛泽东在《关心群众生活,注意工作方法》中更加系统深刻地阐述了改善民生与武装革命、工农群众与中国共产党之间的关系。毛泽东指出:"一切群众的实际生活问题,都是我们应当注意的问题。假如我们对这些问题注意了,解决了,满足了群众的需要,我们就真正成了群众生活的组织者,群众就会真正围绕在我们的周围,热烈地拥护我们。"毛泽东强调指出:"我们应该深刻地注意群众生活的问题,从土地、劳动问题,到柴米油盐问题。……要得到群众的拥护吗?要群众拿出他们的全力放到战线上去吗?那末,就得和群众在一起,就得去发动群众的积极性,就得关心群众的痛痒,就得真心实意地为群众谋利益,解决群众的生产和生活的问题,盐的问题,米的问题,房子的问题,衣的问题,生小孩子的问题,解决群众的一切问题。我们是这样做了么,广大群众就必定拥护我们,把革命当作他们的生命,把革命当作他们无上光荣的旗帜。"②显然,这个时期,武装革命与土地革命、打土豪与分田地等中国革命的基本思想和战略策略基本呈现出来,只有实现武装革命的胜利,打倒土豪,才能更好地开展土地革命,实现分田地,解决民生问题。也只有开展土地革命,解决了民生问题,才能争取群众的支持,进而实现武装革命的胜利,以土地革命为最高表现形式的民生成为中国革命的两大基本方式之一。

---

① 《毛泽东选集》第一卷,人民出版社1991年版,第53页。
② 《毛泽东选集》第一卷,人民出版社1991年版,第137—139页。

2. 抗日战争时期的民生与社会保障思想

抗日战争时期,为了团结和争取一切愿意抗日的力量,就必须既重视军事斗争、政治斗争,注意改善民生,又关注一切可以团结的抗日力量的利益,才能建立和巩固最广大的抗日民族统一战线,毛泽东在民生和社会保障问题上提出了更具战略与策略意义的思想。毛泽东在《反对日本进攻的方针、办法和前途》一文中阐述了改善民生对于发展和壮大抗日力量的重要性,他指出,必须"宣布改良人民生活的纲领,并立即开始实行。苛捐杂税的取消,地租的减少,高利贷的限制,工人待遇的改善,士兵和下级军官的生活的改善,小职员的生活的改善,灾荒的救济:从这些起码之点做起。……这些新政将使抗日力量无限地提高,巩固政府的基础。"①在《为动员一切力量争取抗战胜利而斗争》一文中,毛泽东又指出,必须"改良工人、职员、教员和抗日军人的待遇。优待抗日军人的家属。废除苛捐杂税。减租减息。救济失业。调节粮食。赈济灾荒"②。

为了争取更加广泛的抗日民族统一战线,保证抗日战争取得彻底的胜利,毛泽东在《论联合政府》这篇光辉文献中明确系统地论述了全民族抗战中民生和社会保障工作的基本原则。他指出:"在新民主主义的国家制度下,将采取调节劳资间利害关系的政策。一方面,保护工人利益,根据情况的不同,实行八小时到十小时的工作制以及适当的失业救济和社会保险,保障工会的权利;另一方面,保证国家企业、私人企业和合作社企业在合理经营下的正当的赢利;使公私、劳资双方共同为发展工业生产而努力。"③毛泽东同时强调指

---

① 《毛泽东选集》第二卷,人民出版社 1991 年版,第 347—348 页。
② 《毛泽东选集》第二卷,人民出版社 1991 年版,第 356 页。
③ 《毛泽东选集》第三卷,人民出版社 1991 年版,第 1082 页。

出,在全民族抗战中,"下面这些要求是适当的,并且是最低限度的"①。如,要求改善兵役制度和改善官兵生活;要求优待抗日军人家属,使前线官兵安心作战;要求优待殉国战士的遗族,优待残废军人,帮助退伍军人解决生活和就业问题;要求改善中下级公务员的待遇;要求救济难民和救济灾荒;要求设立大量的救济基金,在国土收复后,广泛地救济沦陷区的受难人民;要求制止无限制的通货膨胀和无限制的物价高涨;要求改善工人生活,救济失业工人,并使工人组织起来,以利于发展工业生产;要求保护青年、妇女、儿童的利益,救济失学青年;等等。② 显然,发展和改善群众生活事关争取和团结抗日力量、建立最广大的抗日民族统一战线,保证抗日战争的最后胜利。

3. 解放战争时期的社会保障思想

在解放战争时期,如何在国内革命战争即将取得胜利以及取得胜利后的情况下,正确处理革命快速取得胜利中带来的民生问题,争取处理新中国国家建设中百废待兴与人民群众的基本生活问题,成为事关新中国前途和命运的重大问题。毛泽东在思考和推进政治斗争、军事斗争的同时,更加关注发展和改善民生。毛泽东在《一九四六年解放区工作的方针》一文中指出:"各解放区有许多灾民、难民、失业者和半失业者,亟待救济。此问题解决的好坏,对各方面影响甚大。救济之法,除政府所设各项办法外,主要应依靠群众互助去解决。此种互助救济,应由党政鼓励群众组织之。"③

4. 新中国成立初期的社会保障思想

新中国成立以后,毛泽东更加重视民生问题与社会保障制度建设。在

---

① 《毛泽东选集》第三卷,人民出版社 1991 年版,第 1063 页。
② 参见《毛泽东选集》第三卷,人民出版社 1991 年版,第 1064 页。
③ 《毛泽东选集》第四卷,人民出版社 1991 年版,第 1176 页。

《为争取国家财政经济状况的基本好转而斗争》一文中,毛泽东指出:"必须认真地进行对于失业工人和失业知识分子的救济工作,有步骤地帮助失业者就业。必须继续认真地进行对于灾民的救济工作。"①在《给马叙伦的信》中,毛泽东针对学生的健康和营养问题特别指出:"各校注意健康第一,学习第二。营养不足,宜酌增经费。……病人应有特殊待遇。全国一切学校都应如此。""关于学生健康问题……此问题深值注意,提议采取行政步骤,具体地解决此问题。"②毛泽东在《国家预算要保证重点建设又要照顾人民生活》一文中更加具体地指出:"一九五六年的人民生活有所改善,就业有所增加,人民是高兴的。但是,人民生活的改善,必须是渐进的,支票不可开得过多。过高的要求和暂时办不到的事情,要向人民公开地反复地解释。""钱和材料只有这样多,一九五七年的年度计划,在某些方面必须比一九五六年作适当压缩,以便既能保证重点建设,又能照顾人民生活需要。"③毛泽东的上述思想与主张,对于推进中国革命取得最后的胜利,推动新中国成立后经济建设、民生发展与社会保障事业的建立具有重要指导作用。

五、马克思主义社会保障思想的中国化

1. 马克思、恩格斯社会保障思想的特点

显而易见的是,马克思、恩格斯的社会保障思想具有革命性。19世纪中期,西方资本主义表现出两大主要特点:一是由于工业革命的开始和进行而带来的资本主义的快速发展,二是资本主义的快速发展基本上建立在超强度剥

---

① 《毛泽东文集》第六卷,人民出版社1999年版,第71页。
② 《毛泽东文集》第六卷,人民出版社1999年版,第83页。
③ 《毛泽东文集》第七卷,人民出版社1999年版,第159、160页。

削的基础上。西方资本主义发展的这种时代特征，反映在经济生活领域，必然是无产阶级的贫困化不断加剧；反映在社会阶级关系方面，必然是无产阶级和资产阶级矛盾的不断尖锐；反映在社会思想领域，必然是阶级冲突和阶级斗争理论的出现和发展。时代赋予马克思与恩格斯的伟大历史使命，是揭示资本主义社会灭亡与社会主义社会出现的历史必然性，阐明实现无产阶级社会主义革命胜利的阶级力量、道路选择与具体方式，从而唤起并推动无产阶级起来进行反对资产阶级的斗争。这种时代背景就使得阶级斗争学说、无产阶级革命理论、暴力推翻资产阶级统治的主张，构成马克思、恩格斯思想理论的重要内容。虽然马克思和恩格斯提出了一些有关社会保障方面的重要思想主张，但是，这些思想主张与马克思、恩格斯有关阶级斗争和无产阶级革命的思想主张相比，在理论体系上并不系统，在马克思主义整个思想体系中并不居于核心地位。①

同时，马克思、恩格斯的社会保障思想具有批判性。马克思和恩格斯虽然正面提出了一些社会保障方面的思想主张，但是，他们的社会保障思想是以服务于唤起和鼓动无产阶级进行革命为目标，以批判的态度对待当时资产阶级政府的社会保障措施，甚至以批判的态度对待工人阶级提出的一些社会保障要求与主张。这一特点，可以说在马克思与恩格斯的各种著作中随处可见，他们尤其对资产阶级采取的改善工人阶级生活状况的措施提出了批评。就像马克思指出的："在工人自己所生产的日益增加的并且越来越多地转化为追加资本的剩余产品中，会有较大的部分以支付手段的形式流回到工人手中，使他们能够扩大自己的享受范围，有较多的衣服、家具等消费基金，并且积蓄一小笔货币准备金。但是，吃穿好一些，待遇高一些，持有财产多一些，不会消除奴隶的从属关系和对他们的剥削，同样，也不会消除雇佣工人的从属关系和对他

---

① 参见丁建定：《社会福利思想》（第2版），华中科技大学出版社2009年版，第231页。

们的剥削。由于资本积累而提高的劳动价格,实际上不过表明,雇佣工人为自己铸造的金锁链已经够长够重,容许把它略微放松一点。"①恩格斯也指出,资产阶级所采取的措施只是为了从工人阶级身上剥削更多剩余价值,资本家"为了赢得火腿,可以给工人香肠"②。

关于最低工资问题。马克思指出,虽然"平均最低工资是由最必需的生活资料本身的价格所决定",最低工资必须应该能够满足工人最基本的生活需要;但他同时指出,"最低工资所产生的结果是:例如,取消星期日对工人来说纯粹是损失。他必须在更加恶劣的条件下挣得工资。这就是拥护取消星期日例假的诚实的慈善家们的目的"。③

关于工作日问题。恩格斯在1850年的《10小时工作制问题》中指出:对于实行10小时工作制,"我们不但毫不反对,甚至我们还认为,工人阶级在取得政权的第一天,为了保护妇女和儿童劳动,将采取远比10小时工作制法案,甚至比8小时工作制法案更彻底得多的措施"。但10小时工作制法案"从它本身和它的最终目的来看,毫无疑问是个骗人的步骤,是不适用的,甚至是反动的措施,它本身包含着自己毁灭的根苗。这个法案一方面没有破坏现存的社会制度,另一方面也没有促进它的发展"。这个法案"并不是由工人阶级通过的,而是由他们的暂时同盟者,社会上的反动阶级通过的,由于继这个法之后并没有任何其他措施来彻底改变资本和劳动之间的关系,这个法是不合时宜的,不现实的,甚至是反动的措施"。④

关于济贫法等社会立法。马克思、恩格斯承认这些社会立法在缓和工人阶级的生活贫困、对劳工者提供各种劳动保护以及维护妇女儿童的健康等方

---

① 《马克思恩格斯全集》第44卷,人民出版社2001年版,第713—714页。
② 《马克思恩格斯全集》第2卷,人民出版社1957年版,第362页。
③ 《马克思恩格斯全集》第6卷,人民出版社1961年版,第645页。
④ 《马克思恩格斯全集》第10卷,人民出版社1998年版,第286页。

面发挥了一定作用,甚至号召和支持工人阶级争取各种社会立法的颁布实施。但是,马克思、恩格斯同时指出,资产阶级社会立法的根本目的是维护其自身的统治地位,一些社会立法的颁布是为了削弱工人阶级进行革命斗争的热情,因此,工人阶级应该积极争取社会立法的实施,但是决不能因为社会立法的实施,因为生活条件的某些改善而放弃进行政治斗争的目标。马克思还指出,资产阶级用于改善工人阶级物质生活与劳动条件方面的开支,并不是由资产阶级自己来承担的,他们总会通过一定的途径将这种开支转嫁给工人阶级来承担。马克思在《资本论》中就一针见血地指出:"资本知道怎样把这项费用的大部分从自己的肩上转嫁到工人阶级和中等阶级下层的肩上。"①

2. 列宁社会保障思想的特点

较之马克思、恩格斯的无产阶级社会保障思想,列宁的无产阶级社会保障思想具有不同的特点。第一,对资本主义社会保障政策作用的认识具有客观性。随着 19 世纪末 20 世纪初西方国家社会保障制度的建立和发展,社会保障制度作为一种能够有效促进社会公平与民众生活水平改善的社会政策,已经逐步受到西方国家无产阶级的支持和拥护,这种情况对列宁的社会保障思想产生了重要影响,并使得列宁的社会保障思想具有与马克思、恩格斯的社会保障思想不同的特点。列宁对资产阶级国家所实行的各种社会保障政策不再简单地加以否定,而是客观评价其在西方资本主义国家社会发展以及无产阶级生活改善方面所发挥的积极作用,认为社会保障政策的出现是资本主义经济社会发展的必然趋势,无产阶级应该正确地看待并合理地利用资产阶级政府的社会保障政策,促进无产阶级生活条件的不断改善。显然,列宁对资产阶级政府所实行的社会保障政策持有一定程度的肯定态度。

①　《马克思恩格斯全集》第 42 卷,人民出版社 2016 年版,第 663 页。

第二,对无产阶级社会保障政策的主张具有系统性。列宁系统地提出了无产阶级社会保障政策基本主张。列宁对资产阶级政府社会保障政策的态度决定了他的无产阶级社会保障思想的基本出发点,也决定了他对无产阶级社会保障思想的基本表达方式。列宁不再对资产阶级社会保障政策简单地予以批判和否定,而是通过正面地阐述无产阶级社会保障思想的基本主张,以显示无产阶级社会保障思想与资产阶级社会保障思想的不同,从而唤起无产阶级继续进行反对资产阶级的斗争,建立无产阶级的政府,实现包括无产阶级国家保险在内的各种社会保障政策。

第三,对无产阶级革命中社会保障的地位具有认同性。列宁还将争取无产阶级社会保障的改善作为无产阶级革命斗争的重要内容。资产阶级社会保障政策的实施有效地改善了工人阶级的社会生活状况,资产阶级的社会保障政策也因此而获得工人阶级的认同,这就使得列宁关于无产阶级革命的内容的思想中,必须关注无产阶级的社会保障状况,于是,争取无产阶级社会保障状况的改善成为无产阶级革命的重要内容,并成为列宁无产阶级国家保险制度的重要组成部分。列宁的社会保障思想,不但体现了列宁主义社会保障思想的基本特征,也体现出马克思主义社会保障思想的不断发展和丰富。

3. 马克思、恩格斯与列宁社会保障思想的发展性

显然,马克思、恩格斯与列宁的无产阶级社会保障思想存在一定的差异,这种差异事实上恰恰体现了马克思、恩格斯与列宁关于无产阶级社会保障思想的发展性。需要指出的是,马克思、恩格斯与列宁的社会保障思想还具有显著的共同性,即无产阶级性。19世纪中期,以古典政治经济学和功利主义为代表的资产阶级自由主义社会保障思想快速兴起,古典政治经济学家认为社会问题是个人问题导致的,它的解决当然应该依靠自己而不是社会和政府,这种社会保障思想观念全面系统地反映在他们关于济贫法的态度上。功利主义

思想家提出的"最大多数人的最大幸福"的主张成为促使西方社会保障发展的重要观念,功利主义思想家对个人自由和政府职能有限性的强调,又使功利主义社会保障思想符合自由主义社会保障思想的一般特点。①

与此同时,以圣西门、傅里叶和欧文为代表的空想社会主义者在继续揭露和批判资本主义社会弊端的同时,开始提出一些更加具体的解决社会问题的办法,并从事一些关于理想社会的尝试,这使他们的空想社会主义思想表现出一定的实践性。马克思主义社会保障思想是一种有别于各种资产阶级和空想社会主义社会保障思想的全新的无产阶级社会保障思想,马克思主义不仅关注无产阶级的贫困化,而且关注无产阶级社会保障的改善,更加关注无产阶级通过武装革命推翻资本主义制度,才能实现无产阶级政治解放与社会保障的改善。

19 世纪末 20 世纪初,资产阶级社会保障思想发生了显著变化。德国新历史学派强调精神的作用,推崇国家对经济的干预,提倡实行有效的社会政策,这使得新历史学派成为德国社会保险制度出现的理论基础。英国激进自由主义社会保障思想认为,自由具有有限性和共享性,主张国家对社会经济与生活实行干预,并把社会问题的出现和加剧归因于社会发展的不和谐,主张社会问题的解决不能仅靠个人,而应该依靠国家建立的社会保障制度。这种社会保障思想与集体主义社会思潮一起,成为以英国社会保险制度为核心内容的现代社会保障制度建立的思想基础。与此同时,费边社会主义社会保障思想对英国社会保障制度的出现,德国、法国和瑞典等国的社会民主主义社会保障思想对社会保障制度在这些国家的建立起了促进作用,新古典学派社会保障思想的出现则表明古典政治经济学的社会保障思想在新的历史时期的发展。

列宁的无产阶级社会保障思想则是这一时期与上述各种社会保障思想具

---

① 参见丁建定:《社会福利思想》(第 2 版),华中科技大学出版社 2009 年版,第 79 页。

有本质不同的社会保障思想,列宁不但对资本主义社会保障的本质进行了深刻的揭示,阐述了资本主义社会中无产阶级贫困化的理论,并主张必须把无产阶级的社会保障问题放在极为重要的位置,把"贫困、压迫、奴役、屈辱、剥削的程度不断加深"写进俄国社会民主工党的纲领中去,更重要的是提出了无产阶级国家保险的基本原则,提出了俄国社会民主工党在无产阶级社会保障方面的主张和要求,并把实现无产阶级的社会保障作为无产阶级进行反对资产阶级斗争的重要内容和手段。

总之,无产阶级社会保障思想是马克思列宁主义的重要组成部分。马克思十分关注无产阶级的贫困化及其原因,并系统地提出了"六项扣除"理论这一马克思主义无产阶级社会保障思想的重要内容;恩格斯不仅关注无产阶级的贫困化,更对英国的济贫法进行了系统的批判,并阐述了无产阶级社会保障的重要内容及其实现途径;列宁阐述了无产阶级贫困化的理论,深刻揭示了资本主义社会保障的本质,提出了无产阶级国家保险的基本原则以及无产阶级社会保障的主张和要求,并将其作为无产阶级进行反对资产阶级斗争的重要内容和手段。马克思、恩格斯的无产阶级社会保障思想具有革命性、批判性,列宁的无产阶级社会保障思想具有客观性、系统性,这种差异性既是马克思、恩格斯与列宁所处的不同历史时代的不同历史背景影响的结果,更是马克思主义无产阶级社会保障思想发展性的鲜明体现。尽管马克思、恩格斯与列宁的无产阶级社会保障思想存在一定的差异性,但是列宁的无产阶级社会保障思想也表现出对马克思、恩格斯的无产阶级社会保障思想的继承性,可以说,革命性、批判性、阶级性与发展性是马克思、恩格斯与列宁的无产阶级社会保障思想的基本属性与共同特征。

4. 马克思主义社会保障思想的中国化

中国共产党的社会保障制度思想理论及其实践是马克思主义社会保障思

想的中国化,是对马克思主义社会保障思想和无产阶级社会保障实践的重要贡献。如前所述,马克思、恩格斯基于19世纪中期欧洲资本主义社会阶级矛盾的极端尖锐化,将唤起欧洲各国无产阶级团结起来,开展推翻资本主义制度的政治革命作为自己的历史使命,他们虽然提出了"六项扣除"理论等马克思主义社会保障思想的重要观点,但其社会保障思想的核心内涵是,社会保障政策必须服从于唤起和发动无产阶级进行反对资产阶级、推翻资本主义制度的革命斗争的需要。马克思、恩格斯的社会保障政策主张的显著特点是具有革命性,并因此对资本主义制度下的济贫法提出深刻的批判。

列宁面对19世纪末国际共产主义运动形势的新变化,尤其是面对主要西欧国家都已经建立起以社会保险制度为核心内容的社会保障制度的基本事实,必须将马克思主义社会保障政策主张向前推进,以适应19世纪末国际共产主义运动和无产阶级革命发展的新需要。列宁不仅从客观上对资本主义社会保障制度的必要性表示认同,更重要的是直接提出了适应国际共产主义运动和无产阶级革命新需要的"无产阶级国家保险"制度及其基本原则。列宁关于社会保障政策的基本主张,不仅发展和丰富了马克思主义社会保障思想的内容,而且奠定了无产阶级和社会主义社会保障制度的理论基础。

中国共产党建立以来,领导中国人民进行了争取和实现民族独立和解放事业的伟大斗争,开辟了新中国社会主义建设新征程的伟大开端,实行了改革开放和建立社会主义市场经济体制的伟大壮举,推进了以人民为中心和社会主义和谐社会建设的伟大事业,开启了满足人民对美好生活向往和建设社会主义现代化强国的伟大时代。

不同的历史时期赋予中国共产党不同的历史使命与中心任务,不同历史时期的历史使命与中心任务赋予中国共产党的社会保障思想和政策不同的目标、功能、理念以及发展道路,使得中国共产党百年发展历程中,其社会保障政策目标定位、基本理念和发展道路呈现出服务于不同历史时期党的历史使命与中心任务的鲜明时代性。这就是：在中国共产党领导的中国革命时期，党的社会保障思想、政策和制度具有实现中华民族独立与解放的革命目标；在新中国成立初期，党的社会保障思想、政策和制度具有体现社会主义制度优越性的政治目标；在改革开放初期，党的社会保障思想、政策和制度具有推进社会主义市场经济体制建立和完善的经济目标；在党的十六大以后，党的社会保障思想、政策和制度具有促进社会主义和谐社会建设的社会目标；在中国特色社会主义建设新时代，党的社会保障思想、政策和制度具有满足人民对美好生活向往的综合目标。

中国共产党在不同历史时期的社会保障政策目标定位、基本理念和发展道路，决定并推动社会保障制度实践紧紧围绕和服务于中国共产党的历史使命与中心任务发挥作用与功能，使得中国共产党社会保障制度的实践取向呈现出显著的时代特征，这就是：在中国共产党领导的中国革命时期，中国共产党的社会保障制度的实践取向是服务于实现中华民族独立与解放；在新中国成立初期，中国共产党的社会保障制度的实践取向是鲜明体现社会主义制度优越性；在改革开放初期，中国共产党的社会保障制度的实践取向是服务于社会主义市场经济体制建立和完善；在党的十六大以后，中国共产党的社会保障制度的实践取向是服务于社会主义和谐社会建设；在中国特色社会主义建设新时代，中国共产党的社会保障制度的实践取向是保障和满足人民对美好生活向往。

中国共产党在继承和坚持马克思主义社会保障政策主张的基础上，基于中国革命和社会主义建设不同历史阶段的基本国情需要，根据不同历史时期中国革命和社会主义建设战略选择和中心任务的变化，提出适合不同历史时期的中国社会保障政策的基本目标、主要功能、基本理念和发展道路等思想主张，推行适应不同时期中国革命和社会主义建设需要的社会保障制度。这使得中国共产党成立百年来，在领导中国革命和社会主义建设的征程中，其社会保障思想主张和政策实践呈现出适应不同历史时期党的中心任务和战略目标的发展轨迹,彰显了中国共产党领导中国革命和社会主义建设的百年历程。中国共产党的社会保障思想主张及其实践,是对马克思主义社会保障思想的发展,是中国化的马克思主义社会保障政策理论,是具有中国特色的马克思主义社会保障政策理论。

改革开放以来,中国开始进入建设中国特色社会主义阶段,以邓小平同志、江泽民同志、胡锦涛同志、习近平同志为主要代表的中国共产党人,在改革开放和中国特色社会主义建设的不同时期,根据改革开放和中国特色社会主义事业的中心任务,提出了一系列关于中国特色社会主义建设的重大战略思想,形成了包括邓小平理论、"三个代表"重要思想、科学发展观和习近平新时代中国特色社会主义思想等重大战略思想的中国特色社会主义思想理论体系。伴随着中国特色社会主义思想理论体系的形成和发展,中国共产党对社会保障制度重大问题的认识也逐步发展和深化。在社会保障功能方面逐步从推进国有企业改革的重要条件发展到保障人民生活、调节社会分配的一项基本制度,是治国安邦的重大问题等一系列重要思想理论;在社会保障制度目标方面提出了保障和改善民生、全面建成小康社会和满足人民对美好生活的需要等一系列重要思想理论;在社会保障制度理念方面提出了就业是民生之本、促进社会公平正义和共享发展等一系列重要思想理论;在社会保障制度发展道路方面强调社会保障制度的中国特色、城乡统筹发展和可持续发展等一系列重要思想理论。改革开放以来,中国共产党对社会保障制度重大问题的认识构成中国特色社会主义理论体系的重要内容,是马克思主义社会保障思想中国化的新发展。

第二章 中国特色社会保障制度
功能理论的发展

对社会保障制度功能的认识构成社会保障制度理论的基本内容。在40多年的改革开放过程中,中国共产党对社会保障制度功能的认识有一个发展变化的过程,从提出让一部分人先富起来进而走向共同富裕,到提出建立合理的收入分配和社会保障制度,从把社会保障制度建设作为推进国有企业改革的重要条件,到提出加快建设与经济发展水平相适应的社会保障体系,从完善社会保障制度保障群众基本生活,到提出社会保障是保障人民基本生活、调节社会分配的一项基本制度,进而提出建立更加公平更可持续的社会保障制度,并把社会保障制度建设作为治国安邦的重大问题,这是一个逐步走向更加科学的历史发展过程。以邓小平同志、江泽民同志、胡锦涛同志和习近平同志为主要代表的中国共产党人对社会保障制度功能的认识,构成中国特色社会保障制度理论的重要组成部分,指导和推进中国特色社会保障制度不断走向完善。

一、建立和完善社会保障制度的必要性

1. 要努力保障工人的福利

改革开放以来,伴随着经济社会的发展变化,中国共产党逐步探索建设中

国特色社会保障制度的道路,在此基础上,比较系统地提出了有关中国特色社会保障制度建设的思想理论体系。邓小平在改革开放初期就十分关注社会保障制度建设。他在 1978 年就指出,工会要努力保障工人的福利。我们的国家还很落后,工人的福利不可能在短期内有很大的增长,而只能在生产增长特别是劳动生产率增长的基础上逐步增长。但是,这决不能成为企业领导不关心工人福利的借口,尤其不能成为工会组织不关心工人福利的借口。在目前的条件下,企业领导在这方面还是有大量的工作应该做,工会组织有更大量的工作应该做。工会组织要督促和帮助企业行政和地方行政在可能的范围内,努力改善工人的劳动条件、居住条件、饮食条件和卫生条件,同时要在工人中间积极开展各种形式的互助活动。[1]

邓小平举例强调必须关心和维护工人的切身福利。他指出,1975 年整顿铁路时,遇到一个解决铁路工人主要是火车司机洗澡的问题。工人下工一身脏,要洗个澡,那么大的企业,搞些喷头有什么困难? 但是没有人管。这样的例子,我相信全国可能有不少。事在人为,只要有人做,就会有效果。一摊子事,索性不解决,那也是一种态度,结果是一事无成。[2]

邓小平还对不同行业的社会福利尤其是集体福利十分关注。关于教师福利。他指出,要研究教师首先是中小学教师的工资制度。要采取适当的措施,鼓励人们终身从事教育事业。特别优秀的教师,可以定为特级教师。限于国家的经济力量,我们一时还难以较大地改善教职员工的物质生活待遇,但是必须为此积极创造条件。各级党委和教育行政部门,首先要在可能范围内,尽力办好集体福利事业。[3]

关于如何正确认识和看待物质福利。邓小平明确指出,为国家创造财富

---

① 参见《邓小平文选》第二卷,人民出版社 1994 年版,第 137—138 页。
② 参见《邓小平文选》第二卷,人民出版社 1994 年版,第 197 页。
③ 参见《邓小平文选》第二卷,人民出版社 1994 年版,第 109 页。

多,个人的收入就应该多一些,集体福利就应该搞得好一些。不讲多劳多得,不重视物质利益,对少数先进分子可以,对广大群众不行,一段时间可以,长期不行。革命精神是非常宝贵的,没有革命精神就没有革命行动。但是,革命精神是在物质利益的基础上产生的,如果只讲牺牲精神不讲物质利益,那就是唯心论。[①]

将中国带进改革开放时代的邓小平,面对人事制度长期的僵化所造成的干部队伍老化现象,非常重视并推动退休制度的建立和完善。他旗帜鲜明地指出,在人事制度方面,可以考虑把退休制度建立起来。全国各个部门和单位设立专门机构,管理退休的、当顾问的人,负责他们的政治待遇、生活福利方面的事情。把退休人员的问题处理好,便于我们选拔人才。这需要做很多的工作,但是不做不行。

邓小平特别强调指出,高级领导干部的退休更是事关干部队伍年轻化、知识化、专业化的关键所在。邓小平明确强调,必须废除干部领导职务终身制,建立合理的离退休制度。他指出,干部领导职务终身制现象的形成,同封建主义的影响有一定关系,同我们党一直没有妥善的退休退职办法也有关系。革命战争时期大家年纪都还轻,20世纪50年代正值年富力强,不存在退休问题,但是后来没有及时解决,是一个失策。应当承认,在当时的具体历史条件下,这个问题也无法解决或无法完全解决。党的十三届五中全会讨论的党章草案,提出废除干部领导职务终身制,现在看来,还需要进一步修改、补充,关键是要健全干部的选举、招考、任免、考核、弹劾、轮换制度,对各级各类领导干部(包括选举产生、委任和聘用的)职务的任期,以及离休、退休,要按照不同情况,作出适当的、明确的规定。任何领导干部的任职都不能是无限期的。[②]"要有步骤地和稳妥地实行干部离休、退休的制度,废除实际上存在的干部领

---

① 参见《邓小平文选》第二卷,人民出版社1994年版,第146页。
② 参见《邓小平文选》第二卷,人民出版社1994年版,第331—332页。

导职务的终身制。退休、离休的干部,在政治待遇、生活待遇等各方面,都要逐个做出妥善安排。"[1]

2. 社会主义市场经济体制的重要内容

江泽民比较系统地论述了建设中国特色社会保障制度的必要性与现实性意义。他指出,我们的社会保障工作,直接关系到坚持党的全心全意为人民服务的宗旨,关系到维护人民群众的切身利益,关系到保证改革开放和经济建设稳定发展的大局。各级党委和政府要从这样的高度,充分认识搞好社会保障的重要意义,加强对这项工作的领导,不断把社会保障事业推向前进。当前,我们的建设任务很繁重,各项改革都在深化,特别是国有企业改革进入攻坚阶段,做好社会保障工作尤为重要。一定要把中央对国有企业下岗职工的基本生活保障、城市居民的最低生活保障,以及一部分遇到困难的离退休人员的生活保障的政策和要求,坚决落实好,切不可疏忽大意。[2]

江泽民指出,建立社会保障制度是深化企业改革的重要条件。要按照国家、企业、职工共同承担的精神,抓紧建立健全待业、养老、医疗和工伤等社会保障制度。[3] 企业人员可以流动,长期亏损、资不抵债的企业可以破产,这是企业在市场经济条件下优胜劣汰的表现,也是搞活国有企业的重要条件。企业富余人员的分流和破产企业职工再就业的问题,政府和企业要通过开辟再就业渠道,比如兴办第三产业等办法,尽可能予以妥善解决,而不能简单地把这些人推向社会。还要转变就业观念,建立、完善劳动力市场,形成人员合理流动的机制。同时,加快建立多层次的社会保障体系,特别是抓紧建立和完善

---

①　《邓小平文选》第二卷,人民出版社1994年版,第360页。

②　参见劳动和社会保障部、中共中央文献研究室编:《新时期劳动和社会保障重要文献选编》,中国劳动社会保障出版社、中央文献出版社2002年版,第354页。

③　参见《江泽民文选》第一卷,人民出版社2006年版,第298页。

养老、失业、医疗保险制度。这对于深化企业改革,保持社会稳定,顺利建立社会主义市场经济体制,具有重大意义。①

江泽民还指出,完善的社会保障体系是社会主义市场经济体制的重要支柱。适应推进国有企业改革和经济结构调整的需要,要在试点的基础上,进一步推进城镇职工基本养老保险、失业保险、基本医疗保险制度及医药卫生体制改革,建立和完善城镇居民最低生活保障制度。建立社会保障体系要把握几个原则:一是从国情出发,与国民经济发展水平以及各方面承受能力相适应,首先保证人们基本生活的需要;二是坚持公平与效率相结合,权利与义务相对应,兼顾国家、企业、个人三者利益;三是要积极稳妥,注意新老体制的衔接和过渡,避免出现大的波动。要做好职工从企业下岗到社会失业保险过渡的工作。在过渡期内,企业再就业中心要继续发挥作用,善始善终。对仍然留在中心的下岗职工,要满腔热情,按时发放基本生活费,引导他们再就业。②

江泽民进一步指出,建立和完善社会保障体系,是建立社会主义市场经济体制的重要内容,是顺利推进企业改革和结构调整的必要条件。继续加强以失业、养老和医疗为重点的社会保障体系建设,逐步扩大覆盖面,提高社会保障程度。要多方面筹集资金,在企业改革和重组过程中,统筹考虑补充社会保障资金,财政也要打足预算。特别要抓好社会保障资金的落实和养老金的发放,做到制度建设到位,资金到账,保障到人。同时要建立健全城镇居民最低生活保障制度,这是保持社会稳定的一项重要措施,必须认真加以落实。③

江泽民还进一步指出,建立健全同经济发展水平相适应的社会保障体系,是社会稳定和国家长治久安的重要保证。坚持社会统筹和个人账户相

---

① 参见中共中央文献研究室编:《十四大以来重要文献选编》中,人民出版社1997年版,第1375页。

② 参见江泽民:《论"三个代表"》,中央文献出版社2001年版,第91页。

③ 参加中共中央文献研究室编:《江泽民论有中国特色社会主义(专题摘编)》,中央文献出版社2002年版,第87页。

结合,完善城镇职工基本养老保险制度和基本医疗保险制度。健全失业保险制度和城市居民最低生活保障制度。多渠道筹集和积累社会保障基金。各地要根据实际情况合理确定社会保障的标准和水平。发展城乡社会救济和社会福利事业。有条件的地方,探索建立农村养老、医疗保险和最低生活保障制度。[①]

江泽民指出,切实搞好社会保障体系建设,这既是加快结构调整、深化经济改革的迫切要求,也是维护社会稳定、实现国家长治久安的客观需要。关键是要下决心通过调整财政支出结构等办法,多渠道地筹集社会保障资金。同时,要健全社会保障体系和改革社会保障基金管理体制,建立有中国特色的社会保障制度。[②]

江泽民非常重视法制建设在推动社会保障制度建设中的作用与地位。他指出,为了建立符合我国社会主义市场经济发展要求的完备的社会保障体系,进一步做好社会保障工作,必须十分重视和不断加强社会保障的法制建设。社会保障,是一个很重要的经济和社会问题。社会保障的主要作用,是帮助人们降低生活和工作中可能遇到的风险,保障社会成员的基本生活,增强他们的生活安全感。社会保障体系是否健全,这方面的法制是否完备,对一个国家的经济发展和社会稳定,会产生直接的影响。必须十分重视和不断加强社会保障的法制建设。世界上许多国家的实践表明,基本的社会保险活动,都是以国家制定相关法律、法规和政策为手段来实施的。我们要努力把我们在发展社会保障方面长期积累的成功经验,用法律形式确定下来。同时,要增强社会保障的法制建设的前瞻性和系统性。[③] 在中共十四大报告中,江泽民明确提出,

---

① 参见《江泽民文选》第三卷,人民出版社 2006 年版,第 550—551 页。

② 参见《江泽民文选》第二卷,人民出版社 2006 年版,第 564 页。

③ 参见劳动和社会保障部、中共中央文献研究室编:《新时期劳动和社会保障重要文献选编》,中国劳动社会保障出版社、中央文献出版社 2002 年版,第 353—354 页。

建立社会保障体系,实行社会统筹和个人账户相结合的养老、医疗保险制度,完善失业保险和社会救济制度,提供最基本的社会保障。[1]

江泽民十分重视下岗职工的基本生活保障,并提出一系列重要观点和建议。江泽民指出,要推进国有企业改革,必须首先解决好下岗职工的基本生活。随着企业改革深化、技术进步和经济结构调整,人员流动和职工下岗是难以避免的。这会给一部分职工带来暂时的困难,但从根本上说,有利于经济发展,符合工人阶级的长远利益。党和政府要采取积极措施,依靠社会各方面的力量,关心和安排好下岗职工的生活。[2] 能否解决好下岗职工的生活和再就业问题,直接关系到国有企业改革的成败。各级党委和政府必须高度重视,满腔热情地关心和安排好下岗职工的生活,依靠各方面力量,办好再就业工程,确保中央确定的国有企业改革目标顺利实现。[3]

江泽民指出,下岗分流、减员增效和实施再就业工程,是解决国有企业富余人员的重要举措。企业要切实把减员与增效有机结合起来,降低成本,提高效益,增强竞争力。各级党委和政府必须满腔热情地关心下岗职工的生活和再就业。这是一个重大的政治责任,一定要千方百计地做好。国有企业的改革和发展搞得好不好,不仅要看企业是否减亏增盈,还要看对下岗职工的思想、生活上的关心和再就业工作是否切实抓紧并认真做好了。中央已决定提高国有企业下岗职工的基本生活保障、失业保险和城镇居民最低生活保障的水平。对财政困难的老工业基地和中西部地区,中央财政将给予适当补助。[4]

---

① 参见中共中央文献研究室编:《十五大以来重要文献选编》上,人民出版社2000年版,第24页。

② 参见中共中央文献研究室编:《十五大以来重要文献选编》上,人民出版社2000年版,第23—24页。

③ 参见中共中央文献研究室编:《十五大以来重要文献选编》上,人民出版社2000年版,第207页。

④ 参见中共中央文献研究室编:《十五大以来重要文献选编》中,人民出版社2001年版,第925页。

江泽民进一步指出,国有企业的广大职工,几十年来为国家经济建设、改革开放和国有企业的发展壮大,做出了重大的贡献。各级党委和政府要时刻关心他们,切实维护他们的利益。我国是工人阶级领导的以工农联盟为基础的社会主义国家,工人阶级是领导阶级,是我们党的阶级基础。广大工人、农民和知识分子,是改革和建设的主力军,也是改革和建设的最基本的受益者。我们党领导人民无论是搞革命、搞建设还是搞改革,都是为了解放和发展社会生产力,实现人民的富裕、幸福。我们实行一部分人、一部分地区先富起来的政策,也是要通过先富带后富,最终实现共同富裕。这是我们的革命、建设和改革的根本宗旨,因而也是我们进行各项工作的重要指导思想。

实行减员增效、下岗分流,减轻国有企业的负担,帮助下岗职工搞好再就业,从根本上说都是为了把经济更快更好地搞上去,为最终实现包括职工群众在内的全体人民的共同富裕创造更有利的条件。这一条要向国有企业职工特别是下岗职工说清楚,使他们认识到个人牺牲一些眼前利益,是为了企业和国家发展的全局,也是为了自己将来的富裕生活。实现共同富裕,是社会主义的最大优越性,这个目标是不会改变的,是一定要实现的。①

江泽民还进一步指出,做好下岗职工基本生活与再就业工作必须统筹规划。国有企业下岗职工的基本生活保障和再就业工作,事关职工群众的切身利益,事关坚持党的全心全意依靠工人阶级的方针,事关经济发展、社会稳定和国家长治久安的大局。全党同志和各级干部必须从这样的高度来认识这个问题,增强紧迫感和自觉性,满腔热忱和极端负责地切实做好这项工作。对国有企业职工下岗分流和再就业要把握好宏观调控力度。我国的社会保障制度还不完善,劳动力市场发育还不成熟,城镇就业压力大。如果国有企业下岗职工一个时期内过于集中,就会造成严重的社会问题。加强对下岗分流的宏观

---

① 参见中共中央文献研究室编:《十五大以来重要文献选编》上,人民出版社2000年版,第360—361页。

调控,关键是要从大局出发,突出重点,量力而行。要坚持减员增效同促进再就业相结合、职工下岗分流同社会承受能力相适应的原则,制定切实可行的计划,有步骤地分期分批地加以安排和实施。如果没有统筹规划,不考虑国家财政、企业、职工和社会保障的承受能力,不考虑社会吸纳就业的能力,各做各的,一窝蜂,就会出乱子。①

江泽民十分重视下岗职工及离退休人员的基本生活保障,他强调指出,对下岗职工的基本生活费一定要有保证。这方面的资金,政府、企业、社会要共同承担,基本生活费要按时发放到每个下岗职工手里,不能拖延,不能挪用,不能克扣,否则要追究责任。对于国有企业离退休的老职工,也必须切实保障他们的基本生活。这些老职工为国有企业的发展和国家经济建设贡献了一生的力量,是国有企业建设的功臣,也是我们中华人民共和国建设的功臣,应该受到全社会的尊敬,一定要使他们老有所养。要进一步研究,采取专门办法,切实保障他们能及时领到离退休金和享受应该享受的各项待遇。如果不能保障他们安享晚年,那就是我们工作中的严重失职。这个问题,从中央各部门到各地方,务必十分注意。②

江泽民特别强调指出,各级领导干部一定要深入国有企业特别是困难企业,深入下岗职工家庭,及时了解他们的生活状况,体察他们的疾苦,努力为下岗职工排忧解难。面对出现的困难和矛盾,不能回避,不能做粉饰文章,不能搞不切实际的花架子,不能采取熟视无睹的官僚主义态度。中央制定的各项政策措施,一定要不折不扣地坚决落实。有关部门要认真检查落实情况,认真总结经验,对落实不力的要督促改正。对于那些面对下岗职工的实际困难,不

---

① 参见中共中央文献研究室编:《十五大以来重要文献选编》上,人民出版社2000年版,第361—362页。

② 参见中共中央文献研究室编:《十五大以来重要文献选编》上,人民出版社2000年版,第363—364页。

闻不问,自己却在那里花天酒地,甚至借机从国有企业改革中捞一把、中饱私囊的人,一定要依照党纪国法严肃查处,绝不能姑息养奸。①

3. 建立覆盖城乡居民的社会保障体系

胡锦涛十分重视中国特色社会保障制度建设的必要性和重要意义。他指出,加快社会保障体系建设是解决群众生产生活问题的重要环节,也是维护社会稳定的重要举措。要确保企业离退休人员基本养老金按时足额发放,做好国有企业下岗职工基本生活保障和失业保险并轨的工作,完善企业退休人员社会化管理服务体系。要推进医疗改革,健全多层次医疗保险制度,扩大医疗保险覆盖面。要继续做好城市居民最低生活保障工作,做到应保尽保。要切实保障农村五保户基本生活,逐步建立农村最低生活保障制度。要多渠道筹集社会保障资金,强化社会保障费用征缴,进一步提高保障能力。②

在中共十七大报告中,胡锦涛明确提出,加快建立覆盖城乡居民的社会保障体系,保障人民基本生活。社会保障是社会安定的重要保证。要以社会保险、社会救助、社会福利为基础,以基本养老、基本医疗、最低生活保障制度为重点,以慈善事业、商业保险为补充,加快完善社会保障体系。促进企业、机关、事业单位基本养老保险制度改革,探索建立农村养老保险制度。全面推进城镇职工基本医疗保险、城乡居民基本医疗保险、新型农村合作医疗制度建设,完善城乡居民最低生活保障制度,逐步提高保障水平。完善失业、工伤、生育保险制度。提高统筹层次,制定全国统一的社会保险关系转续方法。采取多种方式充实社会保障基金,加强基金监管,实现保值增值。健全社会救助体系。做好优抚安置工作。发扬人道主义精神,发展残疾人事业。加强老龄工

---

① 参见中共中央文献研究室编:《十五大以来重要文献选编》上,人民出版社 2000 年版,第368 页。

② 参见《胡锦涛文选》第二卷,人民出版社 2016 年版,第 182 页。

作。强化防灾减灾工作。健全廉租住房制度,加快解决城市低收入家庭住房困难。

建立基本医疗卫生制度,提高全民健康水平。健康是人全面发展的基础,关系千家万户幸福。要坚持公共医疗卫生的公益性质、坚持预防为主,以农村为重点、中西医并重,实行政事分开、管办分开、医药分开、营利性非营利性分开,强化政府责任和投入,完善国民健康政策,鼓励社会参与建设覆盖城乡居民的公共卫生服务体系、医疗服务体系、医疗保障体系、药品供应保障体系,为群众提供安全、有效、方便、价廉的医疗卫生服务。完善重大疾病防控体系,提高突发公共卫生事件应急处理能力。加强农村三级卫生服务网络和城市社区卫生服务体系建设。深化公立医院改革。建立国家基本药物制度,保证群众基本用药。扶持中医药和民族医药事业发展。加强医德医风建设,提高医疗服务质量。确保食品药品安全。①

胡锦涛还论述了加快覆盖城乡的社会保障制度体系建设与坚持立党为公、执政为民的关系。胡锦涛指出,要加快建立覆盖城乡居民的社会保障体系。这是坚持立党为公、执政为民的具体体现,是推动科学发展、促进社会和谐的重要工作,是保增长、保民生、保稳定的重要任务,也是保持国家长治久安的重要条件。把加快完善社会保障体系作为实现好、维护好、发展好最广大人民根本利益的重要工作扎实推进,努力使全体人民学有所教、劳有所得、病有所医、老有所养、住有所居,不断促进社会和谐。②

胡锦涛强调指出,要加快完善城乡社会保障体系。公共财政要加大对社会保障体系建设的投入,提高社会保障程度,扩大城镇职工基本养老保险、基本医疗保险、城镇居民基本医疗保险覆盖面,研究和推出全国统一的社会保险关系转续办法,在全国推行城镇职工基本养老保险省级统筹,提高城镇基本医

---

① 参见《胡锦涛文选》第二卷,人民出版社 2016 年版,第 643—644 页。
② 参见《胡锦涛文选》第三卷,人民出版社 2016 年版,第 211—212 页。

疗保险统筹层次。要积极开展农村社会养老保险试点,制定农民工养老保险办法。要鼓励企业开展补充养老保险和补充医疗保险。要切实保障农村贫困家庭、城镇困难家庭、离退休职工、在校贫困大学生基本生活水平不下降。要积极推进医药卫生体制改革,逐步建立覆盖城乡居民的基本医疗卫生服务。为人民群众提供安全、有效、方便、价廉的医疗卫生服务。①

胡锦涛指出,要加快社会保障体系建设,加大财政对社会保障的投入力度,建立覆盖城乡居民的社会保障体系,落实医药卫生体制改革方案,加强覆盖城乡居民的公共卫生服务体系、医疗服务体系、医疗保障体系、药品供应保障体系建设,加大对低收入群众的帮扶救助力度,继续搞好扶贫开发,加强廉租住房等保障性住房建设,稳步提高社会保障水平,有序提升社会保障统筹层次。②

胡锦涛还对加快建立覆盖城乡居民的社会保障体系作出了具体系统的论述。胡锦涛指出,社会保障与人民幸福安康息息相关,社会保障工作事关改革开放和社会主义现代化事业全局。党和政府历来高度重视社会保障工作。改革开放以来,我国社会保障体系建设取得重要进展,初步建立了适应社会主义市场经济发展要求的社会保障体系框架,为维护改革发展稳定大局发挥了重要作用。同时,我们也要看到,我国社会保障体系还不完善,社会保障覆盖面还不高,保障水平还比较低,地区之间、各类保障制度之间衔接还不通畅,城镇个体劳动者和灵活就业人员、农民工、被征地农民、农村务农人员社会保障问题突出,养老保险、医疗保险等社会保障基金承载着巨大支付压力。并且,受国际金融危机影响,保障和改善民生任务更加艰巨,切实做好社会保障工作具有十分重要的意义。③

---

① 参见《胡锦涛文选》第三卷,人民出版社 2016 年版,第 145—146 页。
② 参见《胡锦涛文选》第三卷,人民出版社 2016 年版,第 353 页。
③ 参见《胡锦涛文选》第三卷,人民出版社 2016 年版,第 211 页。

胡锦涛指出,加快建立覆盖城乡居民的社会保障体系,要坚持广覆盖、保基本、多层次、可持续方针,以社会保险、社会救助、社会福利为基础,以基本养老、基本医疗、最低生活保障制度为重点,以慈善事业、商业保险为补充,统筹协调做好各项工作,实现社会保障事业可持续发展。要把人人享有基本生活保障作为优先目标,坚持效率和公平、统一性和灵活性相结合,立足当前、着眼长远,统筹城乡、整体设计,分步实施、配套推进,积极而为、量力而行,逐步将各类人员纳入社会保障覆盖范围,实现城乡统筹和应保尽保。①

胡锦涛指出,对城镇职工基本养老保险、城镇职工基本医疗保险、新型农村合作医疗、城乡最低生活保障、医疗救助以及失业、工伤、生育保险等已有的各项保障制度,要不断完善政策,扩大覆盖面。特别是要适应统筹城乡发展新形势要求,抓住社会保障制度薄弱环节加以推进。要开展新型农村养老保险制度试点,总结经验,逐步推开;制定实施适合农民工收入低、流动性强特点的参加养老保险办法,切实维护他们的社会保障权益;着力推进城镇非公有制经济组织从业人员和灵活就业人员参加养老保险;加快解决关闭破产企业、困难企业职工和退休人员医疗保障问题;切实落实被征地农民社会保障政策;逐步扩大最低生活保障制度和医疗救助制度保障范围。要完善失业保险制度,保障失业人员基本生活,发挥失业保险基金预防失业、促进就业作用。要完善城乡社会救助制度,逐步提高城乡低保、农村五保、医疗救助等待遇水平,切实保障农村贫困家庭、城镇困难家庭、离退休职工、在校贫困大学生基本生活。要促进社会福利事业、慈善事业、残疾人事业发展,支持志愿者公益行动,鼓励社区群众和邻里互助。要增加保障性住房供给,健全廉租住房制度,加快解决城市低收入家庭住房困难。②

胡锦涛指出,要加强社会保障统筹。坚持社会保障城乡、区域统筹,是实

---

① 参见《胡锦涛文选》第三卷,人民出版社 2016 年版,第 212 页。
② 参见《胡锦涛文选》第三卷,人民出版社 2016 年版,第 212—213 页。

现基本公共服务均等化的必然要求。要着眼于我国人口众多、城乡二元结构、地区发展不平衡的国情,加强统筹协调和政策衔接,推进各类社会保障制度整合,充分发挥社会保障通过大范围互济分散风险功能,推动社会保障体系良性发展。要抓紧制定实施全国统一的各种社会保险关系转续办法,实现劳动者到哪里就业,社会保障就接续到哪里。要加强城乡养老保险、医疗保险、最低生活保障制度的政策衔接,完善社会保障公共服务管理平台。要加快推进公共服务设施和服务网络建设,早日实现社会保障全国一卡通。①

　　胡锦涛指出,要提高社会保障水平。要根据经济发展水平和各方面承受能力,加大公共财政对社会保障体系建设的投入,提高社会保障程度。要继续提高企业退休人员基本养老金水平,建立基本养老金正常调整机制。要增加对城镇居民基本医疗保险、新型农村合作医疗的财政补助。要逐步提高城乡最低生活保障和失业、工伤保险待遇。要继续扩大做实基本养老保险个人账户试点,不断充实和壮大全国社会保障基金。要研究建立社会保障基金预决算制度,强化预算约束,形成稳定的基金来源渠道,提高保障能力和水平。要加强各项社会保障基金监管,提高投资运营管理水平,努力实现保值增值,确保基金安全。要针对人口老龄化加速趋势,未雨绸缪,完善确保社会保障长期可持续发展的体制机制。②

　　胡锦涛指出,要构建可持续发展的社会保障体系。完善的社会保障体系是经济社会发展的重要保障,也是社会和谐稳定的安全网。我们应该在经济发展的基础上建立覆盖城乡居民的社会保障体系,坚持广覆盖、保基本、多层次、可持续,加强社会保险、社会救助、社会福利衔接和协调,不断提高社会保障水平。要加大公共财政对社会保障的投入,扩大各类社会保险覆盖面,健全社会救助体系,发展社会福利事业和慈善事业,不断在全体人民学有所教、劳

---

① 参见《胡锦涛文选》第三卷,人民出版社 2016 年版,第 213 页。
② 参见《胡锦涛文选》第三卷,人民出版社 2016 年版,第 214 页。

有所得、病有所医、老有所养、住有所居上取得新成效。①

胡锦涛指出,要推进社会保障法制建设。完善的社会保障制度,必须有完善的法律法规作保证。要加快制定和完善社会保障法律法规,重点推进社会保险法立法,同时加快研究制定养老、医疗、职业年金、社会保障基金监督管理等配套法规,完善失业、工伤、生育等社会保险条例,增强社会保障的强制性、规范性、稳定性。要加强监察执法和监督工作,不断完善执法体系,切实维护人民群众社会保障权益。②

胡锦涛进一步指出,加快完善社会保障体系,是一项重大而复杂的系统工程。各级党委和政府要把社会保障工作纳入重要议事日程,加强领导、明确责任,统筹协调、抓好落实。要紧密结合实际,加强社会保障理论和实践研究,深刻把握社会保障特点和规律,增强社会保障工作系统性。要适应城乡统筹、保障项目增多、覆盖范围不断扩大以及个性化服务的要求,整合管理资源,加强社会保障机构能力建设和统一的管理服务体系建设,建设高素质社会保障队伍,不断提高社会保障管理服务水平。各地区和有关部门要增强全局意识,落实工作责任,加强协调合作,充分发挥职能作用和各自优势,结合实际创造性开展工作,认真解决本地区本部门存在的突出问题,努力提高社会保障制度化、规范化水平。要充分调动社会各方面积极性,大力弘扬集体主义精神和中华民族尊老爱幼、扶危济困的优良传统,形成全社会共同参与社会保障事业、全体人民共享改革发展成果的良好局面。③

胡锦涛还十分重视社区在社会保障中的作用。胡锦涛指出,随着企事业单位改革深化,随着社会保障体系建立和完善,城市社区承担的社会保障任务不断加重,城市社区地位和作用越来越重要。要把搞好社区服务作为社区工

---

① 参见《胡锦涛文选》第三卷,人民出版社 2016 年版,第 434 页。
② 参见《胡锦涛文选》第三卷,人民出版社 2016 年版,第 214 页。
③ 参见《胡锦涛文选》第三卷,人民出版社 2016 年版,第 214—215 页。

作的主题。加强社区建设,必须把服务群众、造福居民作为出发点和落脚点。要坚持以人为本,适应群众安居乐业的要求,努力拓展社区服务,帮助群众排忧解难,为群众办实事、办好事,不断满足人民群众日益增长的物质文化需求。要着眼于提高居民生活质量和城市文明程度,开展创建文明社区活动,丰富居民精神文化生活,倡导科学、文明、健康的生活方式和团结互助、奋发向上的道德风尚。

胡锦涛指出,要把做好低保工作作为社区的重要任务。城市居民最低生活保障制度是我国社会保障制度的重要组成部分,是覆盖全体城市居民的最后一道"安全网"。做好低保工作,关系到群众切身利益,关系到社会稳定。实践表明,要把低保工作真正落实好,必须充分发挥社区作用。社区组织要充分发挥联系居民、熟悉居民的优势,协助政府摸清困难群众真实情况,把所有符合条件的城市贫困人口都纳入低保的范围,既要做到应保尽保、不留死角,避免出现漏保的现象;又要做到实事求是、坚持原则,避免保了不该保的人。要进一步完善低保机制,保障金的申请、审批、发放、监督要按规范程序实施严格管理。[①]

胡锦涛还非常重视残疾人社会福利的发展。胡锦涛指出,随着全面建设小康社会不断推进,我国残疾人状况必将进一步改善,残疾人事业必将取得更大发展。胡锦涛进一步指出,残疾人,有人的尊严和权利,有参与社会生活的愿望和能力,是建设中国特色社会主义事业的一支重要力量。我国六千万残疾人是一个特殊的困难群体。在我国贫困人口中,残疾人占的比重很大。满腔热情关心残疾人,切实尊重残疾人公民权利和人格尊严,给他们以平等的地位和均等的机会,让他们共享社会物质文化发展成果,是我国社会主义制度的本质要求。

---

① 参见《胡锦涛文选》第一卷,人民出版社 2016 年版,第 542—543 页。

胡锦涛强调指出,各级党委和政府要把重视和支持残疾人事业纳入全面建设小康社会规划,根据残疾人的特殊需要,在康复、教育、就业、福利、社会保障、文化生活、无障碍环境等方面制定扶助政策,采取相应措施。残联组织要努力工作,切实履行职责,为残疾人奔小康铺路搭桥,团结广大残疾人一起开拓残疾人事业新局面。社会各界要进一步发扬理解、尊重、关心和帮助残疾人的良好风尚,大力弘扬人道主义思想,进一步形成平等、友爱的人际关系和团结互助的社会环境,人人动手,个个关心,努力为残疾人办好事、办实事,让残疾人切实体会到社会主义社会的温暖。①

4. 社会保障是民生之需

习近平高度重视社会保障制度建设,尤其是明确提出必须坚持在发展中保障和改善民生。在中共十九大报告中,习近平指出,必须坚持在发展中保障和改善民生。增进民生福祉是发展的根本目的。必须多谋民生之利、多解民生之忧,在发展中补齐民生短板、促进社会公平正义,在幼有所育、学有所教、劳有所得、病有所医、老有所养、住有所居、弱有所扶上不断取得新进展,深入开展脱贫攻坚,保证全体人民在共建共享发展中有更多获得感,不断促进人的全面发展、全体人民共同富裕。②

习近平指出,必须提高就业质量和人民收入水平。就业是最大的民生。要坚持就业优先战略和积极就业政策,实现更高质量和更充分就业。大规模开展职业技能培训,注重解决结构性就业矛盾,鼓励创业带动就业。提供全方位公共就业服务,促进高校毕业生等青年群体、农民工多渠道就业创业。破除妨碍劳动力、人才社会性流动的体制机制弊端,使人人都有通过辛勤劳动实现

---

① 参见《胡锦涛文选》第二卷,人民出版社 2016 年版,第 56 页。
② 参见习近平:《决胜全面建成小康社会　夺取新时代中国特色社会主义伟大胜利——在中国共产党第十九次全国代表大会上的报告》,人民出版社 2017 年版,第 23 页。

自身发展的机会。完善政府、工会、企业共同参与的协商协调机制,构建和谐劳动关系。坚持按劳分配原则,完善按要素分配的体制机制,促进收入分配更合理、更有序。鼓励勤劳守法致富,扩大中等收入群体,增加低收入者收入,调节过高收入,取缔非法收入。坚持在经济增长的同时实现居民收入同步增长、在劳动生产率提高的同时实现劳动报酬同步提高。拓宽居民劳动收入和财产性收入渠道。履行好政府再分配调节职能,加快推进基本公共服务均等化,缩小收入分配差距。[1]

习近平指出,要加强社会保障体系建设。按照兜底线、织密网、建机制的要求,全面建成覆盖全民、城乡统筹、权责清晰、保障适度、可持续的多层次社会保障体系。全面实施全民参保计划。完善城镇职工基本养老保险和城乡居民基本养老保险制度,尽快实现养老保险全国统筹。完善统一的城乡居民基本医疗保险制度和大病保险制度。完善失业、工伤保险制度。建立全国统一的社会保险公共服务平台。统筹城乡社会救助体系,完善最低生活保障制度。完善社会救助、社会福利、慈善事业、优抚安置等制度,健全农村留守儿童和妇女、老年人关爱服务体系。发展残疾人事业,加强残疾康复服务。坚持房子是用来住的、不是用来炒的定位,加快建立多主体供给、多渠道保障、租购并举的住房制度,让全体人民住有所居。[2]

习近平还进一步指出,要实施健康中国战略。人民健康是民族昌盛和国家富强的重要标志。要完善国民健康政策,为人民群众提供全方位全周期健康服务。深化医药卫生体制改革,全面建立中国特色基本医疗卫生制度、医疗保障制度和优质高效的医疗卫生服务体系,健全现代医院管理制度。加强基

①　参见习近平:《决胜全面建成小康社会　夺取新时代中国特色社会主义伟大胜利——在中国共产党第十九次全国代表大会上的报告》,人民出版社 2017 年版,第46—47 页。

②　参见习近平:《决胜全面建成小康社会　夺取新时代中国特色社会主义伟大胜利——在中国共产党第十九次全国代表大会上的报告》,人民出版社 2017 年版,第47 页。

层医疗卫生服务体系和全科医生队伍建设。全面取消以药养医,健全药品供应保障制度。坚持预防为主,深入开展爱国卫生运动,倡导健康文明生活方式,预防控制重大疾病。实施食品安全战略,让人民吃得放心。支持社会办医,发展健康产业。促进生育政策和相关经济社会政策配套衔接,加强人口发展战略研究。积极应对人口老龄化,构建养老、孝老、敬老政策体系和社会环境,推进医养结合,加快老龄事业和产业发展。①

改革开放以来,邓小平、江泽民、胡锦涛和习近平关于建立和完善中国特色社会保障制度的必要性及其重大意义的论述,成为指导中国社会保障制度建设和发展的思想理论基础,极大地推动了中国社会保障制度体系的建设、发展和逐步完善。

二、顺利推进国有企业改革的重要条件

1. 让一部分人先富起来

关于社会保障制度功能的认识决定了执政党和政府的社会保障制度理念与制度设计。改革开放以来,中国共产党对社会保障制度功能的认识经历一个变化的过程,从强调其经济体制改革的工具逐步转变为保障人民基本生活与调节收入分配的基本制度,逐步建立起关于社会保障制度功能的理论体系。

改革开放初期,中国共产党的工作重心开始转移到以经济建设为中心,开始了中国经济体制改革的进程。打破绝对的平均主义,提高经济效率,成为经济体制改革的最初目标与基本途径。反对平均主义成为中国共产党在这一时

---

① 参见习近平:《决胜全面建成小康社会 夺取新时代中国特色社会主义伟大胜利——在中国共产党第十九次全国代表大会上的报告》,人民出版社 2017 年版,第 48 页。

期的经济主张的核心内容,这在 1984 年的《中共中央关于经济体制改革的决定》中得以集中和明确的体现。该决定指出:"长期以来在消费资料的分配问题上存在一种误解,似乎社会主义就是要平均,如果一部分社会成员的劳动收入比较多,出现了较大的差别,就认为是两极分化,背离社会主义。这种平均主义思想,同马克思主义关于社会主义的科学观点是完全不相容的。历史的教训告诉我们:平均主义思想是贯彻执行按劳分配原则的一个严重障碍,平均主义的泛滥必然破坏社会生产力。当然,社会主义社会要保证社会成员物质、文化生活水平的逐步提高,达到共同富裕的目标。但是,共同富裕决不等于也不可能是完全平均,决不等于也不可能是所有社会成员在同一时间以同等速度富裕起来。如果把共同富裕理解为完全平均和同步富裕,不但做不到,而且势必导致共同贫穷。只有允许和鼓励一部分地区、一部分企业和一部分人依靠勤奋劳动先富起来,才能对大多数人产生强烈的吸引和鼓舞作用,并带动越来越多的人一浪接一浪地走向富裕。"①

中国共产党还对反对平均主义、鼓励一部分人先富起来与共同富裕的关系、一部分人先富起来所产生差别的性质以及鼓励一部分人先富起来的基本政策属性等作出了明确回答,《中共中央关于经济体制改革的决定》指出:"由于一部分人先富起来产生的差别,是全体社会成员在共同富裕道路上有先有后、有快有慢的差别,而绝不是那种极少数人变成剥削者,大多数人陷于贫穷的两极分化。鼓励一部分人先富起来的政策,是符合社会主义发展规律的,是整个社会走向富裕的必由之路。"中国共产党在打破平均主义、促进经济效益提高和鼓励一部分人先富起来的同时,对部分地区与部分人群的贫困问题也予以关注,并提出社会救济与政策扶贫的主张。"我们必须对老弱病残、鳏寡孤独等实行社会救济,对还没有富裕起来的人积极扶持,对经济还很落后的一

---

①　中共中央文献研究室编:《十二大以来重要文献选编》中,人民出版社 1986 年版,第 577—578 页。

部分革命根据地、少数民族地区、边远地区和其他贫困地区实行特殊的优惠政策,并给以必要的物质技术支援。"①

显然,反对平均主义、鼓励一部分人先富起来是《中共中央关于经济体制改革的决定》的核心思想之一,该决定虽然提到必须对老弱病残、鳏寡孤独等实行社会救济,对还没有富裕起来的人或者地区积极扶持等,却对社会保障制度的功能缺乏系统的表述。

2. 建立合理的收入分配和社会保障制度

20 世纪 90 年代初期,中国经济体制改革经历十多年进程,其在促进经济快速发展的同时所引发的社会问题开始显现,促使中国共产党必须思考和阐述经济体制改革与收入分配、社会保障制度之间的关系,必须明确社会保障制度建设的必要性,从而使得中国共产党对社会保障制度功能的认识开始发生变化,这在 1993 年的《中共中央关于建立社会主义市场经济体制若干问题的决定》中得以明确的体现。该决定提出要"建立合理的个人收入分配和社会保障制度"。并对社会保障制度的功能作出比较明确的表述:"建立多层次的社会保障体系,对于深化企业和事业单位改革,保持社会稳定,顺利建立社会主义市场经济体制具有重大意义。"该决定还指出:"重点完善企业养老和失业保险制度,强化社会服务功能以减轻企业负担,促进企业组织结构调整,提高企业经济效益和竞争能力。"②

该决定对中国社会保障制度体系、保障水平、制度设计与制度管理等提出了基本要求:"社会保障体系包括社会保险、社会救济、社会福利、优抚安置和

---

① 中共中央文献研究室编:《十二大以来重要文献选编》中,人民出版社 1986 年版,第578 页。

② 劳动和社会保障部、中共中央文献研究室编:《新时期劳动和社会保障重要文献选编》,中国劳动社会保障出版社、中央文献出版社 2002 年版,第 137—138 页。

社会互助、个人储蓄积累保障。社会保障政策要统一,管理要法制化。社会保障水平要与我国社会生产力发展水平以及各方面的承受能力相适应。城乡居民的社会保障办法应有区别。提倡社会互助。发展商业性保险业,作为社会保险的补充。"该决定还对相关社会保障制度运行机制、农村社会保障制度建设原则等提出要求:"按照社会保障的不同类型确定其资金来源和保障方式。城镇职工养老和医疗保险金由单位和个人共同负担,实行社会统筹和个人账户相结合。进一步健全失业保险制度,保险费由企业按职工工资总额一定比例统一筹交。普遍建立企业工伤保险制度。农民养老以家庭保障为主,与社区扶持相结合。有条件的地方,根据农民自愿,也可以实行个人储蓄积累养老保险。发展和完善农村合作医疗制度。"①

该决定还对社会保障制度管理提出明确要求,指出,建立统一的社会保障管理机构。提高社会保障事业的管理水平,形成社会保险基金筹集、运营的良性循环机制。社会保障行政管理和社会保险基金经营要分开。社会保障管理机构主要是行使行政管理职能。建立由政府有关部门和社会公众代表参加的社会保险基金监督组织,监督社会保险基金的收支和管理。社会保险基金经办机构,在保证基金正常支付和安全性、流动性的前提下,可依法把社会保险基金主要用于购买国家债券,确保社会保险基金的保值增值。②

显然,20世纪90年代初,中国共产党开始认识到建立合理的社会保障制度体系的必要性,但是,基于经济建设的中心地位,中国共产党虽然认识到社会保障制度的政治与社会功能,指出社会保障制度能够"促进社会稳定",但却突出了社会保障制度的经济功能,尤其是强调了社会保障制度建设对"深

---

① 劳动和社会保障部、中共中央文献研究室编:《新时期劳动和社会保障重要文献选编》,中国劳动社会保障出版社、中央文献出版社2002年版,第138—139页。
② 参见劳动和社会保障部、中共中央文献研究室编:《新时期劳动和社会保障重要文献选编》,中国劳动社会保障出版社、中央文献出版社2002年版,第139—140页。

化企业和事业单位改革","顺利建立社会主义市场经济体制","减轻企业负担,促进企业组织结构调整,提高企业经济效益和竞争能力"等多种经济功能。

可见,改革开放初期,中国的经济体制改革驱动了社会保障制度改革,中国共产党开始认识到建立社会保障制度的必要性,但经济体制改革的核心地位使得中国共产党对社会保障制度功能的认识,在肯定其具有促进社会稳定的政治与社会功能的同时,突出了社会保障制度的经济功能,社会保障制度改革服务于经济体制改革,并成为经济体制改革的工具。社会保障制度改革的主要目标是改变单位保障模式,实行社会保障模式,为经济体制改革创造环境。

3. 推进国有企业改革的重要条件

世纪之交,中国经济体制改革向纵深发展,提高经济效益和增强企业竞争力成为突出的目标,国有企业改革进入攻坚阶段,服务和推进经济体制改革成为包括社会保障制度在内的许多社会政策的出发点和落脚点,这势必影响中国共产党对社会保障制度功能的认识。这清楚地体现在 1999 年的《中共中央关于国有企业改革和发展若干重大问题的决定》中。该决定指出:"下岗分流、减员增效和再就业,是国有企业改革的重要内容。要把减员与增效有机结合起来,达到降低企业成本、提高效率和效益的目的。""加快社会保障体系建设,是顺利推进国有企业改革的重要条件。"[①]显然,该决定更加突出了社会保障制度的经济功能,并将社会保障制度建设定位于顺利推进国有企业改革的条件。

基于上述认识,该决定对旨在实现减员增效的下岗失业人员的社会保障

---

① 劳动和社会保障部、中共中央文献研究室编:《新时期劳动和社会保障重要文献选编》,中国劳动社会保障出版社、中央文献出版社 2002 年版,第 414—415 页。

制度提出特别要求："鼓励有条件的国有企业实行主辅分离、转岗分流,创办独立核算、自负盈亏的经济实体,安置企业富余人员,减轻社会就业压力。要规范职工下岗程序,认真办好企业再就业服务中心,切实做好下岗职工基本生活保障工作,维护社会稳定。下岗分流要同国家财力和社会承受能力相适应。要调整财政支出结构,坚持实行企业、社会、政府各方负担的办法落实资金,亏损企业和社会筹集费用不足的部分,财政要给予保证。地方财政确有困难的,中央财政通过转移支付给予一定的支持。要进一步完善下岗职工基本生活保障、失业保险和城市居民最低生活保障制度,搞好这三条保障线的相互衔接,把保障下岗职工和失业人员基本生活的政策措施落到实处。"[1]

该决定还对相关社会保障制度建设提出明确要求,这既是为了通过相关社会保障制度建设"维护社会稳定",也是为了更好地服务于"推进国有企业改革"。该决定指出:"要依法扩大养老、失业、医疗等社会保险的覆盖范围,城镇国有、集体、外商投资、私营等各类企业及其职工都要参加社会保险,缴纳社会保险费。强化社会保险费的征缴,提高收缴率,清理追缴企业拖欠的社会保险费,确保养老金的按时足额支付。进一步完善基本养老保险省级统筹制度,增强基金调剂能力。要采取多种措施,包括变现部分国有资产、合理调整财政支出结构等,开拓社会保障新的筹资渠道,充实社会保障基金。严格管理各项社会保障基金,加强监督,严禁挤占挪用,确保基金的安全和增值。逐步推进社会保障的社会化管理,实行退休人员与原企业相分离,养老金由社会服务机构发放,人员由社区管理。认真落实企业离休干部的政治、生活待遇,做好管理和服务工作。"[2]

---

① 劳动和社会保障部、中共中央文献研究室编:《新时期劳动和社会保障重要文献选编》,中国劳动社会保障出版社、中央文献出版社2002年版,第414页。

② 劳动和社会保障部、中共中央文献研究室编:《新时期劳动和社会保障重要文献选编》,中国劳动社会保障出版社、中央文献出版社2002年版,第414—415页。

三、保障人民生活与调节社会分配的基本制度

1. 建设与经济发展相适应的社会保障体系

"减员增效"势必导致经济增长与收入分配、经济效率与社会公平之间的不协调,从而有可能引发社会问题的突出,促使中国共产党必须反思经济发展与改善民生的关系,对社会保障制度功能的认识,再次成为中国共产党必须做出合理判断和明确回答的问题。于是,中国共产党在认真总结以往认识的基础上,结合经济发展的基本要求与民生改善的普遍需求,对社会保障制度的功能进行新的思考和定位,并在 2003 年的《中共中央关于完善社会主义市场经济体制若干问题的决定》中得以明确的表达:"加快建设与经济发展水平相适应的社会保障体系。"①这不仅表明中国共产党对建立和完善社会保障制度必要性认识的发展,而且表明中国共产党已经正确认识到社会保障制度与经济发展的关系。

正是在上述认识的基础上,该决定提出了中国社会保障制度体系建设的整体要求,不仅要完善企业职工社会保障制度,而且要推动机关事业单位的社会保障制度改革,还要加快农村社会保障制度建设;不仅要推进社会保险制度建设,还要完善以最低生活保障制度为核心的社会救助制度;不仅要发展国家社会保障制度,而且要发展企业补充社会保障和商业保险。该决定指出:"完善企业职工基本养老保险制度,坚持社会统筹与个人账户相结合,逐步做实个人账户。将城镇从业人员纳入基本养老保险。建立健全省级养老保险调剂基金,在完善市级统筹基础上,逐步实行省级统筹,条件具备时实行基本养老金

---

① 中共中央文献研究室编:《十六大以来重要文献选编》(上),中央文献出版社 2005 年版,第 476 页。

的基础部分全国统筹。健全失业保险制度,实现国有企业下岗职工基本生活保障向失业保险并轨。继续完善城镇职工基本医疗保险制度、医疗卫生和药品生产流通体制的同步改革,扩大基本医疗保险覆盖面,健全社会医疗救助和多层次的医疗保障体系。继续推行职工工伤和生育保险。积极探索机关和事业单位社会保障制度改革。完善城市居民最低生活保障制度,合理确定保障标准和方式。采取多种方式包括依法划转部分国有资产充实社会保障基金。强化社会保险基金征缴,扩大征缴覆盖面,规范基金监管,确保基金安全。鼓励有条件的企业建立补充保险,积极发展商业养老、医疗保险。农村养老保障以家庭为主,同社区保障、国家救济相结合。有条件的地方探索建立农村最低生活保障制度。"①

　　显然,世纪之交,随着中国经济体制改革的深化和由此而引发的经济发展与改善民生之间的矛盾,社会问题开始比较突出地表现出来,中国共产党对社会保障制度功能的认识存在一个显著变化的过程,这就是从突出强调社会保障制度的经济功能与经济体制改革的工具,转变为重新强调社会保障制度建设的必要性,正确认识社会保障制度建设与经济发展水平的关系,从而在一定程度上确认了社会保障制度功能的综合性。

2. 保障群众基本生活

　　中共十七大以后,随着中国共产党对社会主义市场经济认识的不断全面和深入,中国的国民经济发展也达到了一个新的水平,如何在经济发展的基础上实现民生的改善,从而推动和促进社会主义和谐社会建设,成为中国共产党在新时期必须要思考和把握的重大问题,这将对中国共产党的执政合法性、国民经济结构调整和可持续发展、人民生活的根本改善以及社会主

---

①　中共中央文献研究室编:《十六大以来重要文献选编》(上),中央文献出版社 2005 年版,第 476 页。

义和谐社会建设等产生重要的影响。社会保障制度功能问题必然成为中国共产党必须深入思考和定位的一个重要问题。中国共产党在总结改革开放以来关于社会保障制度的功能认识的经验与教训的基础上,对社会保障制度的功能进行了重新定位,并集中体现在 2006 年的《中共中央关于构建社会主义和谐社会若干重大问题的决定》之中。该决定明确指出:"完善社会保障制度,保障群众基本生活。"①显然,该决定表明中国共产党对社会保障制度功能的认识发生重大变化,社会保障制度的基本目的是保障群众的基本生活,经济体制改革依然是党的工作重心,但不再强调社会保障制度对于经济体制改革的经济性功能,而其促进社会公平与民生幸福的社会性功能得到肯定并受到高度重视。

在此基础上,该决定更加系统全面地提出了中国特色社会保障制度体系建设和完善的新要求。"适应人口老龄化、城镇化、就业方式多样化,逐步建立社会保险、社会救助、社会福利、慈善事业相衔接的覆盖城乡居民的社会保障体系。……完善企业职工基本养老保险制度,强化保险基金统筹部分征缴,逐步做实个人账户,积极推进省级统筹,条件具备时实行基本养老金基础部分全国统筹。加快机关事业单位养老保险制度改革。""完善城镇职工基本医疗保险,建立以大病统筹为主的城镇居民医疗保险,发展社会医疗救助。""推进失业、工伤、生育保险制度建设。"该决定对农村居民、城镇居民、特殊社会群体的基本社会保障制度建设给予特别强调:"逐步建立农村最低生活保障制度,有条件的地方探索建立多种形式的农村养老保险制度。""加快推进新型农村合作医疗。""加快建立适应农民工特点的社会保障制度。""加强对困难群众的救助,完善城市低保、农村五保供养、特困户救助、灾民救助、城市生活无着的流浪乞讨人员救助等制度。完善优抚安置政策。"该决定还对社会福

---

① 新华月报社编:《时政文献辑览(2006.3—2007.3)》,人民出版社 2007 年版,第 40 页。

利、福利服务与慈善事业等予以充分的关注,以不断提高人民群众的幸福度,要求"发展以扶老、助残、救孤、济困为重点的社会福利。发扬人道主义精神,发展残疾人事业,保障残疾人合法权益。发展老龄事业,开展多种形式的老龄服务。发展慈善事业,完善社会捐赠免税减税政策,增强全社会慈善意识"。该决定还对补充性社会保障尤其是商业保险的作用与功能进行了论述,指出要发挥商业保险在健全社会保障体系中的重要作用。该决定对住房保障体系建设也提出了要求,指出,拓宽资金筹集渠道,加快廉租住房建设,规范和加强经济适用房建设,逐步解决城镇低收入家庭住房困难。①

3. 保障人民生活与调节社会分配

认识总是随着实践的不断发展而逐步发展并走向科学和成熟,实践也将不断通过提出新的问题从而促使认识走向新的阶段。中国社会保障制度体系建设和国民经济与社会发展的实践,推动着中国共产党对重大社会问题、重大社会政策的认识不断发展,从而使得中国共产党对社会保障制度功能的认识走向全面、科学和成熟。这突出表现在中共十八大报告之中。中共十八大报告明确指出:"社会保障是保障人民生活、调节社会分配的一项基本制度。"②显然,中国共产党对社会保障制度功能的认识提升到一个新的高度,社会保障制度不再被作为推动经济体制改革的工具,也不再仅仅是为了保障人民群众的基本生活,而是为了保障人民生活和调节社会分配。社会保障制度不是保障人民生活和调节社会分配的一项特殊或者临时性制度,而是保障人民生活和调节社会分配的一项基本制度。

---

① 参见新华月报社编:《时政文献辑览(2006.3—2007.3)》,人民出版社 2007 年版,第40 页。

② 胡锦涛:《坚定不移沿着中国特色社会主义道路前进　为全面建成小康社会而奋斗——在中国共产党第十八次全国代表大会上的报告》,人民出版社 2012 年版,第36 页。

基于此,中共十八大报告对中国社会保障制度体系完善提出了新的全面要求。报告对完善社会保障制度提出基本目标要求,这就是"社会保障全民覆盖,人人享有基本医疗卫生服务,住房保障体系基本形成"[1]。报告还对社会保障制度完善的方针与重点提出要求:"要坚持全覆盖、保基本、多层次、可持续方针,以增强公平性、适应流动性、保证可持续性为重点,全面建成覆盖城乡居民的社会保障体系。"[2]报告还对社会保障制度体系及其具体项目的完善提出新的要求:"改革和完善企业和机关事业单位社会保险制度,整合城乡居民基本养老保险和基本医疗保险制度,逐步做实养老保险个人账户,实现基础养老金全国统筹,建立兼顾各类人员的社会保障待遇确定机制和正常调整机制。扩大社会保障基金筹资渠道,建立社会保险基金投资运营制度,确保基金安全和保值增值。完善社会救助体系,健全社会福利制度,支持发展慈善事业,做好优抚安置工作。建立市场配置和政府保障相结合的住房制度,加强保障性住房建设和管理,满足困难家庭基本需求。……积极应对人口老龄化,大力发展老龄服务事业和产业。健全残疾人社会保障和服务体系,确实保障残疾人权益。健全社会保障经办管理体制,建立更加便民快捷的服务体系。"[3]

中共十八大报告还指出,要提高人民健康水平。健康是促进人的全面发展的必然要求。要坚持为人民健康服务的方向,坚持预防为主、以农村为重点、中西医并重,按照保基本、强基层、建机制要求,重点推进医疗保障、医疗服务、公共卫生、药品供应、监管体制综合改革,完善国民健康政策,为群众提供安全有效方便价廉的公共卫生和基本医疗服务。健全全民医保体系,建立重

---

[1] 胡锦涛:《坚定不移沿着中国特色社会主义道路前进 为全面建成小康社会而奋斗——在中国共产党第十八次全国代表大会上的报告》,人民出版社2012年版,第18页。

[2] 胡锦涛:《坚定不移沿着中国特色社会主义道路前进 为全面建成小康社会而奋斗——在中国共产党第十八次全国代表大会上的报告》,人民出版社2012年版,第36页。

[3] 胡锦涛:《坚定不移沿着中国特色社会主义道路前进 为全面建成小康社会而奋斗——在中国共产党第十八次全国代表大会上的报告》,人民出版社2012年版,第36—37页。

特大疾病保障和救助机制,完善突发公共卫生事件应急和重大疾病防控机制。巩固基本药物制度。健全农村三级医疗卫生服务网络和城市社区卫生服务体系,深化公立医院改革,鼓励社会办医。提高医疗卫生队伍的服务能力,促进人民身心健康。①

在 2021 年 2 月 26 日中共中央政治局第二十八次集体学习时,习近平总书记强调:"社会保障是保障和改善民生、维护社会公平、增进人民福祉的基本制度保障,是促进经济社会发展、实现广大人民群众共享改革发展成果的重要制度安排,是治国安邦的大问题。要加大再分配力度,强化互助共济功能,把更多人纳入社会保障体系,为广大人民群众提供更可靠、更充分的保障,不断满足人民群众多层次多样化需求,健全覆盖全民、统筹城乡、公平统一、可持续的多层次社会保障体系,进一步织密社会保障安全网,促进我国社会保障事业高质量发展、可持续发展。"②

四、更加公平更可持续的社会保障制度

1. 更加公平可持续的社会保障制度

中共十八大以后,中国经济社会发展进入一个新阶段,以全面深化改革促进全面发展成为重中之重,社会保障制度如何通过深化改革进一步走向完善,尤其是社会保障制度如何在促进社会更加公平的同时,保持自身的可持续发展,成为中国共产党对社会保障制度功能认识的重要问题。中共十八届三中全会通过的《中共中央关于全面深化改革若干重大问题的决定》对深化社会

---

① 参见胡锦涛:《坚定不移沿着中国特色社会主义道路前进 为全面建成小康社会而奋斗——在中国共产党第十八次全国代表大会上的报告》,人民出版社 2012 年版,第 37—38 页。

② 《习近平在中共中央政治局第二十八次集体学习时强调 完善覆盖全民的社会保障体系 促进社会保障事业高质量发展可持续发展》,《人民日报》2021 年 2 月 28 日。

保障制度改革提出具体要求,指出,建立更加公平可持续的社会保障制度。坚持社会统筹和个人账户相结合的基本养老保险制度,完善个人账户制度,健全多缴多得激励机制,确保参保人权益,实现基础养老金全国统筹,坚持精算平衡原则。推进机关事业单位养老保险制度改革。整合城乡居民基本养老保险制度、基本医疗保险制度。推进城乡最低生活保障制度统筹发展。建立健全合理兼顾各类人员的社会保障待遇确定和正常调整机制。完善社会保险关系转移接续政策,扩大参保缴费覆盖面,适时适当降低社会保险费率。研究制定渐进式延迟退休年龄政策。加快健全社会保障管理体制和经办服务体系。健全符合国情的住房保障和供应体系,建立公开规范的住房公积金制度,改进住房公积金提取、使用、监管机制。健全社会保障财政投入制度,完善社会保障预算制度。加强社会保险基金投资管理和监督,推进基金市场化、多元化投资运营。制定实施免税、延期征税等优惠政策,加快发展企业年金、职业年金、商业保险,构建多层次社会保障体系。积极应对人口老龄化,加快建立社会养老服务体系和发展老年服务产业。健全农村留守儿童、妇女、老年人关爱服务体系,健全残疾人权益保障、困境儿童分类保障制度。①

深化医药卫生体制改革。统筹推进医疗保障、医疗服务、公共卫生、药品供应、监管体制综合改革。深化基层医疗卫生机构综合改革,健全网络化城乡基层医疗卫生服务运行机制。加快公立医院改革,落实政府责任,建立科学的医疗绩效评价机制和适应行业特点的人才培养、人事薪酬制度。完善合理分级诊疗模式,建立社区医生和居民契约服务关系。充分利用信息化手段,促进优质医疗资源纵向流动。加强区域公共卫生服务资源整合。取消以药补医,理顺医药价格,建立科学补偿机制。改革医保支付方式,健全全民医保体系。加快健全重特大疾病医疗保险和救助制度。鼓励社会办医,优先支持举办非

---

① 参见《中共中央关于全面深化改革若干重大问题的决定》,《人民日报》2013 年 11 月 16 日。

营利性医疗机构。社会资金可直接投向资源稀缺及满足多元需求服务领域,多种形式参与公立医院改制重组。允许医师多点执业,允许民办医疗机构纳入医保定点范围。①

2. 更加公平更可持续的社会保障制度

中共十八届五中全会通过的《中共中央关于制定国民经济和社会发展第十三个五年规划的建议》,更加全面地提出了关于社会保障制度的新认识。关于社会保障制度发展和完善的目标,指出"十三五"时期要努力实现以下目标:人民生活水平和质量普遍提高,就业比较充分,就业、教育、文化、社保、医疗、住房等公共服务体系更加健全,基本公共服务均等化水平稳步提高。我国现行标准下农村贫困人口实现脱贫,贫困县全部摘帽,解决区域性整体贫困。坚持共享发展,着力增进人民福祉。按照人人参与、人人尽力、人人享有的要求,坚守底线、突出重点、完善制度、引导预期,注重机会公平,保障基本民生,实现全体人民共同迈入全面小康社会。增加公共服务供给。坚持普惠性、保基本、均等化、可持续方向,从解决人民最关心最直接最现实的利益问题入手,增强政府职责,提高公共服务共建能力和共享水平。加强义务教育、就业服务、社会保障、基本医疗和公共卫生、公共文化、环境保护等基本公共服务,努力实现全覆盖。加强对特定人群特殊困难的帮扶。②

推进健康中国建设。深化医药卫生体制改革,实行医疗、医保、医药联动,推进医药分开,实行分级诊疗,建立覆盖城乡的基本医疗卫生制度和现代医院管理制度。全面推进公立医院综合改革,坚持公益属性,破除逐利机制,建立

---

① 参见《中共中央关于全面深化改革若干重大问题的决定》,《人民日报》2013 年 11 月 16 日。

② 参见《中共中央关于制定国民经济和社会发展第十三个五年规划的建议》,《人民日报》2015 年 11 月 4 日。

符合医疗行业特点的人事薪酬制度。优化医疗卫生机构布局,健全上下联动、衔接互补的医疗服务体系,完善基层医疗服务模式,发展远程医疗。促进医疗资源向基层、农村流动,推进全科医生、家庭医生、急需领域医疗服务能力提高、电子健康档案等工作。鼓励社会力量兴办健康服务业,推进非营利性民营医院和公立医院同等待遇。加强医疗质量监管,完善纠纷调解机制,构建和谐医患关系。

统筹救助体系,强化政策衔接,推进制度整合,确保困难群众基本生活。积极开展应对人口老龄化行动,弘扬敬老、养老、助老社会风尚,建设以居家为基础、社区为依托、机构为补充的多层次养老服务体系,推动医疗卫生和养老服务相结合,探索建立长期护理保险制度。全面放开养老服务市场,通过购买服务、股权合作等方式支持各类市场主体增加养老服务和产品供给。支持残疾人事业发展,健全扶残助残服务体系。

建立更加公平更可持续的社会保障制度。实施全民参保计划,基本实现法定人员全覆盖。坚持精算平衡,完善筹资机制,分清政府、企业、个人等的责任。适当降低社会保险费率。完善社会保险体系。完善职工养老保险个人账户制度,健全多缴多得激励机制。实现职工基础养老金全国统筹,建立基本养老金合理调整机制。拓宽社会保险基金投资渠道,加强风险管理,提高投资回报率。逐步提高国有资本收益上缴公共财政比例,划转部分国有资本充实社保基金。出台渐进式延迟退休年龄政策。发展职业年金、企业年金、商业养老保险。

健全医疗保险稳定可持续筹资和报销比例调整机制,研究实行职工退休人员医保缴费参保政策。全面实施城乡居民大病保险制度。改革医保支付方式,发挥医保控费作用。改进个人账户,开展门诊费用统筹。实现跨省异地安置退休人员住院医疗费用直接结算。整合城乡居民医保政策和经办管理。鼓励发展补充医疗保险和商业健康保险。鼓励商业保险机构参与医保经办。将生育保险和基本医疗保险合并实施。①

在此基础上制定和发布的《中华人民共和国国民经济和社会发展第十三个五年规划纲要》对"十三五"期间社会保障制度的发展作出具体部署。坚持全民覆盖、保障适度、权责清晰、运行高效,稳步提高社会保障统筹层次和水平,建立健全更加公平、更可持续的社会保障制度。

实施全民参保计划,基本实现法定人员全覆盖。完善筹资机制,分清政府、企业、个人等的责任。适当降低社会保险费率。实现职工基础养老金全国统筹。健全参保缴费激励约束机制,建立基本养老金合理调整机制。推出税收递延型养老保险。建立更加便捷的社会保险转移接续机制。划转部分国有资本充实社保基金。大幅提升灵活就业人员、农民工等群体参加社会保险比例。

统筹推进城乡社会救助体系建设,完善最低生活保障制度,强化政策衔接,推进制度整合。加强社会救助制度与其他社会保障制度、专项救助与低保救助统筹衔接。构建综合救助工作格局,丰富救助服务内容,合理提高救助标准。建立健全社会救助家庭经济状况核对机制,努力做到应救尽救、应退尽退。

健全以扶老、助残、爱幼、济困为重点的社会福利制度。建立家庭养老支持政策。做好困境儿童福利保障工作。发展公益性基本殡葬服务。建立健全残疾人基本福利制度,实现残疾人基本民生兜底保障。建立以居家为基础、社区为依托、机构为补充的多层次养老服务体系。支持面向失能老年人的老年养护院、社区日间照料中心等设施建设。全面建立针对经济困难高龄、失能老年人的补贴制度。推动医疗卫生和养老服务相结合。全面放开养老服务市场。②

---

① 参见《中共中央关于制定国民经济和社会发展第十三个五年规划的建议》,《人民日报》2015 年 11 月 4 日。

② 参见《中华人民共和国国民经济和社会发展第十三个五年规划纲要》,《人民日报》2016 年 3 月 18 日。

　　中共十八大以来,中国共产党还对精准扶贫与精准脱贫提出更加明确的要求。2015 年中共十八届五中全会通过的《中共中央关于制定国民经济和社会发展第十三个五年规划的建议》提出,实施脱贫攻坚工程。农村贫困人口脱贫是全面建成小康社会最艰巨的任务。必须充分发挥政治优势和制度优势,坚决打赢脱贫攻坚战。实施精准扶贫、精准脱贫,因人因地施策,提高扶贫实效。分类扶持贫困家庭。实行低保政策和扶贫政策衔接,对贫困人口应保尽保。提高贫困地区基础教育质量和医疗服务水平,推进贫困地区基本公共服务均等化。建立健全农村留守儿童和妇女、老人关爱服务体系。实行脱贫工作责任制。加大中央和省级财政扶贫投入,发挥政策性金融和商业性金融的互补作用,整合各类扶贫资源,开辟扶贫开发新的资金渠道。把革命老区、民族地区、边疆地区、集中连片贫困地区作为脱贫攻坚重点。[1]

　　2015 年通过的《中共中央国务院关于打赢脱贫攻坚战的决定》对新时期脱贫攻坚提出更加具体的要求。指出,到 2020 年,稳定实现农村贫困人口不愁吃、不愁穿,义务教育、基本医疗和住房安全有保障。确保现行标准下农村贫困人口实现脱贫。该决定对社会保障在脱贫攻坚中的作用的发挥提出了具体要求。实施健康扶贫工程,保障贫困人口享有基本医疗卫生服务,努力防止因病致贫、因病返贫。对贫困人口参加新型农村合作医疗个人缴费部分由财政给予补贴。新型农村合作医疗和大病保险制度对贫困人口实行政策倾斜,门诊统筹率先覆盖所有贫困地区,降低贫困人口大病费用实际支出,对新型农村合作医疗和大病保险支付后自负费用仍有困难的,加大医疗救助、临时救助、慈善救助等帮扶力度,将贫困人口全部纳入重特大疾病救助范围,使贫困人口大病医治得到有效保障。对无法依靠产业扶持和就业帮助脱贫的家庭实行政策性保障兜底。加大农村低保省级统筹力度,低保标准较低的地区要逐

---

　　① 参见《中共中央关于制定国民经济和社会发展第十三个五年规划的建议》,《人民日报》2015 年 11 月 4 日。

步达到国家扶贫标准。尽快制定农村最低生活保障制度与扶贫开发政策有效衔接的实施方案。将所有符合条件的贫困家庭纳入低保范围,做到应保尽保。加大临时救助制度在贫困地区落实力度。提高农村特困人员供养水平,改善供养条件。加快完善城乡居民基本养老保险制度,适时提高基础养老金标准,引导农村贫困人口积极参保续保,逐步提高保障水平。有条件、有需求地区可以实施"以粮济贫"。①

可见,改革开放以来,中国共产党对社会保障制度功能的认识发生深刻的变化。改革开放初期,中国共产党对社会保障制度的功能从认识不足走向初步认识该制度的功能;世纪之交,中国共产党对社会保障制度的功能从片面认识走向重新认识该制度的功能;中共十七大以来,中国共产党对社会保障制度的功能从局部认识走向全面科学把握该制度的功能。改革开放以来,中国共产党对社会保障制度功能的认识过程,既是中国共产党对中国特色社会保障制度本质属性的认识过程,也是中国共产党对符合中国国情的社会保障理论的探索过程。中国共产党对社会保障制度功能的认识及其对中国特色社会保障制度体系建设的主张和要求,构成中国特色社会主义理论的重要组成部分,也是中国共产党对马克思主义理论体系和社会主义社会保障理论的重要贡献。中国共产党对社会保障制度功能认识的发展变化,决定了中国共产党对中国特色社会保障制度体系建设基本要求和政策主张的变化,从而直接影响到中国特色社会保障制度体系建设和完善的实践探索,并将随着中国经济和社会的不断发展进一步走向全面、科学和成熟。

---

① 参见《中共中央国务院关于打赢脱贫攻坚战的决定》,《人民日报》2015 年 12 月 8 日。

第三章　中国特色社会保障制度目标理论的发展

社会保障制度的目标是社会保障制度理论的重要内容。随着中国经济社会的变化和社会保障制度的发展,在40多年的改革开放过程中,中国共产党不断探索和总结对社会保障制度目标的认识,提出了保障和改善民生、全面建成小康社会和满足人民美好生活的需要等一系列符合中国国情的社会保障制度目标。以邓小平同志、江泽民同志、胡锦涛同志和习近平同志为主要代表的中国共产党人对社会保障制度目标的认识,构成了中国特色社会主义社会保障理论的重要内容,促进了中国特色社会保障制度的健康发展。

一、保障和改善民生

1. 衡量各项工作做得对或不对的标准

保障和改善民生是社会保障制度建设和发展的重要目标。改革开放以来,随着经济社会的发展,中国共产党越来越重视保障和改善民生,逐步建立起保障和改善民生的思想理论体系。早在改革开放初期,邓小平就十分重视和强调改善民生。邓小平孜孜以求的是增进人民福祉,他多次讲:"贫穷不是社会主义,社会主义要消灭贫穷。不发展生产力,不提高人民的生活水平,不能说是符合社会主义要求的。"①

邓小平指出,讲社会主义,首先就要使生产力发展,这是主要的。只有这样,才能表明社会主义的优越性。社会主义经济政策对不对,归根到底要看生产力是否发展,人民收入是否增加。这是压倒一切的标准。② "搞社会主义,一定要使生产力发达,贫穷不是社会主义。我们坚持社会主义,要建设对资本主义具有优越性的社会主义,首先必须摆脱贫穷。现在虽说我们也在搞社会主义,但事实上不够格。只有到了下世纪中叶,达到了中等发达国家的水平,才能说真的搞了社会主义,才能理直气壮地说社会主义优于资本主义。"③

邓小平指出,发挥社会主义的优越性,归根到底是要大幅度发展社会生产力,逐步改善、提高人民的物质生活和精神生活。④ 经济长期处于停滞状态总不能叫社会主义。人民生活长期停滞在很低的水平总不能叫社会主义。⑤ 不管你搞什么,一定要有利于发展生产力。发展生产力要讲究经济效果。只有在发展生产力的基础上才能随之逐步增加人民收入。⑥

邓小平强调,要把是否有利于发展社会主义社会的生产力、是否有利于增强社会主义国家的综合国力、是否有利于提高人民的生活水平作为判断一切工作是非得失的标准。邓小平多次强调共同富裕,指出:"共同致富,我们从改革一开始就讲,将来总有一天要成为中心课题。社会主义不是少数人富起来、大多数人穷,不是那个样子。社会主义最大的优越性就是共同富裕,这是

---

① 《邓小平文选》第三卷,人民出版社 1993 年版,第 116 页。
② 参见《邓小平文选》第二卷,人民出版社 1994 年版,第 314 页。
③ 《邓小平文选》第三卷,人民出版社 1993 年版,第 225 页。
④ 参见《邓小平文选》第二卷,人民出版社 1994 年版,第 251 页。
⑤ 参见《邓小平文选》第二卷,人民出版社 1994 年版,第 312 页。
⑥ 参见《邓小平文选》第二卷,人民出版社 1994 年版,第 312—313 页。

体现社会主义本质的一个东西。"①邓小平在南方谈话中说:"不坚持社会主义,不改革开放,不发展经济,不改善人民生活,只能是死路一条。"②"各项工作都要有助于建设有中国特色的社会主义,都要以是否有助于人民的富裕幸福,是否有助于国家的兴旺发达,作为衡量做得对或不对的标准。"③

邓小平明确指出,我们搞四个现代化,因为经验不足,会面临多方面的困难。如改造一个企业就要减人,减下的人怎么安置,这也是困难。又如我们要建立退休制度,这是很正确的,但是也会有很多人思想抵触,这也是有很大的困难。④ 关于对经济调整中失去工作者,邓小平指出,现在很多单位人浮于事。在经济调整中,有些企业或者会全部停工,或者会半停工。有关地方、有关部门对这些单位的干部和工人,除了安排他们轮流从事一些生产劳动,主要应该有计划地、认真地对他们进行正规培训,提高所有受训干部、工人的政治觉悟和业务能力,并且经过考核,从中发现和选拔优秀人才。调整是实现现代化所必须采取的一项积极措施,培训就是这种积极措施的一个重要方面。大家常说要增加智力投资,利用经济调整的机会,有计划地对大批干部、工人进行正规教育,提高他们的政治水平、文化水平、技术水平、经营管理水平,就是一种能收到很好效果的智力投资。要使全体干部、工人充分理解这种培训的重大意义,逐步把这种培训变为适用于全体干部和工人的经常制度。⑤ 要继续广开门路,主要通过集体经济和个体劳动等多种形式,尽可能多地安排待业人员,要切实保障集体劳动者和个体劳动者的合理利益。⑥ 邓小平强调指出:"一定要努力帮助群众解决一切能够解决的困难。暂时无法解决的困难,要

---

① 《邓小平文选》第三卷,人民出版社 1993 年版,第 364 页。
② 《邓小平文选》第三卷,人民出版社 1993 年版,第 370 页。
③ 《邓小平文选》第三卷,人民出版社 1993 年版,第 23 页。
④ 参见《邓小平文选》第二卷,人民出版社 1994 年版,第 230 页。
⑤ 参见《邓小平文选》第二卷,人民出版社 1994 年版,第 361—362 页。
⑥ 参见《邓小平文选》第二卷,人民出版社 1994 年版,第 362—363 页。

耐心恳切地向群众解释清楚。"[1]

2. 党的一切工作的出发点和归宿点

江泽民也十分重视保障和改善民生。他强调指出,改革开放的重要目的是改善人民生活。加快改革开放和经济发展,目的都是满足人民日益增长的物质文化需要。随着生产发展和社会财富的增加,城乡居民的实际收入、消费水平和生活质量要有明显提高。衣食住行尤其是居住条件,应有较多改善。文化生活更加丰富,体育、卫生事业进一步发展,人民健康水平继续提高。在我们这个占世界人口五分之一的国家里,人民过上小康生活,是一件了不起的大事。同时应当指出,我国底子薄,目前处在实现现代化的创业阶段,需要有更多的资金用于建设,一定要继续发扬艰苦奋斗、勤俭建国的优良传统,提倡崇尚节约的社会风气。[2]

江泽民指出,必须把实现和维护最广大人民群众的利益作为改革和建设的根本出发点。在任何时候任何情况下,党的一切工作和方针政策,都要以是否符合最广大人民群众的利益为最高衡量标准。建设有中国特色社会主义事业,是亿万人民群众广泛参加的创造性事业。必须始终坚持党的群众路线,一切为了群众,一切依靠群众,从群众中来,到群众中去,尊重人民群众的创造,倾听人民群众的呼声,反映人民群众的意愿,集中人民群众的智慧和力量去发展我们的各项事业。在整个改革开放和现代化建设的过程中,都要努力使工人、农民、知识分子和其他群众共同享受到经济社会发展的成果。[3]

江泽民针对经济体制改革过程中一部分职工的生活困难强调指出,近年

---

[1]　《邓小平文选》第二卷,人民出版社1994年版,第368页。
[2]　参见中共中央文献研究室编:《十四大以来重要文献选编》上,人民出版社1996年版,第32页。
[3]　参见《江泽民文选》第二卷,人民出版社2006年版,第262页。

来,由于改革深化和其他各种原因,有些国有企业不能适应市场经济的要求,生产经营困难,影响到部分职工的工作和生活。对此,各级领导要及时研究,认真解决。必须认识到,我们的改革,是要从根本上改变束缚我国生产力发展的旧的经济体制,建立充满生机和活力的社会主义市场经济新体制。从本质上讲,改革是代表工人阶级的根本、长远利益的,是让人民群众特别是广大工人、农民、知识分子得到最大的利益。十几年的改革实践表明,广大人民的生活水平有了很大提高。但是,我们也要十分重视部分企业和职工面临的困难。各级领导要采取积极有效措施,妥善解决好群众生活特别是困难企业职工的生活问题,同时,做好深入细致的思想政治工作,及时化解矛盾,保持社会的稳定,保证改革和发展的顺利进行。[1]

江泽民指出,提高人民生活水平,是改革开放和发展经济的根本目的。在经济发展的基础上,使全国人民过上小康生活,并逐步向更高的水平前进。努力增加城乡居民实际收入,拓宽消费领域,引导合理消费。在改善物质生活的同时,充实精神生活,美化生活环境。提高生活质量。特别要改善居住、卫生、交通和通信条件,扩大服务性消费。逐步增加公共设施和社会福利设施。提高教育和医疗保健水平。实行保障城镇困难居民基本生活的政策。国家从多方面采取措施,加大扶贫攻坚力度,到 20 世纪末基本解决农村贫困人口的温饱问题。[2]

在整个改革开放和现代化建设的过程中,都要努力使工人、农民、知识分子和其他群众共同享受到经济社会发展的成果。改革越深化,越要正确认识和处理各种利益关系,把个人利益与集体利益、局部利益与整体利益、当前利

---

① 参见中共中央文献研究室编:《十四大以来重要文献选编》下,人民出版社 1999 年版,第 1936 页。

② 参见中共中央文献研究室编:《十五大以来重要文献选编》上,人民出版社 2000 年版,第 29—30 页。

益与长远利益正确地统一和结合起来,把最广大人民群众的切身利益实现好、维护好、发展好,把他们的积极性引导好、保护好、发挥好。只有这样,我们的改革和建设才能始终获得最广泛最可靠的群众基础和力量源泉。[①]

江泽民指出,一定要使群众得到应该得到的、看得见的物质利益,而且随着经济的发展,要使群众得到的、看得见的物质利益不断有所增加。这样才能保证群众始终安居乐业,始终真心诚意地拥护改革开放和现代化建设。我们完全拥有解决部分群众生活困难问题的条件和能力。不能做好这方面的工作,是无法向党、向人民交代的。关键在于我们的工作。一是各地区、各部门的同志思想上一定要高度重视,要有很强的责任心;二是各个方面要相互配合,齐心协力地为解决困难群众的生活和就业问题想方设法,抓紧工作;三是坚持勤俭建国的原则,合理使用财政收入,节省一切可以节省的财政开支,首先用于解决群众的困难问题;四是要狠刹铺张浪费和奢靡腐败之风,在广大干部中大兴艰苦奋斗、与群众同甘共苦的优良作风,增强群众战胜困难、知难而进的信心。[②]

江泽民还系统论述了改善民生在党的工作中的地位和意义。他指出,不断提高人民生活水平,是我们党一切工作的根本出发点和归宿点。人民生活不断改善,就会更加拥护我们党的领导和社会主义制度,更加充满信心地投入改革开放和现代化建设事业,我们党的执政基础也就能够日益巩固。与发达国家相比,我国人民的生活水平还比较低,贫困人口、下岗职工等相当一部分群众的生活还相当困难,人民对改善生活的期望很强烈。要使 12 亿多人都过上小康生活,并逐步过上比较宽裕的小康生活,任务十分艰巨。在整个社会生

[①]　参见中共中央文献研究室编:《十五大以来重要文献选编》上,人民出版社 2000 年版,第 692 页。

[②]　参见中共中央文献研究室编:《江泽民论有中国特色社会主义(专题摘编)》,中央文献出版社 2002 年版,第 112—113 页。

产和建设发展的基础上,不断使全体人民得到并日益增加看得见的利益,始终是我们中国共产党人的神圣职责。全党同志心中始终都要装着人民群众,关心人民群众,千方百计地为他们谋利益,带领他们艰苦奋斗,创造幸福生活。①

要尽快地使全国人民都过上殷实的小康生活,并不断向更高水平前进。坚持贯彻党的富民政策,在发展经济的基础上,努力增加城乡居民的收入,不断改善人们的吃、穿、住、行、用的条件,完善社会保障体系,改进医疗卫生条件,提高生活质量。通过一部分人、一部分地区先富起来,先富带动后富,逐步实现全体人民共同富裕。②

不断改善人民生活,是我们党全心全意为人民服务宗旨和"三个代表"要求的最终体现,是处理好改革、发展、稳定关系的结合点。人民群众的生活水平不断提高,推进改革就会得到更加广泛的支持,我们党的执政基础就会更加巩固。改革开放以来,我国人民的生活水平有了较大提高,全国总体上实现了小康。但也必须看到,目前城乡居民收入水平还不高,一部分群众的生活还比较困难。各级领导干部必须从政治的高度和稳定的大局出发,始终把解决好人民生活问题作为党和政府的根本任务。③

江泽民特别强调指出,各级党委和政府必须始终坚持"一要吃饭,二要建设"的原则。现在各方面建设任务很重,要统筹安排财力,正确处理"吃饭"与"建设"的关系,把人民生活放在优先位置。搞建设要从实际出发,量力而行,充分考虑地方财力和群众的承受能力。上项目应该着眼于增强经济发展的后劲,改善人民的生活条件,绝不能为了追求所谓"政绩",不顾条件,盲目攀比,搞这样那样的"形象"工程。一些地方连工资都不能按时发放,还在片面追求投资规模,乱上项目,结果必然加剧财政困难,加重农民和企业的负担,导致各

---

① 参见江泽民:《论"三个代表"》,人民出版社 2002 年版,第 68—69 页。
② 参见江泽民:《论"三个代表"》,人民出版社 2002 年版,第 179 页。
③ 参见江泽民:《论"三个代表"》,人民出版社 2002 年版,第 90 页。

方面矛盾突出。对这种劳民伤财的做法,必须坚决反对。能否处理好"吃饭"与"建设"的关系,要作为衡量领导干部能否坚持实事求是、坚持走群众路线的一条重要标准。①

江泽民认为,从长远看,解决社会分配不公问题,要坚决保护合法收入、合理调节过高收入、严格取缔非法收入;还要逐步建立富有弹性的就业制度,使劳动者在竞争中获得大致均等的机遇。与此相适应,必须建立和完善社会保障体系。改善民生不是一下子能解决的,但应该向这个方向努力。②

江泽民指出,20 世纪 90 年代改革和建设的主要任务是加速改革开放,推动经济发展和社会的全面进步。要深化分配制度和社会保障制度的改革。统筹兼顾国家、集体、个人三者利益,理顺国家与企业、中央与地方的分配关系,逐步实行利税分流和分税制。加快工资制度改革,逐步建立起符合企业、事业单位和机关各自特点的工资制度与正常的工资增长机制。积极建立待业、养老、医疗等社会保障制度,努力推进城镇住房制度改革。③ 加快改革开放和现代化建设步伐,不断改善人民生活,严格控制人口增长,加强环境保护。加快改革开放和经济发展,目的都是满足人民日益增长的物质文化需要。随着生产发展和社会财富的增加,城乡居民的实际收入、消费水平和生活质量要有明显提高。衣食住行尤其是居住条件,应有较多改善。文化生活更加丰富,体育、卫生事业进一步发展,人民健康水平继续提高。④

3. 改革开放和社会主义现代化建设的根本目的

胡锦涛同样十分强调保障和改善民生。他指出,要牢牢把握保障和改善

① 参见江泽民:《论"三个代表"》,人民出版社 2002 年版,第 92 页。
② 参见《江泽民文选》第一卷,人民出版社 2006 年版,第 55 页。
③ 参见《江泽民文选》第一卷,人民出版社 2006 年版,第 229 页。
④ 参见《江泽民文选》第一卷,人民出版社 2006 年版,第 239 页。

民生这一根本目的。保障和改善民生,既是满足人民日益增长的物质文化需求的必然要求,也是加快转变经济发展方式、扩大消费的必然要求。要针对民生领域人民群众反映强烈的突出问题,加大财政投入力度,切实办好涉及民生的大事要事,重点加强对困难群众的帮扶,保障他们的基本生活,加快完善基本公共服务体系,推进基本公共服务均等化。要注重提高发展的包容性,把促进社会公平特别是机会公平放在更加突出的位置,增强劳动者适应市场环境变化的自我发展能力,创造使人人享有平等发展机会的条件。要加强保障和改善民生工作的制度建设,增强公平性、透明度、可持续性。[1] 提高人民物质文化生活水平,是改革开放和社会主义现代化建设的根本目的。要多谋民生之利,多解民生之忧,解决好人民最关心最直接最现实的利益问题,在学有所教、劳有所得、病有所医、老有所养、住有所居上持续取得新进展,努力让人民过上更好生活。[2]

　　胡锦涛系统论述了以人为本和改善民生的关系。他指出,必须坚持以人为本,坚持发展为了人民,发展依靠人民,发展成果由人民共享。不断实现好、维护好、发展好最广大人民根本利益。中国共产党领导人民进行改革开放和社会主义现代化建设的根本目的,就是要通过发展社会生产力,不断提高人民物质文化生活水平,促进人的全面发展。坚持把广大人民根本利益作为一切工作的根本出发点和落脚点,把改善人民生活作为经济社会发展的目的和归宿。[3] 以人为本,体现了马克思主义历史唯物论的基本原理,体现了中国共产党全心全意为人民服务的根本宗旨和我们推动经济社会发展的根本目的。[4]必须加快推进以改善民生为重点的社会建设,努力形成社会和谐人人有责、和

---

① 参见《胡锦涛文选》第三卷,人民出版社 2016 年版,第 575—576 页。
② 参见《胡锦涛文选》第三卷,人民出版社 2016 年版,第 640 页。
③ 参见《胡锦涛文选》第二卷,人民出版社 2016 年版,第 365—366 页。
④ 参见《胡锦涛文选》第三卷,人民出版社 2016 年版,第 4 页。

谐社会人人共生的生动局面,努力使全体人民学有所教、劳有所得、病有所医、老有所养、住有所居。①

　　胡锦涛指出,坚持立党为公,执政为民,必须落实到关心群众生产生活中去,必须围绕人民群众最现实、最关心、最直接的利益来落实,努力把经济社会发展长远战略目标和提高人民生活水平阶段性任务统一起来,把实现人民长远利益和当前利益结合起来。群众利益无小事,凡是涉及群众的切身利益和实际困难的事情,再小也要竭尽心力去办。要时刻把群众安危冷暖挂在心上,对群众生产生活面临的这样那样的困难,特别是对下岗职工、农村贫困人口、城市贫困居民等困难群众遇到的实际问题,一定要带着深厚感情帮助解决,切实把中央为他们脱贫解困的各项政策措施落到实处。②

　　胡锦涛强调,各级领导干部都要牢记群众利益无小事这个道理,始终把群众利益放在第一位,自觉增强为人民服务的意识,从人民群众最现实、最关心、最直接的问题入手。必须看到,我们的事业在发展,社会在进步,人民群众利益需求也在发展。实现群众愿望,满足群众需要,维护群众利益,是一个动态的不断发展的过程。我们要细心体察群众愿望和利益要求的变化,使我们的政策措施更全面更准确地反映群众利益,使我们的工作更好更有力地体现群众利益。③

　　胡锦涛指出,推动我国经济社会又好又快发展,必须坚持以人为本,坚持发展为了人民、发展依靠人民、发展成果由人民共享,不断实现好、维护好、发展好最广大人民根本利益。这是坚持立党为公、执政为民的本质要求,也是党和人民事业兴旺发达的根本保证。我们党领导人民进行改革开放和社会主义现代化建设的根本目的,就是要通过发展社会生产力,不断提高人民物质文化

---

①　参见《胡锦涛文选》第三卷,人民出版社 2016 年版,第 5 页。
②　参见《胡锦涛文选》第二卷,人民出版社 2016 年版,第 58 页。
③　参见《胡锦涛文选》第二卷,人民出版社 2016 年版,第 75—76 页。

生活水平,促进人的全面发展。要坚持人民群众在建设中国特色社会主义事业中的主体地位,坚持把最广大人民根本利益作为经济社会发展的目的和归宿,切实保障人民群众经济、政治、文化权益,营造全体人民充分发挥聪明才智的社会环境,不断增强全社会创造活力,形成全体人民团结奋斗的强大力量。①

胡锦涛指出,要坚持从群众中来、到群众中去,把人民群众愿望和要求作为决策的根本依据,使各项决策既体现人民群众现实利益又代表人民群众长远利益,既反映大多数群众普遍愿望又照顾部分群众特殊需求;要把解决民生问题放在各项工作首位,下大气力解决好群众反映强烈的突出问题,下大气力做好关心困难群众生产生活工作,多办顺应民意、化解民忧、为民谋利的实事,努力让人民群众得到实实在在的利益,共享改革发展成果。②

胡锦涛强调,要牢固树立群众观点和公仆意识,把群众呼声作为第一信号,把群众需要作为第一选择,把群众满意作为第一标准,切实保障人民权益,真正做到发展为了人民、发展依靠人民、发展成果由人民共享。各级干部要切实把以人为本贯穿到各项工作中去,把群众的事情当成自己的事情,倾听群众呼声,关心群众疾苦,真心实意为群众多做好事、多办实事,着力解决人民最关心最直接最现实的利益问题,特别是要千方百计帮助困难群众排忧解难,努力使全体人民学有所教、劳有所得、病有所医、老有所养、住有所居,不断实现社会公平正义、促进社会和谐。重点解决物价、环境保护、食品药品质量、安全生产、征地拆迁等方面群众反映强烈的问题,强化对社保基金、住房公积金、扶贫救灾专项资金的监管。③

4. 民生是"指南针"

中共十八大以后,习近平在不同场合指出,做好经济社会发展工作,民生

---

① 参见《胡锦涛文选》第二卷,人民出版社 2016 年版,第 365—366 页。
② 参见《胡锦涛文选》第二卷,人民出版社 2016 年版,第 552—553 页。
③ 参见《胡锦涛文选》第三卷,人民出版社 2016 年版,第 50 页。

是"指南针"。要全面把握发展和民生相互牵动、互为条件的关系,通过持续发展强化保障和改善民生的物质基础,通过不断保障和改善民生创造更多有效需求。① 让老百姓过上好日子是我们一切工作的出发点和落脚点。② 多做一些雪中送炭、急人之困的工作,少做些锦上添花、花上垒花的虚功。③

习近平明确提出了保障和改善民生的总体思路。他指出,要确立"守住底线、突出重点、完善制度、引导舆论"的工作思路。"守住底线",就是要重点保障低收入群众基本生活,做好高校大学生生活困难补助。"突出重点",就是要注意稳定和扩大就业,特别是要鼓励创业就业,多渠道创造就业岗位,尤其要做好以高校毕业生为重点的青年就业工作。要善待和支持小微企业发展,强化大企业社会责任,保持就业局势总体稳定。要抓好失业人员就业培训、再就业服务、生活救济工作。"完善制度",就是要坚持全覆盖、保基本、多层次、可持续方针,加强城乡社会保障体系建设,继续完善养老保险转移接续办法,提高统筹层次。继续加强保障性住房建设和管理,加快棚户区改造。"引导舆论",就是要促进形成良好舆论氛围和社会预期,引导广大群众树立通过勤劳致富改善生活的理念,使改善民生既是党和政府工作的方向,也是人民群众自身奋斗的目标。同时,要深化收入分配制度改革,合理调节过高收入,稳步扩大中等收入者比重,努力提高低收入者收入水平,规范收入分配秩序,逐步改善收入分配状况。④

习近平强调,重大工作和重大决策必须识民情、接地气。要以人民利益为重、以人民群众期盼为念,真诚倾听群众呼声,真实反映群众愿望,真情关心群

---

① 参见《习近平论扶贫工作——十八大以来重要论述摘编》,《党建》2015 年第 12 期。

② 参见中共中央宣传部编:《习近平总书记系列重要讲话读本》,学习出版社、人民出版社2014 年版,第 109 页。

③ 参见中共中央宣传部编:《习近平总书记系列重要讲话读本》,学习出版社、人民出版社2014 年版,第 111 页。

④ 参见中共中央文献研究室编:《习近平关于全面建成小康社会论述摘编》,中央文献出版社 2016 年版,第 129—130 页。

众疾苦。要坚持工作重心下移,深入实际、深入基层、深入群众,做到知民情、解民忧、纾民怨、暖民心,多干让人民群众满意的好事实事,充分调动人民群众的积极性、主动性、创造性。①

习近平还指出,抓民生要抓住人民最关心最直接最现实的利益问题,抓住最需要关心的人群,一件事情接着一件事情办、一年接着一年干,锲而不舍向前走。要多谋民生之利,多解民生之忧,在学有所教、劳有所得、病有所医、老有所养、住有所居上持续取得新进展。②

习近平指出,以人民为中心的发展思想要体现在经济社会发展各个环节。要坚持人民主体地位,顺应人民群众对美好生活的向往,不断实现好、维护好、发展好最广大人民根本利益,做到发展为了人民、发展依靠人民、发展成果由人民共享。要通过深化改革、创新驱动,提高经济发展质量和效益,生产出更多更好的物质精神产品,不断满足人民日益增长的物质文化需要。要全面调动人的积极性、主动性、创造性,为各行业各方面的劳动者、企业家、创新人才、各级干部创造发挥作用的舞台和环境。要坚持社会主义基本经济制度和分配制度,调整收入分配格局,完善以税收、社会保障、转移支付等为主要手段的再分配调节机制,维护社会公平正义,解决好收入差距问题,使发展成果更多更公平惠及全体人民。③

习近平指出,人民有所呼,改革就要有所应。推进任何一项重大改革,都要站在人民立场上把握和处理好涉及改革的重大问题,都要从人民利益出发谋划改革思路、制定改革举措。在全面深化改革进程中,遇到关系复杂、难以权衡的利益问题,要认真想一想群众实际情况究竟怎样? 群众到底在期待什

① 参见《习近平谈治国理政》第二卷,外文出版社 2017 年版,第 296 页。
② 参见中共中央宣传部编:《习近平总书记系列重要讲话读本》,学习出版社、人民出版社 2014 年版,第 113 页。
③ 参见中共中央文献研究室编:《习近平总书记重要讲话文章选编》,中央文献出版社、党建读物出版社 2016 年版,第 401—402 页。

么? 群众利益如何保障? 群众对我们的改革是否满意?① 党的一切工作,必须以最广大人民根本利益为最高标准。检验我们一切工作的成效,最终都要看人民是否真正得到了实惠,人民生活是否真正得到了改善,人民权益是否真正得到了保障。② 要随时随刻倾听人民呼声、回应人民期待,保证人民平等参与、平等发展权利,维护社会公平正义,在学有所教、劳有所得、病有所医、老有所养、住有所居上持续取得新进展,不断实现好、维护好、发展好最广大人民根本利益,使发展成果更多更公平惠及全体人民,在经济社会不断发展的基础上,朝着共同富裕方向稳步前进。③

保障和改善民生既要关注最广大人民的根本利益和要求,也要关注和着力改善特定人群的特殊困难,通过弥补民生中的短板人群和短板领域,实现保障和改善民生的全民性和公平性。习近平指出:保障改善民生,要更加注重对特定人群特殊困难的精准帮扶,要在经济发展基础上持续改善民生,特别是要提高教育、医疗等基本公共服务数量和质量,推进教育公平。要实施精准帮扶,把钱花在对特定人群特殊困难的针对性帮扶上,使他们有现实获得感,使他们及其后代发展能力得到有效提升。④ 要重点保障低收入群众基本生活,做好高校大学生生活困难补助,注重稳定和扩大就业,加强城乡社会保障体系建设。⑤ 发展的目的是造福人民。要让发展更加平衡,让发展机会更加均等、发展成果人人共享,就要完善发展理念和模式,提升发展公平性、有效性、协同性。⑥

---

① 参见中共中央文献研究室编:《习近平总书记重要讲话文章选编》,中央文献出版社、党建读物出版社 2016 年版,第 98 页。

② 参见《习近平谈治国理政》第一卷,外文出版社 2018 年版,第 28 页。

③ 参见《习近平谈治国理政》第一卷,外文出版社 2018 年版,第 41 页。

④ 参见中共中央文献研究室编:《习近平总书记重要讲话文章选编》,中央文献出版社、党建读物出版社 2016 年版,第 308 页。

⑤ 参见《习近平谈治国理政》第一卷,外文出版社 2018 年版,第 112 页。

⑥ 参见习近平:《共担时代责任　共促全球发展——在世界经济论坛 2017 年年会开幕式上的主旨演讲》,《人民日报》2017 年 1 月 18 日。

坚持以人民为中心的发展思想,体现在经济社会发展的各个环节。要顺应人民群众对美好生活的向往,不断实现好、维护好、发展好最广大人民的根本利益。[1] 坚持社会主义基本经济制度和分配制度,调整收入分配格局,完善以税收、社会保障、转移支付等为主要手段的再分配调节机制,维护社会公平正义,解决好收入差距问题,使发展成果更多更公平惠及全体人民。[2]

习近平指出,必须把人民放在心中最高位置,坚持一切为了人民、一切依靠人民,为人民过上更加美好生活而矢志奋斗。在新的长征路上,要始终把人民立场作为根本政治立场,把人民利益摆在至高无上的地位,不断把为人民造福事业推向前进。要团结带领全体人民,以自己的辛勤劳动和不懈努力,不断保障和改善民生,让改革发展成果更多更公平惠及全体人民,朝着实现全体人民共同富裕的目标稳步前进。[3]

在当前经济下行压力加大、社会问题矛盾增多的情况下,习近平指出,尤其要履行好保基本、保底线、保民生的兜底责任。要从群众反映最强烈最突出最紧迫的问题着手,增强民生工作针对性、实效性、可持续性。面对复杂的国内外形势,要把保障和改善民生紧紧抓在手上,切实托住这个底。财政等公共资金配置使用要向民生领域倾斜,民生支出要保住、切不可随意挤压。要突出重点,针对群众最关切的就业、教育、医疗、住房、养老、脱贫等问题发力。[4]

习近平指出,民生是人民幸福之基、社会和谐之本。要实现经济发展与民生改善的良性循环。改善民生是推动发展的根本目的,抓民生也是抓发展。经济发展是前提,离开经济发展谈改善民生是无源之水、无本之木。我们的发

---

① 参见中共中央宣传部编:《习近平总书记系列重要讲话读本》,学习出版社、人民出版社 2014 年版,第 129 页。

② 参见中共中央宣传部编:《习近平总书记系列重要讲话读本(2016 年版)》,学习出版社、人民出版社 2016 年版,第 130 页。

③ 参见《习近平谈治国理政》第二卷,外文出版社 2017 年版,第 52 页。

④ 参见《习近平谈治国理政》第二卷,外文出版社 2017 年版,第 363 页。

展是以人民为中心的发展,全面建成小康社会、进行改革开放和社会主义现代化建设,就是要通过发展社会生产力,满足人民日益增长的物质文化需要,促进人的全面发展。持续不断改善民生,能有效解决群众后顾之忧,调动人们发展生产的积极性,又能释放居民消费潜力、拉动内需,催生新的经济增长点,为经济发展、转型升级提供强大内生动力。既要通过发展经济,为持续改善民生奠定坚实物质基础,又要通过持续不断改善民生,为经济发展创造更多有效需求,实现两者良性循环。①

改善民生要做到尽力而为、量力而行。改革愈是深化,愈要重视平衡社会利益;发展愈是向前,愈要体现到人民生活改善上。民生工作直接同老百姓见面、对账,承诺了的就一定要兑现,要做到件件有着落、事事有回音,让群众看到变化、得到实惠。同时还要意识到,群众对生活的期待是不断提升的,需求是多样化、多层次的,而我国仍处于并将长期处于社会主义初级阶段,改善民生不能脱离这个最大的实际提出过高目标,只能根据经济发展和财力状况逐步提高人民生活水平,做那些现实条件下可以做到的事情。②

习近平对与民生相关的主要方面和群体都予以高度关注。关于全民健康。他指出,没有全民健康,就没有全面小康。医疗卫生服务直接关系人民身体健康。要推动医疗卫生工作重心下移、医疗卫生资源下沉,推动城乡基本公共服务均等化,为群众提供安全有效方便价廉的公共卫生和基本医疗服务,真正解决好基层群众看病难、看病贵问题。③ 我们要迎难而上,进一步深化医药卫生体制改革,探索医改这一世界性难题的中国式解决办法,着力解决人民群

---

① 参见中共中央宣传部编:《习近平总书记系列重要讲话读本(2016 年版)》,学习出版社、人民出版社 2016 年版,第 212—214 页。

② 参见中共中央宣传部编:《习近平总书记系列重要讲话读本(2016 年版)》,学习出版社、人民出版社 2016 年版,第 214 页。

③ 参见中共中央文献研究室编:《习近平关于全面建成小康社会论述摘编》,中央文献出版社 2016 年版,第 147 页。

众看病难、看病贵,基本医疗卫生资源均衡配置等问题,致力于实现人人享有基本医疗卫生服务的目标。①

关于教育问题。习近平指出,中国将坚定实施科教兴国战略,始终把教育摆在优先发展的战略位置,不断扩大投入,努力发展全民教育、终身教育,建设学习型社会,努力让每个孩子享有受教育的机会,努力让全体人民享有更好更公平的教育,获得发展自身、奉献社会、造福人民的能力。②

关于农村"三留守"问题。习近平指出,要重视农村"三留守"问题,搞好农村民生保障和改善工作。让农村留守人员生活得踏实、安全、无忧,是各级党委和政府特别是基层党委和政府的重大责任。要抓紧完善相关政策措施,健全农村留守儿童、留守妇女、留守老年人关爱服务体系,围绕留守人员基本生活保障、教育、就业、卫生健康、思想情感等实施有效服务。③

关于养老服务。习近平指出,我国老年人口增加很快,老年服务产业发展还比较滞后。要完善制度、改进工作,推动养老事业多元化、多样化发展,让所有老年人都能老有所养、老有所依、老有所乐、老有所安。④

关于残疾人的生活。习近平指出,残疾人是一个特殊困难的群体,需要格外关心、格外关注。让广大残疾人安居乐业、衣食无忧,过上幸福美好的生活,是中国共产党全心全意为人民服务的重要体现,是我国社会主义制度的必然要求。⑤

---

① 参见中共中央文献研究室编:《习近平关于全面建成小康社会论述摘编》,中央文献出版社 2016 年版,第 132 页。
② 参见中共中央文献研究室编:《习近平关于全面建成小康社会论述摘编》,中央文献出版社 2016 年版,第 132—133 页。
③ 参见中共中央文献研究室编:《十八大以来重要文献选编》(上),中央文献出版社 2014 年版,第 681 页。
④ 参见中共中央文献研究室编:《习近平关于全面建成小康社会论述摘编》,中央文献出版社 2016 年版,第 138 页。
⑤ 参见中共中央文献研究室编:《习近平关于全面建成小康社会论述摘编》,中央文献出版社 2016 年版,第 142 页。

关于社区建设。习近平指出,社区虽小,但连着千家万户,做好社区工作十分重要。社区的党组织和党员干部天天同居民群众打交道,要多想想如何让群众生活和办事更方便一些,如何让群众表达诉求的渠道更畅通一些,如何让群众感觉更平安、更幸福一些。①

关于社会治理。习近平指出,创新社会治理,要以最广大人民根本利益为根本坐标,从人民群众最关心最直接最现实的利益问题入手。要调整和完善不适应的管理体制机制,推动管理重心下移,把经常性具体服务和管理职责落下去,把人财物和权责利对称下沉到基层,把为群众服务的资源和力量尽量交给与老百姓最贴近的基层组织去做,增强基层组织在群众中的影响力和号召力。②

关于民生与发展的关系。习近平指出,抓民生也是抓发展。要在保障基本公共服务有效供给基础上,积极引导群众对居家服务、养老服务、健康服务、文体服务、休闲服务等方面的社会需求,支持相关服务行业加快发展,培育形成新的经济增长点,使民生改善和经济发展有效对接、相得益彰。要着力保障民生建设资金投入,全力解决好人民群众关心的教育、就业、收入、社保、医疗卫生、食品安全等问题,保障民生链正常运转。民生工作直接同老百姓见面、对账,来不得半点虚假,既要积极而为,又要量力而行,承诺了的就要兑现。③在整个发展过程中,都要注重民生、保障民生、改善民生,让改革发展成果更多更公平惠及人民群众,使人民群众在共建共享发展中有更多获得感。特别是要从解决群众最关心最直接最现实的利益问题入手,做好普惠性、基础性、兜

---

① 参见中共中央文献研究室编:《习近平关于全面建成小康社会论述摘编》,中央文献出版社 2016 年版,第 146 页。

② 参见中共中央文献研究室编:《习近平关于全面建成小康社会论述摘编》,中央文献出版社 2016 年版,第 148 页。

③ 参见中共中央文献研究室编:《习近平关于全面建成小康社会论述摘编》,中央文献出版社 2016 年版,第 152 页。

底性民生建设,全面提高公共服务共建能力和共享水平,满足老百姓多样化的民生需求,织就密实的民生保障网。①

关于特殊困难群体的生活。习近平指出,对城镇低保人口,要通过完善各项保障制度来保障基本生活;对65岁以上的老年人,要增加养老服务供给,增强医疗服务的便利性;对在城镇务工的农民工,要让他们逐步公平享受当地基本公共服务;对在特大城市就业的大学毕业生等其他常住人口,要让他们有适宜的居住条件;对城镇登记失业人员,要让他们有一门专业技能,实现稳定就业和稳定收入;等等。总之,我们要坚持以人民为中心的发展思想,针对特定人群面临的特定困难,想方设法帮助他们解决实际问题。②

关于保障和改善民生的长期性。习近平指出,保障和改善民生没有终点,只有连续不断的新起点,要采取针对性更强、覆盖面更大、作用更直接、效果更明显的举措,实实在在帮群众解难题、为群众增福祉、让群众享公平。要从实际出发,集中力量做好普惠性、基础性、兜底性民生建设,不断提高公共服务共建能力和共享水平,织密扎牢托底的民生保障网、消除隐患,确保人民群众安居乐业、社会秩序安定有序。③

习近平指出,要始终把人民益摆在至高上的地位,加快推进民生领域体制机制改革,尽力而为、量力而行,着力提高保障和改民生水平,不断完善公共服务体系,不断促进社会公平正义,推动公共资源向基层延伸、向农村覆盖、向困难群体倾斜,着力解决人民群众关心的现实利益问题。④

改革开放以来,邓小平、江泽民、胡锦涛和习近平关于保障和改善民生的

---

① 参见中共中央文献研究室编:《习近平关于全面建成小康社会论述摘编》,中央文献出版社2016年版,第157—158页。
② 参见中共中央文献研究室编:《习近平关于全面建成小康社会论述摘编》,中央文献出版社2016年版,第153页。
③ 参见中共中央文献研究室编:《习近平关于全面建成小康社会论述摘编》,中央文献出版社2016年版,第159页。
④ 参见《习近平谈治国理政》第三卷,外文出版社2020年版,第343页。

一系列重要认识,为中国社会保障制度的建设和发展指明了基本的目标,进而成为推进中国社会保障制度发展的重要理论基础和动力。

二、全面建成小康社会

1. "小康之家"

邓小平早在 1979 年就提出了小康社会的目标。他指出,我们要实现的四个现代化,是中国式的四个现代化。我们的四个现代化的概念,不是像西方那样的现代化的概念,而是"小康之家"。到 20 世纪末,中国的四个现代化即使达到了某种目标,我们的国民生产总值人均水平也还是很低的。要达到第三世界中比较富裕一点的国家的水平,比如国民生产总值人均 1000 美元,也还得付出很大的努力。就算达到那样的水平,同西方来比,也还是落后的。中国到那时也还是一个小康的状态。①

邓小平指出,到 20 世纪末,国民生产总值如果比 1980 年翻两番,达到 1 万亿美元,从总量说,就居于世界前列了。这 1 万亿美元,反映到人民生活上,我们就叫小康水平。邓小平用自己在苏州的调研经历进一步阐述了小康社会的基本状况。他说,去年(1983 年,笔者注)我到苏州,苏州地区的工农业年总产值已经接近人均 800 美元。我了解了一下苏州的生活水平,在苏州,第一,人不往上海、北京跑,恐怕苏南大部分地方的人都不往外地跑,乐于当地的生活;第二,每个人平均 20 多平方米的住房;第三,中小学教育普及了,自己拿钱办教育;第四,人民不但吃穿问题解决了,用的问题,什么电视机,新的几大件,很多人也都解决了;第五,人们的精神面貌有了很大的变化,什么违法乱纪、犯

---

① 参见《邓小平文选》第二卷,人民出版社 1994 年版,第 237 页。

罪行为大大减少。① 因此,邓小平指出:"如果实现了翻两番,那时会是个什么样的政治局面? 我看真正的安定团结是肯定的。国家的力量真正是强大起来了,中国在国际上的影响也会大大不同了。所以要埋头苦干,艰苦奋斗。从现在到二〇〇〇年,还有十六年,好好地干,一心一意地干。"②他指出:"翻两番还有个重要意义,就是这是一个新的起点。再花三十年到五十年时间,就可以接近经济发达国家的水平。不是说制度,是说生产、生活水平。这是可能的,是可以看得见、摸得着的东西。"③

邓小平进一步阐述了小康社会的概念。他指出,国民生产总值翻两番,国民生产总值人均达到 800 美元,就是到 20 世纪末在中国建立一个小康社会。这个小康社会,叫做中国式的现代化。翻两番、小康社会、中国式的现代化,这些都是我们的新概念。④

邓小平指出,我们的国家是有希望的。我们的目标,第一步是到 2000 年建立一个小康社会。雄心壮志太大了不行,要实事求是。所谓小康社会,就是虽不富裕,但日子好过。我们是社会主义国家,国民收入分配要使所有的人都得益,没有太富的人,也没有太穷的人,所以日子普遍好过。更重要的是,那时我们可以进入国民生产总值达到 1 万亿美元以上的国家行列,这样的国家不多。国家总的力量大了,那时办事情就不像现在这样困难了。比如,拿出国民生产总值的百分之五办教育,就是 500 亿美元,现在才七八十亿美元。总收入要更多地用来改善人民生活,用来办学。有了 20 世纪末的基础,再花 30 年到50 年时间,人均国民生产总值再翻两番,我可以肯定地说,中国将更加强大,对世界和平更加有利。⑤

---

① 参见《邓小平文选》第三卷,人民出版社 1993 年版,第 88—89 页。
② 《邓小平文选》第三卷,人民出版社 1993 年版,第 89 页。
③ 《邓小平文选》第三卷,人民出版社 1993 年版,第 89 页。
④ 参见《邓小平文选》第三卷,人民出版社 1993 年版,第 54 页。
⑤ 参见《邓小平文选》第三卷,人民出版社 1993 年版,第 161—162 页。

邓小平进一步指出,"文化大革命"当中,"四人帮"荒谬地提出宁要贫穷的社会主义和共产主义,不要富裕的资本主义。不要富裕的资本主义还有道理,难道能够讲什么贫穷的社会主义和共产主义吗?结果中国停滞了。这才迫使我们重新考虑问题。考虑的第一条就是要坚持社会主义,而坚持社会主义,首先要摆脱贫穷落后状态,大大发展生产力,体现社会主义优于资本主义的特点。①

中国科学技术落后,困难比较多,特别是人口太多,增加人民的收入很不容易,短期内要摆脱贫困落后状态很不容易。必须一切从实际出发,不能把目标定得不切实际,也不能把时间定得太短。总的来说,我们确定的目标不高。从1981年开始到20世纪末,花20年的时间,翻两番,达到小康水平,就是国民生产总值人均800美元到1000美元。在这个基础上,再花50年的时间,再翻两番,达到人均4000美元。那意味着什么?就是说,到21世纪中叶,我们可以达到中等发达国家的水平。如果达到这一步,第一,是完成了一项非常艰巨的、很不容易的任务;第二,是真正对人类作出了贡献;第三,就更加能够体现社会主义制度的优越性。我们实行的是社会主义的分配制度,我们的人均4000美元不同于资本主义国家的人均4000美元。特别是中国人口多,如果那时15亿人口,人均达到4000美元,年国民生产总值就达到6万亿美元,属于世界前列。这不但是给占世界总人口四分之三的第三世界走出了一条路,更重要的是向人类表明,社会主义是必由之路,社会主义优于资本主义。②

所以,搞社会主义,一定要使生产力发达,贫穷不是社会主义。我们坚持社会主义,要建设对资本主义具有优越性的社会主义,首先必须摆脱贫穷。现在虽说我们也在搞社会主义,但事实上不够格。只有到了21世纪中叶,达到了中等发达国家的水平,才能说真的搞了社会主义,才能理直气壮地说社会主

---

① 参见《邓小平文选》第三卷,人民出版社1993年版,第223—224页。
② 参见《邓小平文选》第三卷,人民出版社1993年版,第224—225页。

义优于资本主义。现在我们正在向这个路上走。①

2. 全面建设小康社会

江泽民关于小康社会建设有一系列的论述。江泽民指出,必须不断提高人民生活水平,这是我们全部工作的根本出发点,也是处理好改革、发展、稳定关系的结合点。"十五"计划是我国人民生活总体上进入小康阶段的第一个五年计划,要按照全面建设小康社会的要求,把提高人民收入水平和生活质量摆到重要位置。在加快经济发展的基础上不断满足人们日益增长的物质文化生活需要,特别是要很好地解决农民收入、就业、社会保障等群众普遍关心的问题。要使人民得到实惠,感到有奔头。② 要尽快地使全国人民都过上殷实的小康生活,并不断向更高水平前进。坚持贯彻党的富民政策,在发展经济的基础上,努力增加城乡居民的收入,不断改善人们的吃、穿、住、行、用的条件,完善社会保障体系,改进医疗卫生条件,提高生活质量。通过一部分人、一部分地区先富起来,先富带动后富,逐步实现全体人民共同富裕。③ 江泽民在中共十六大报告中,系统阐述了全面建设小康社会的目标,其中与人民生活和社会保障直接相关的目标是:城镇人口的比重较大幅度提高,工农差别、城乡差别和地区差别扩大的趋势逐步扭转。社会保障体系比较健全,社会就业比较充分,家庭财产普遍增加,人民过上更加富足的生活。社会秩序良好,人民安居乐业。④

江泽民指出,实现小康目标,不仅要看全国的人均收入,还要看是否基本消除了贫困现象。这就必须促进各个地区经济协调发展。如果不能基本消除

---

① 参见《邓小平文选》第三卷,人民出版社 1993 年版,第 225 页。

② 参见中共中央文献研究室编:《江泽民论有中国特色社会主义(专题摘编)》,中央文献出版社 2002 年版,第 113 页。

③ 参见江泽民:《论"三个代表"》,人民出版社 2002 年版,第 179 页。

④ 参见《江泽民文选》第三卷,人民出版社 2006 年版,第 543 页。

贫困现象,进一步拉大地区发展差距,就会影响全国小康目标的实现,影响整个社会主义现代化建设的进程。应该肯定,改革开放以来,东部地区和中西部地区的经济都取得了前所未有的发展。①

江泽民对社会主义初级阶段进行了定义:社会主义初级阶段,是逐步摆脱不发达状态,基本实现社会主义现代化的历史阶段;是由农业人口占很大比重、主要依靠手工劳动的农业国,逐步转变为非农业占多数、包含现代农业和现代服务业的工业化国家的历史阶段;是由自然经济半自然经济占很大比重,逐步转变为经济市场化程度较高的历史阶段;是由文盲半文盲人口占很大比重、科技教育文化落后,逐步转变为科技教育文化比较发达的历史阶段;是由贫困人口占很大比重、人民生活水平比较低,逐步转变为全体人民比较富裕的历史阶段;是由地区经济文化很不平衡,通过有先有后的发展,逐步缩小差距的历史阶段。②

江泽民指出,中国共产党提出的经济改革和发展的目标和任务,反映了人民的根本利益,要依靠人民的积极性和创造精神,依靠人民的艰苦奋斗来实现,把建设有中国特色社会主义事业全面推向 21 世纪。不断改善人民生活,提高人民生活水平,是改革开放和发展经济的根本目的。在经济发展的基础上,使全国人民过上小康生活,并逐步向更高的水平前进。努力增加城乡居民实际收入,拓宽消费领域,引导合理消费。在改善物质生活的同时,充实精神生活,美化生活环境,提高生活质量。特别要改善居住、卫生、交通和通信条件,扩大服务性消费。逐步增加公共设施和社会福利设施。提高教育和医疗保健水平。实行保障城镇困难居民基本生活的政策。国家从多方面采取措施,加大扶贫攻坚力度,到 20 世纪末基本解决农村贫困人口的温饱问题。③

---

① 参见《江泽民文选》第一卷,人民出版社 2006 年版,第 549—550 页。
② 参见《江泽民文选》第二卷,人民出版社 2006 年版,第 14 页。
③ 参见《江泽民文选》第二卷,人民出版社 2006 年版,第 27—28 页。

江泽民指出,全国实现小康,重点和难点都在农村。农村实现小康,关键是要增加农民收入。要从调整优化结构、增加农业投入、扩大以工代赈、促进农产品流通等方面采取综合措施,开辟农民增收的新途径和新领域。①

在全面建设小康社会、加快社会主义现代化的新的发展阶段,江泽民指出,要尽快地使全国人民都过上殷实的小康生活,并不断向更高水平前进,坚持贯彻党的富民政策,在发展经济的基础上,努力增加城乡居民的收入,不断改善人们的吃、穿、住、行、用的条件,完善社会保障体系,改进医疗卫生条件,提高生活质量。通过一部分地区、一部分人先富起来,先富带动后富,逐步实现全体人民共同富裕。②

江泽民指出,我国到 2010 年、建党 100 年和建国 100 年这三个阶段大体的情况是:(一)到 2010 年,实现国内生产总值比 2000 年翻一番,经济结构战略性调整取得明显进展,社会主义市场经济体制进一步完善,人民的小康生活更加宽裕。(二)到建党 100 年时,国内生产总值比 2010 年再翻一番,基本完成工业化,建成经济更加发展、民主更加健全、科教更加进步、文化更加繁荣、社会更加和谐、人民生活更加殷实的小康社会。(三)在此基础上奋斗 30 年,到建国 100 年时,基本实现现代化,进入中等发达国家行列,把我国建成富强民主文明的社会主义现代化国家。③ 全面建设小康社会,就是要进一步巩固和发展我国初步建成的小康社会,使全体人民都能够更加充分、更加稳定地享受小康生活。④

江泽民在中共十六大报告中指出,我国胜利实现了现代化建设"三步走"战略的第一步、第二步目标,人民生活总体上达到了小康水平。全面建设小康

① 参见中共中央文献研究室编:《江泽民论有中国特色社会主义(专题摘编)》,中央文献出版社 2002 年版,第 112 页。
② 参见《江泽民文选》第三卷,人民出版社 2006 年版,第 294 页。
③ 参见《江泽民文选》第三卷,人民出版社 2006 年版,第 413—414 页。
④ 参见《江泽民文选》第三卷,人民出版社 2006 年版,第 416 页。

社会的目标之一是:社会保障体系比较健全,社会就业比较充分,家庭财产普遍增加,人民过上更加富足的生活。① 建立健全同经济发展水平相适应的社会保障体系,是社会稳定和国家长治久安的重要保证。坚持社会统筹和个人账户相结合,完善城镇职工基本养老保险制度和基本医疗保险制度。健全失业保险制度和城市居民最低生活保障制度。多渠道筹集和积累社会保障基金。各地要根据实际情况合理确定社会保障的标准和水平。发展城乡社会救济和社会福利事业。有条件的地方,探索建立农村养老、医疗保险和最低生活保障制度。②

3. 全面建成小康社会

胡锦涛关于全面建设小康社会有一系列论述。他指出,全面建设惠及十几亿人口的更高水平的小康社会,是本世纪头 20 年中国发展的奋斗目标,使经济更加发展、民主更加健全、科教更加进步、文化更加繁荣、社会更加和谐、人民生活更加殷实。③

胡锦涛认为实现全面建设小康社会宏伟目标,最繁重最艰巨的任务在农村。要进一步加强统筹城乡发展工作。要继续加强扶贫开发工作,提高扶贫开发成效,加快贫困地区脱贫步伐。要加强农村教育、科技、文化、卫生等事业建设,加快解决农村教育、科技、文化、卫生发展水平明显低于城市,农村社会事业发展明显滞后问题。要把改善农村群众生产生活条件,提高他们生活水平作为一件大事来抓。④

全面建设小康社会,要把科学发展观贯穿于发展的整个过程和各个方面。

---

① 参见《江泽民文选》第三卷,人民出版社 2006 年版,第 542—543 页。
② 参见《江泽民文选》第三卷,人民出版社 2006 年版,第 550—551 页。
③ 参见《胡锦涛文选》第二卷,人民出版社 2016 年版,第 234 页。
④ 参见《胡锦涛文选》第二卷,人民出版社 2016 年版,第 68—69 页。

要坚持以人为本,始终把最广大人民利益放在第一位。胡锦涛指出,加快社会保障体系建设,是解决群众生产生活问题的重要环节,也是维护社会稳定的重要举措。要确保企业离退休人员基本养老金按时足额发放,做好国有企业下岗职工基本生活保障和失业保险并轨的工作,完善企业退休人员社会化管理服务体系。要推进医疗改革,健全多层次医疗保险制度,扩大医疗保险覆盖面。要继续做好城市居民最低生活保障工作,做到应保尽保。要多渠道筹集社会保障资金,强化社会保障费用征缴,进一步提高保障能力。要健全工作机制,加强对社会保险基金收支运行的管理和监督,确保安全合理使用。①

坚持从解决群众最关心的现实问题入手,推进全面建设小康社会。胡锦涛同志指出,要加快完善社会保障体系,完善城镇养老保险制度,建立健全城镇职工基本医疗、工伤、失业、生育保险制度,完善城市居民最低生活保障制度,认真解决进城务工人员社会保障问题,重视解决农村贫困人口生活困难,有条件的地方要逐步建立农村最低生活保障制度,逐步扩大社会保障覆盖面。②

胡锦涛指出,要继续坚定不移坚持发展为了人民、发展依靠人民、发展成果由人民共享,千方百计增加就业再就业,加快完善社会保障体系,扎实做好关心困难群众生产生活工作,加强和改进社会管理,正确处理人民内部矛盾,搞好社会治安,保障人民群众安居乐业。③

人民生活质量改善的重要标志、全面建设小康社会的重要目标是人人享有卫生保健服务,人民群众健康素质不断提高。胡锦涛指出,医疗卫生事业是造福人民的事业,关系广大人民群众切身利益,关系千家万户幸福安康,也关系经济社会协调发展,关系国家和民族未来。要健全基本医疗保障体系,完善

---

① 参见《胡锦涛文选》第二卷,人民出版社 2016 年版,第 182 页。
② 参见《胡锦涛文选》第二卷,人民出版社 2016 年版,第 377 页。
③ 参见《胡锦涛文选》第二卷,人民出版社 2016 年版,第 500—501 页。

城镇职工医疗保险制度,建立城镇居民医疗保险制度,加快推进新型农村合作医疗,健全多层次医疗保障体系。①

胡锦涛在中共十七大报告中指出,实现全面建设小康社会奋斗目标,要在中共十六大确立的全面建设小康社会目标的基础上对我国发展提出新的更高要求。要加快发展社会事业,全面改善人民生活。现代国民教育体系更加完善,终身教育体系基本形成,全民受教育程度和创新人才培养水平明显提高。社会就业更加充分。覆盖城乡居民的社会保障体系基本建立,人人享有基本生活保障。合理有序的收入分配格局基本形成,中等收入者占多数,绝对贫困现象基本消除。人人享有基本医疗卫生服务。社会管理体系更加健全。②

胡锦涛指出,社会建设与人民幸福安康息息相关。必须在经济发展的基础上,更加注重社会建设,着力保障和改善民生,推进社会体制改革,扩大公共服务,完善社会管理,促进社会公平正义,努力使全体人民学有所教、劳有所得、病有所医、老有所养、住有所居,推动建设和谐社会。③ 要加快建立覆盖城乡居民的社会保障体系,保障人民基本生活。社会保障是社会安定的重要保证。要以社会保险、社会救助、社会福利为基础,以基本养老、基本医疗、最低生活保障制度为重点,以慈善事业、商业保险为补充,加快完善社会保障体系。促进企业、机关、事业单位基本养老保险制度改革,探索建立农村养老保险制度。全面推进城镇职工基本医疗保险、城镇居民基本医疗保险、新型农村合作医疗制度建设。完善城乡居民最低生活保障制度,逐步提高保障水平。完善失业、工伤、生育保险制度。提高统筹层次,制定全国统一的社会保险关系接续办法。采取多种方式充实社会保障基金,加强基金监管,实现保值增值。健全社会救助体系。做好优抚安置工作。发扬人道主义精神,发展残疾人事业。

---

① 参见《胡锦涛文选》第二卷,人民出版社 2016 年版,第 581—582 页。
② 参见《胡锦涛文选》第二卷,人民出版社 2016 年版,第 628 页。
③ 参见《胡锦涛文选》第二卷,人民出版社 2016 年版,第 642 页。

加强老龄工作。强化防灾减灾工作。健全廉租住房制度,加快解决城市低收入家庭住房困难。①

胡锦涛指出,把贯彻落实科学发展观提高到新水平,要进一步实现好、维护好、发展好最广大人民根本利益。科学发展观核心是以人为本。中国共产党的一切奋斗和工作都是为了造福人民。推动科学发展,根本目的就是要坚持尊重社会发展规律和尊重人民历史主体地位的一致性,坚持为崇高理想奋斗和为最广大人民谋利益的一致性,坚持完成党的各项工作和实现人民利益的一致性,坚持保障人民权益和促进人的全面发展的一致性,做到发展为了人民、发展依靠人民、发展成果由人民共享。要着力把最广大人民根本利益作为贯彻落实科学发展观的根本出发点和落脚点,尊重人民主体地位,发挥人民首创精神,保障人民各项权益,努力兴办人民群众希望办的实事好事,使贯彻落实科学发展观的过程成为不断为民造福的过程,成为不断提高人民生活质量和水平的过程,成为不断提高人民思想道德素质、科学文化素质和健康素质的过程,成为不断保障人民经济、政治、文化、社会权益的过程,让发展成果惠及广大人民群众。只有这样才能把广大人民群众组织起来共同为全面建设小康社会、进而基本实现现代化而奋斗。②

胡锦涛指出,要紧紧围绕全面建设小康社会的总目标,加强和创新社会管理。必须加快推进以保障和改善民生为重点的社会建设。要把保障和改善民生作为加快转变经济发展方式的根本出发点和落脚点,完善保障和改善民生的制度安排,加快发展各项社会事业,坚定不移走共同富裕道路,使发展成果更好惠及全体人民。要加快推进覆盖城乡居民的社会保障体系建设,推动非公有制经济组织从业人员、灵活就业人员、农民工和被征地农民参加保险,扩大新型农村社会养老保险试点范围,建立健全企业退休人员基本养老金、城乡

---

① 参见《胡锦涛文选》第二卷,人民出版社 2016 年版,第 643—644 页。
② 参见《胡锦涛文选》第三卷,人民出版社 2016 年版,第 96—97 页。

居民低保标准正常调整机制,抓紧织牢社会安全网。要加快医疗卫生事业改革发展,扎实推进医药卫生体制重点改革,优先满足群众基本医疗卫生需求,加强公共卫生服务体系建设,保证新增医疗卫生资源重点向农村和城市社区倾斜,健全覆盖城乡居民的基本医疗保障体系,提高医疗服务质量和效率,为群众提供安全、有效、方便、价廉的医疗卫生服务。要加快推进住房保障体系建设,加大保障性安居工程建设力度,加快棚户区和农村危房改造,大力发展公共租赁住房,增加中低收入居民住房供给,缓解群众在居住方面遇到的困难。[①]

胡锦涛在庆祝中国共产党成立90周年大会上的讲话中强调,在前进道路上,我们要继续大力保障和改善民生,坚定不移推进社会主义和谐社会建设。保障和改善民生,促进社会和谐,是实现全面建设小康社会宏伟目标的必然要求。必须从维护最广大人民根本利益和实现国家长治久安的战略高度抓好社会建设,推动社会建设与经济建设、政治建设、文化建设协调发展。推进社会建设,要以保障和改善民生为重点,着力解决好人民最关心最直接最现实的利益问题。要坚持发展为了人民、发展依靠人民、发展成果由人民共享,完善保障和改善民生的制度安排,把促进就业放在经济社会发展优先位置,加快发展教育、社会保障、医药卫生、保障性住房等各项社会事业,推进基本公共服务均等化,加大收入分配调节力度,坚定不移走共同富裕道路,努力使全体人民学有所教、劳有所得、病有所医、老有所养、住有所居。[②]

胡锦涛在中共十八大报告中明确提出了全面建成小康社会的奋斗目标,其中主要内容之一就是人民生活水平全面提高。具体而言:基本公共服务均等化总体实现。就业更加充分。收入分配差距缩小,中等收入群体持续扩大,扶贫对象大幅减少。社会保障全民覆盖,人人享有基本医疗卫生服务,住房保障体

---

① 参见《胡锦涛文选》第三卷,人民出版社2016年版,第506—507页。
② 参见《胡锦涛文选》第三卷,人民出版社2016年版,第540页。

系基本形成,社会和谐稳定。① 胡锦涛指出,全面建成小康社会,必须坚持促进社会和谐。要把保障和改善民生放在更加突出的位置,加强和创新社会管理,正确处理改革、发展、稳定的关系,团结一切可以团结的力量,最大限度增加和谐因素,增强社会创造活力,确保人民安居乐业、社会安定有序、国家长治久安。②

4. 第一个百年奋斗目标

习近平关于全面建成小康社会的一系列重要论述,为中国社会保障制度的发展和完善确立了重要目标。他指出,中共十八大根据国内外形势新变化,顺应我国经济社会新发展和广大人民群众新期待,对全面建设小康社会目标进行了充实和完善,提出了更具明确政策导向、更加针对发展难题、更好顺应人民意愿的新要求。③ "我们已经确定了今后的奋斗目标,这就是到中国共产党成立 100 年时全面建成小康社会"④。

习近平指出:"实现全面建成小康社会、建成富强民主文明和谐的社会主义现代化国家的奋斗目标,实现中华民族伟大复兴的中国梦,就是要实现国家富强、民族振兴、人民幸福,既深深体现了今天中国人的理想,也深深反映了我们先人们不懈追求进步的光荣传统"。小康社会"是中华民族自古以来追求的理想社会状态。使用'小康'这个概念来确立中国的发展目标,既符合中国发展实际,也容易得到最广大人民理解和支持","全面建成小康社会是我们的战略目标,到二〇二〇年实现这个目标,我们国家的发展水平就会迈上一个大台阶,我们所有奋斗都要聚焦于这个目标"。⑤

---

① 参见《胡锦涛文选》第三卷,人民出版社 2016 年版,第 626 页。
② 参见《胡锦涛文选》第三卷,人民出版社 2016 年版,第 624 页。
③ 参见《习近平谈治国理政》第一卷,外文出版社 2018 年版,第 12 页。
④ 《习近平谈治国理政》第一卷,外文出版社 2018 年版,第 44 页。
⑤ 中共中央文献研究室编:《习近平关于全面建成小康社会论述摘编》,中央文献出版社 2016 年版,第 5、6 页。

习近平指出,"全面建成小康社会,是我们奋斗目标的第一步,也是关键一步。这个目标实现之时,中国经济总量将达到近十七万亿美元,人民生活水平将明显提高"。习近平特别强调"十三五"规划对于全面建成小康社会的重要性,他指出,"十三五"时期与实现全面建成小康社会奋斗目标的时间节点高度契合,"十三五"规划是全面建成小康社会收官的规划。"十三五"时期党和国家各项任务,归结起来就是夺取全面建成小康社会决胜阶段的伟大胜利,实现第一个百年奋斗目标。习近平还指出,我们必须清醒看到,如期全面建成小康社会,既具有充分条件,也面临艰巨任务,前进道路并不平坦,诸多矛盾叠加、风险隐患增多的挑战依然严峻复杂。如果应对不好,或者发生系统性风险、犯颠覆性错误,就会延误甚至中断全面建成小康社会进程。①

习近平进一步指出,"特别要强调的是,进入全面建成小康社会决胜阶段,不是新一轮大干快上,不能靠粗放型发展方式、靠强力刺激提高速度实现'两个翻番',否则势必走到老路上去,那将会带来新的矛盾和问题。我们不仅要全面建成小康社会,而且要考虑更长远时期的发展要求,加快形成适应经济发展新常态的经济发展方式。这样,才能建成高质量的小康社会,才能为实现第二个百年奋斗目标奠定更为牢靠的基础"②。

习近平指出,全面建成小康社会目标实现之时,中国经济总量将达到近17万亿美元,中国人民将在全面解决温饱问题的基础上,普遍过上比较殷实富足的生活。③ 人民生活水平和质量普遍提高。就业、教育、文化体育、社保、

① 参见中共中央文献研究室编:《习近平关于全面建成小康社会论述摘编》,中央文献出版社 2016 年版,第 9—11 页。
② 中共中央文献研究室编:《习近平关于全面建成小康社会论述摘编》,中央文献出版社 2016 年版,第 12 页。
③ 参见中共中央宣传部编:《习近平总书记系列重要讲话读本(2016 年版)》,学习出版社、人民出版社 2016 年版,第 55 页。

医疗、住房等公共服务体系更加健全,基本公共服务均等化水平稳步提高。①

全面建成小康社会既是一种社会发展水平,也是一种社会发展状态。习近平指出,全面小康,覆盖的领域要全面,是"五位一体"全面进步。全面小康社会要求经济更加发展、民主更加健全、科教更加进步、文化更加繁荣、社会更加和谐、人民生活更加殷实。全面建成小康社会,强调的不仅是"小康",而且更重要的也是更难做到的是"全面"。"小康"讲的是发展水平,"全面"讲的是发展的平衡性、协调性、可持续性。如果到 2020 年在总量和速度上完成了目标,但发展不平衡、不协调、不可持续问题更加严重,短板更加突出,就算不上真正实现了目标,即使宣布实现了,也无法得到人民群众和国际社会认可。全面小康,覆盖的人口要全面,是惠及全体人民的小康。全面建成小康社会突出的短板主要在民生领域,发展不全面的问题很大程度上也表现在不同社会群体的民生保障方面。要持续加大保障和改善民生力度,注重机会公平,保障基本民生,不断提高人民生活水平,实现全体人民共同迈入全面小康社会。

习近平指出,经济社会发展中的短板特别是主要短板,是影响如期实现全面建成小康社会目标的主要因素,必须尽快把这些短板补齐。各地区各部门各单位各方面都要在深入调查研究的基础上明确自己工作方面的短板是什么,以扎实的思路、举措尽快把短板补齐,避免各种各样的短板牵扯我们的工作、影响既定目标的实现。② 习近平指出,全面建成小康社会、实现第一个百年奋斗目标,农村贫困人口全部脱贫是一个标志性指标。全面建成小康社会,是我们对全国人民的庄严承诺,必须实现,而且必须全面实现,没有任何讨价

① 参见中共中央宣传部编:《习近平总书记系列重要讲话读本(2016 年版)》,学习出版社、人民出版社 2016 年版,第 57 页。
② 参见中共中央文献研究室编:《习近平关于全面建成小康社会论述摘编》,中央文献出版社 2016 年版,第 16 页。

还价的余地。不能到了时候我们说还实现不了,再干几年。也不能到了时候我们一边宣布全面建成了小康社会,另一边还有几千万人生活在扶贫标准线以下。如果是那样,必然会影响人民群众对全面小康社会的满意度和国际社会对全面小康社会的认可度,也必然会影响中国共产党在人民群众中的威望和我们国家在国际上的形象。我们必须动员全党全国全社会力量,向贫困发起总攻,确保2020年所有贫困地区和贫困人口一道迈入全面小康社会。①

习近平指出,全面建成小康社会的要求是对全国的要求,各地不可能整齐划一。比如,"两个翻番"意味着"十三五"时期全国年均经济增长要保持在6.5%以上,全国城乡居民人均可支配收入年均增长5.8%以上,力争发展和居民收入增长同步,但各地不可能都保持这样的速度,有些高一点、有些低一点才符合实际。对一些中西部地区,对一些革命老区、民族地区、边疆地区、贫困地区,特别农产品主产区、重点生态功能区,主要目标是保障国家粮食安全、保障国家生态安全的主体功能要得到加强,各项事业有明显进步,特别是人民生活、公共服务水平有明显提高。对贫困人口而言,要实现"两不愁三保障",收入达到脱贫标准。不是说各地人均国内生产总值、人均收入等都要达到全国平均水平才是实现了全面小康。②

习近平指出,"全面小康,覆盖的区域要全面,是城乡区域共同的小康。努力缩小城乡区域发展差距,是全面建成小康社会的一项重要任务"。缩小城乡区域发展差距,不能仅仅看作是缩小国内生产总值总量和增长速度的差距,而应该是缩小居民收入水平、基础设施通达水平、基本公共服务均等化水平、人民生活水平等方面的差距。此外,对城乡地区收入差距,也要全面认识。城乡区

---

① 参见中共中央文献研究室编:《习近平关于全面建成小康社会论述摘编》,中央文献出版社2016年版,第154—155页。

② 参见《习近平谈治国理政》第二卷,外文出版社2017年版,第73页。

域之间生活成本特别是居住成本很不一样,光看收入也不能准确反映问题。① 可以通过加快构建新型农业经营体系,赋予农民更多财产权利,推进城乡要素平等交换和公共资源均衡配置,健全城乡发展一体化体制机制。整合城乡居民基本养老保险制度、基本医疗保险制度,推进城乡最低生活保障制度统筹发展,稳步推进城镇基本公共服务常住人口全覆盖,把进城落户农民完全纳入城镇住房和社会保障体系。②

习近平强调,"没有农村的全面小康和欠发达地区的全面小康,就没有全国的全面小康"③。在全面建成小康社会的道路上,农村贫困人口脱贫是最突出的短板。虽然全面小康不是人人同样的小康,但如果农村贫困人口生活水平没有明显提高,全面小康也不能让人信服。"十三五"规划把农村贫困人口脱贫作为全面建成小康社会的基本标志,强调实施精准扶贫、精准脱贫,以更大决心、更精准思路、更有力措施,采取超常举措,实施脱贫攻坚工程,确保我国现行标准下农村贫困人口实现脱贫、贫困县全部摘帽、解决区域性整体贫困。④ 必须紧紧扭住全面建成小康社会存在的短板,在补齐短板上多用力。农村贫困人口脱贫,就是一个突出短板。我们不能一边宣布全面建成了小康社会,另一边还有几千万人口的生活水平处在扶贫标准线以下,这既影响人民群众对全面建成小康社会的满意度,也影响国际社会对我国全面建成小康社会的认可度。⑤

---

① 参见中共中央文献研究室编:《习近平总书记重要讲话文章选编》,中央文献出版社、党建读物出版社 2016 年版,第 275 页。

② 参见《习近平谈治国理政》第一卷,外文出版社 2018 年版,第 81—82 页。

③ 中共中央宣传部编:《习近平总书记系列重要讲话读本(2016 年版)》,学习出版社、人民出版社 2016 年版,第 60 页。

④ 参见中共中央文献研究室编:《习近平总书记重要讲话文章选编》,中央文献出版社、党建读物出版社 2016 年版,第 274 页。

⑤ 参见习近平:《关于〈中共中央关于制定国民经济和社会发展第十三个五年规划的建议〉的说明》,《人民日报》2015 年 11 月 4 日。

全面小康,覆盖的人口要全面,是惠及全体人民的小康。习近平指出,针对城镇低保人口,要通过完善各项保障制度来保障基本生活;针对老年人,要增加养老服务供给、增强医疗服务的便利性;针对在城镇务工的农民工,要让他们逐步公平享受当地基本公共服务;针对在特大城市就业的大学毕业生等其他常住人口,要让他们有适宜的居住条件;针对城镇登记失业人员,要让他们有一门专业技能,实现稳定就业和稳定收入。

习近平指出,全面建成小康社会,不是一个"数字游戏"或"速度游戏",而是一个实实在在的目标。在保持经济增长的同时,更重要的是落实以人民为中心的发展思想,想群众之所想、急群众之所急、解群众之所困,在学有所教、劳有所得、病有所医、老有所养、住有所居上持续取得新进展。……如果只实现了增长目标,而解决好人民群众普遍关心的突出问题没有进展,即使到时候我们宣布全面建成了小康社会,人民群众也不会认同。①

全面建成小康社会是中国共产党提出的第一个百年奋斗目标,这一目标既是中国经济社会发展的指引,也是中国社会保障制度发展和完善必须努力实现的方向,全面建成小康社会需要建立和完善社会保障制度,社会保障制度的发展和完善必须服务于全面建成小康社会的需要。

三、满足人民的美好生活需要

1. 满足人民对美好生活的向往就是我们的奋斗目标

习近平指出,经过改革开放几十年的发展,我国社会生产力水平明显提高;人民生活显著改善,对美好生活的向往更加强烈,人民群众的需要呈现多

---

① 参见中共中央文献研究室编:《习近平关于社会主义经济建设论述摘编》,中央文献出版社 2017 年版,第 47 页。

样化多层次多方面的特点,期盼有更好的教育、更稳定的工作、更满意的收入、更可靠的社会保障、更高水平的医疗卫生服务、更舒适的居住条件、更优美的环境、更丰富的精神文化生活。①

习近平指出,带领人民创造美好生活,是中国共产党始终不渝的奋斗目标。要顺应人民群众对美好生活的向往,坚持以人民为中心的发展思想,以保障和改善民生为重点,发展各项社会事业,加大收入分配调节力度,打赢脱贫攻坚战,保证人民平等参与、平等发展权利,使改革发展成果更多更公平惠及全体人民,朝着实现全体人民共同富裕的目标稳步迈进。②

习近平进一步明确提出,要把不断满足人民对美好生活的向往作为中国共产党的奋斗目标。"我们的人民热爱生活,期盼有更好的教育、更稳定的工作、更满意的收入、更可靠的社会保障、更高水平的医疗卫生服务、更舒适的居住条件、更优美的环境,期盼孩子们能成长得更好、工作得更好、生活得更好。人民对美好生活的向往,就是我们的奋斗目标。"③在中共十九大报告中,习近平指出:"带领人民创造美好生活,是我们党始终不渝的奋斗目标。必须始终把人民利益摆在至高无上的地位,让改革发展成果更多更公平惠及全体人民,朝着实现全体人民共同富裕不断迈进。""保障和改善民生要抓住人民最关心最直接最现实的利益问题,既尽力而为,又量力而行,一件事情接着一件事情办,一年接着一年干。坚持人人尽责、人人享有,坚守底线、突出重点、完善制度、引导预期,完善公共服务体系,保障群众基本生活,不断满足人民日益增长的美好生活需要,不断促进社会公平正义,形成有效的社会治理、良好的社会秩序,使人民获得感、幸福感、安全感更加充实、更有保障、更可持

---

① 参见《习近平谈治国理政》第二卷,外文出版社 2017 年版,第 61 页。
② 参见《习近平谈治国理政》第二卷,外文出版社 2017 年版,第 40 页。
③ 《习近平谈治国理政》第一卷,外文出版社 2018 年版,第 4 页。

续。"①必须坚持人民主体地位,坚持立党为公、执政为民,践行全心全意为人民服务的根本宗旨,把党的群众路线贯彻到治国理政全部活动之中,把人民对美好生活的向往作为奋斗目标,依靠人民创造历史伟业。②

习近平指出,增进民生福祉是发展的根本目的。必须多谋民生之利、多解民生之忧,在发展中补齐民生短板、促进社会公平正义,在幼有所育、学有所教、劳有所得、病有所医、老有所养、住有所居、弱有所扶上不断取得新进展,深入开展脱贫攻坚,保证全体人民在共建共享发展中有更多获得感,不断促进人的全面发展、全体人民共同富裕。建设平安中国,加强和创新社会治理,维护社会和谐稳定,确保国家长治久安、人民安居乐业。③

习近平指出,人民的需求是多方面的。满足人民日益增长的物质需求,必须抓好经济社会建设,增加社会的物质财富。满足人民日益增长的精神文化需求,必须抓好文化建设,增加社会的精神文化财富。物质需求是第一位的,吃上饭是最主要的,所以说"民以食为天"。但是,这并不是说人民对精神文化生活的需求就是可有可无的,人类社会与动物界的最大区别就是人是有精神需求的,人民对精神文化生活的需求时时刻刻都存在。随着人民生活水平不断提高,人民对包括文艺作品在内的文化产品的质量、品位、风格等的要求也更高了。文学、戏剧、电影、电视、音乐、舞蹈、美术、摄影、书法、曲艺、杂技以及民间文艺、群众文艺等各领域都要跟上时代发展、把握人民需求,以充沛的激情、生动的笔触、优美的旋律、感人的形象创作生产出人民喜闻乐见的优秀

---

① 习近平:《决胜全面建成小康社会　夺取新时代中国特色社会主义伟大胜利——在中国共产党第十九次全国代表大会上的报告》,人民出版社 2017 年版,第 45 页。
② 参见习近平:《决胜全面建成小康社会　夺取新时代中国特色社会主义伟大胜利——在中国共产党第十九次全国代表大会上的报告》,人民出版社 2017 年版,第 21 页。
③ 参见习近平:《决胜全面建成小康社会　夺取新时代中国特色社会主义伟大胜利——在中国共产党第十九次全国代表大会上的报告》,人民出版社 2017 年版,第 23 页。

作品,让人民精神文化生活不断迈上新台阶。[①]

习近平指出,随着经济社会不断发展,全体人民对过上美好生活的新期待日益上升,提高社会发展水平、改善人民生活、增强人民健康素质对科技创新提出了更高要求。要想人民之所想、急人民之所急,聚焦重大疾病防控、食品药品安全、人口老龄化等重大民生问题,大幅增加公共科技供给,让人民享有更宜居的生活环境、更好的医疗卫生服务、更放心的食品药品。要依靠科技创新建设低成本、广覆盖、高质量的公共服务体系。要加强普惠和公共科技供给,发展低成本疾病防控和远程医疗技术,实现优质医疗卫生资源普惠共享。要发展信息网络技术,消除不同收入人群、不同地区间的数字鸿沟,努力实现优质文化教育资源均等化。[②]

习近平在中共十九大报告中明确提出,经过长期努力,中国特色社会主义进入了新时代,这是我国发展新的历史方位。中国特色社会主义进入新时代,意味着近代以来久经磨难的中华民族迎来了从站起来、富起来到强起来的伟大飞跃,迎来了实现中华民族伟大复兴的光明前景;意味着科学社会主义在21世纪的中国焕发出强大生机活力,在世界上高高举起了中国特色社会主义伟大旗帜;意味着中国特色社会主义道路、理论、制度、文化不断发展,拓展了发展中国家走向现代化的途径,给世界上那些既希望加快发展又希望保持自身独立性的国家和民族提供了全新选择,为解决人类问题贡献了中国智慧和中国方案。

这个新时代,是承前启后、继往开来、在新的历史条件下继续夺取中国特色社会主义伟大胜利的时代,是决胜全面建成小康社会、进而全面建设社会主义现代化强国的时代,是全国各族人民团结奋斗、不断创造美好生活、逐步实

---

① 参见习近平:《在文艺工作座谈会上的讲话》,人民出版社2015年版,第14页。
② 参见《习近平谈治国理政》第二卷,外文出版社2017年版,第272—273页。

现全体人民共同富裕的时代,是全体中华儿女勠力同心、奋力实现中华民族伟大复兴中国梦的时代,是我国日益走近世界舞台中央、不断为人类做出更大贡献的时代。① 只有高举中国特色社会主义伟大旗帜,我们才能带领全党全国各族人民,在中国共产党成立 100 年时全面建成小康社会,在新中国成立 100 年时建成富强民主文明和谐的社会主义现代化国家,赢得中国人民和中华民族更加幸福美好的未来。②

习近平进一步指出,中国特色社会主义进入新时代,我国社会主要矛盾已经转化为人民日益增长的美好生活需要和不平衡不充分的发展之间的矛盾。我国稳定解决了十几亿人的温饱问题,总体上实现小康,不久将全面建成小康社会,人民的美好生活需要日益广泛,不仅对物质文化生活提出了更高要求,而且在民主、法治、公平、正义、安全、环境等方面的要求日益增长。同时,我国社会生产力水平总体上显著提高,社会生产能力在很多方面进入世界前列,更加突出的问题是发展不平衡不充分,这已经成为满足人民日益增长的美好生活需要的主要制约因素。③

习近平指出,必须认识到,我国社会主要矛盾的变化是关系全局的历史性变化,对党和国家工作提出了许多新要求。我们要在继续推动发展的基础上,着力解决好发展不平衡不充分问题,大力提升发展质量和效益,更好满足人民在经济、政治、文化、社会、生态等方面日益增长的需要,更好推动人的全面发展、社会的全面进步。④

"要始终把人民放在心中最高的位置,牢记责任重于泰山,时刻把人民群

---

① 参见习近平:《决胜全面建成小康社会　夺取新时代中国特色社会主义伟大胜利——在中国共产党第十九次全国代表大会上的报告》,人民出版社 2017 年版,第 10—11 页。

② 参见《习近平谈治国理政》第一卷,外文出版社 2018 年版,第 7 页。

③ 参见习近平:《决胜全面建成小康社会　夺取新时代中国特色社会主义伟大胜利——在中国共产党第十九次全国代表大会上的报告》,人民出版社 2017 年版,第 11 页。

④ 参见习近平:《决胜全面建成小康社会　夺取新时代中国特色社会主义伟大胜利——在中国共产党第十九次全国代表大会上的报告》,人民出版社 2017 年版,第 11—12 页。

众的安危冷暖放在心上,兢兢业业,夙夜在公,始终与人民心心相印、与人民同甘共苦、与人民团结奋斗。"随着我国迈入中等收入国家行列,人民群众对美好生活的愿景不断提升。人们期待各项改革全面推进,期盼经济更有活力,政府更加高效,文化更加繁荣,生活更有保障,社会更加和谐,生态更加优良,权益得到更好维护。如何把人民的期待变成我们的行动,把人民的希望变成生活的现实,让改革发展成果更多惠及全体人民,需要我们党进一步强化宗旨意识,进一步深化战略考量,进一步转变发展理念。①

习近平进一步指出,我们的目标很宏伟,但也很朴素,归根结底就是让全体中国人都过上更好的日子。② 我们要始终把人民立场作为根本立场,把为人民谋幸福作为根本使命。我们是全心全意为人民服务的党,追求老百姓的幸福。③ 要抓住人民最关心最直接最现实的利益问题,扭住突出民生难题,一件事情接着一件事情办,一年接着一年干,争取早见成效,让人民群众有更多获得感、幸福感、安全感。④ 要抓住人民最关心最直接最现实的利益问题,把人民群众的小事当作我们的大事,从人民群众关心的事情做起,从让人民满意的事情抓起,加强全方位就业服务,高度重视困难群众帮扶救助工作,加快建成多层次社会保障体系,加强社区治理体系建设,坚持精准扶贫精准脱贫,推进民生保障精准化精细化。⑤

2. 建设社会主义现代化强国

以习近平同志为核心的党中央还明确提出了中国特色社会主义新时代的

---

① 参见中共中央宣传部编:《习近平总书记系列重要讲话读本(2016年版)》,学习出版社、人民出版社2016年版,第43页。
② 参见《习近平谈治国理政》第三卷,外文出版社2020年版,第134页。
③ 参见《习近平谈治国理政》第三卷,外文出版社2020年版,第136页。
④ 参见《习近平谈治国理政》第三卷,外文出版社2020年版,第346页。
⑤ 参见《习近平谈治国理政》第三卷,外文出版社2020年版,第135—136页。

两个重要发展阶段。习近平同志在中共十九大报告中指出,从十九大到二十大,是"两个一百年"奋斗目标的历史交汇期。我们既要全面建成小康社会、实现第一个百年奋斗目标,又要乘势而上开启全面建设社会主义现代化国家新征程,向第二个百年奋斗目标进军。

综合分析国际国内形势和我国发展条件,从 2020 年到本世纪中叶可以分两个阶段来安排。第一个阶段,从 2020 年到 2035 年,在全面建成小康社会的基础上,再奋斗 15 年,基本实现社会主义现代化。到那时,我国经济实力、科技实力将大幅跃升,跻身创新型国家前列;人民平等参与、平等发展权利得到充分保障,法治国家、法治政府、法治社会基本建成,各方面制度更加完善,国家治理体系和治理能力现代化基本实现;社会文明程度达到新的高度,国家文化软实力显著增强,中华文化影响更加广泛深入;人民生活更为宽裕,中等收入群体比例明显提高,城乡区域发展差距和居民生活水平差距显著缩小,基本公共服务均等化基本实现,全体人民共同富裕迈出坚实步伐;现代社会治理格局基本形成,社会充满活力又和谐有序;生态环境根本好转,美丽中国目标基本实现。第二个阶段,从 2035 年到本世纪中叶,在基本实现现代化的基础上,再奋斗 15 年,把我国建成富强民主文明和谐美丽的社会主义现代化强国。到那时,我国物质文明、政治文明、精神文明、社会文明、生态文明将全面提升,实现国家治理体系和治理能力现代化,成为综合国力和国际影响力领先的国家,全体人民共同富裕基本实现,我国人民将享有更加幸福安康的生活,中华民族将以更加昂扬的姿态屹立于世界民族之林。①

综上所述,改革开放以来,以邓小平同志、江泽民同志、胡锦涛同志和习近平同志为主要代表的中国共产党人对社会保障制度目标的认识不断发展和深化,提出了保障和改善民生,实现共享发展,全面建成小康社会,进而不断

---

①　参见习近平:《决胜全面建成小康社会　夺取新时代中国特色社会主义伟大胜利——在中国共产党第十九次全国代表大会上的报告》,人民出版社 2017 年版,第 28—29 页。

满足人民的美好生活需要等一系列目标。中国共产党对中国特色社会保障制度目标的认识,构成中国特色社会主义理论的重要组成部分,也是中国共产党对马克思主义社会保障理论的重要贡献,这些认识直接影响和推动了中国特色社会保障制度体系建设和完善。

第四章　中国特色社会保障制度
理念理论的发展

　　社会保障制度理念是社会保障制度理论的重要内容,社会保障制度的发展需要建立在科学合理的理念基础上。改革开放以来,以邓小平同志、江泽民同志、胡锦涛同志和习近平同志为主要代表的中国共产党人适应经济社会发展变化和社会保障制度建设的需要,不断探索和总结社会保障制度发展和完善的经验,提出了就业是民生之本,促进社会公平正义,实现共享发展等符合中国国情的重要的社会保障理念。这些社会保障制度理念构成中国特色社会主义社会保障理论的重要内容,并指导和推进中国特色社会保障制度不断走向完善。

一、就业是民生之本

1. 就业是民生之本

　　改革开放以来,随着经济体制改革的不断深入,就业问题成为影响民生与社会稳定的重要问题,中国共产党在经济社会发展的实践中,不断提升关于促进就业与失业保障的认识,逐步确立就业是民生之本的社会保障基本理念。江泽民十分关心经济体制改革中的下岗职工基本生活保障与再就业问题。江泽民指出,企业富余人员的分流和破产企业职工再就业的问题,政府和企业要通过开辟再就业渠道,比如兴办第三产业等办法,尽可能予以妥善解决,而不能简单地把这些人推向社会。还要转变就业观念,建立、完善劳动力市场,形成人员合理流动的机制。①

江泽民指出,人民生活问题的另一个重点是要关心城镇低收入居民生活。改善这部分人的生活,根本途径是发展经济,扩大就业。各级政府要大力开展就业工作,积极发展多种所有制经济,扶持中小企业,鼓励兴办第三产业,把发展劳动密集型和技术密集型产业结合起来,创造更多的就业岗位。加强职业培训,尽力帮助需要就业的失业者获得工作机会。②

江泽民还指出,多渠道扩大就业,是增加城乡居民收入的重要途径。我国人口多,就业始终是个大问题。随着产业结构升级和国有企业改革深化,现阶段就业矛盾比较突出。这个问题解决不好,将对人民生活和社会稳定产生直接影响。要把扩大就业作为重要的工作目标。要大力发展多种所有制经济,努力扩大就业门路。开展多种形式的职业培训,提高劳动技能,促进再就业。引导下岗失业人员转变就业观念,鼓励自谋职业和多种形式就业。③

江泽民进一步指出,积极拓展就业渠道,增加城乡就业,要处理好以下几个关系。一是结构调整与扩大就业的关系。生产力水平的多层次性和所有制结构的多样性,是我国社会主义初级阶段的重要特征。在强调科技进步、提高产业科技含量的同时,要积极支持和引导劳动密集型产业发展;在努力增强国

---

① 参见中共中央文献研究室编:《十四大以来重要文献选编》中,人民出版社1997年版,第1375页。

② 参见中共中央文献研究室编:《江泽民论有中国特色社会主义(专题摘编)》,中央文献出版社2002年版,第112页。

③ 参见江泽民:《论"三个代表"》,人民出版社2001年版,第90页。

有经济竞争力的同时,要大力发展多种所有制经济,充分发挥中小企业和非公有制经济在吸纳劳动力就业方面的重要作用。二是深化改革与扩大就业的关系。在推进国有企业减员增效的同时,要切实搞好再就业工程,转变择业观念,认真落实扩大城镇就业的各项优惠政策,为增加就业创造更加宽松的体制政策环境和社会环境。三是城乡经济协调发展与扩大就业的关系。积极稳步发展小城镇,把小城镇发展同乡镇企业的改造提高结合起来,以城镇化促进农村剩余劳动力的转移,实现城乡劳动力资源的合理配置。①

江泽民十分重视国有企业下岗职工的基本生活保障和再就业工程。江泽民强调指出,搞好国有企业下岗职工的基本生活保障和再就业工程,任务非常艰巨。这项工作不仅是重大的经济问题,也是重大的政治问题;不仅是现实的紧迫问题,也是长远的战略问题。国有企业下岗职工的基本生活保障和再就业工作,事关职工群众的切身利益,事关经济发展、社会稳定和国家长治久安的大局。对国有企业职工下岗分流和再就业要把握好宏观调控力度。我国的社会保障制度还不完善,劳动力市场发育还不成熟,城镇就业压力大。如果国有企业下岗职工一个时期内过于集中,就会造成严重的社会问题。加强对下岗分流的宏观调控,关键是要从大局出发,突出重点,量力而行。要坚持减员增效同促进再就业相结合、职工下岗分流同社会承受能力相适应的原则,制订切实可行的计划,有步骤地分期分批地加以安排和实施。②

江泽民明确提出就业是民生之本。江泽民指出,要正确处理完善社会保障体系和扩大就业的关系,通过实行"两个确保"解决保障基本生活的当务之急,通过促进再就业解决下岗失业人员的根本出路,通过完善社会保障体系为

①　参见劳动和社会保障部、中共中央文献研究室编:《新时期劳动和社会保障重要文献选编》,中国劳动社会保障出版社、中央文献出版社2002年版,第562—563页。

②　参见中共中央文献研究室编:《十五大以来重要文献选编》上,人民出版社2000年版,第359—362页。

深化改革和扩大就业提供保障。就业工作和社会保障,要整体部署、协调推进。要进一步完善社会保障体系,建立和完善"三条保障线",同时要建立健全养老保险和医疗保险,并逐步走上法制的轨道,为深化改革、促进发展、保持稳定提供重要保证。①

江泽民指出,要千方百计扩大就业,不断改善人民生活。就业是民生之本。扩大就业是我国当前和今后长时期重大而艰巨的任务。国家实行促进就业的长期战略和政策。各级党委和政府必须把改善创业环境和增加就业岗位作为重要职责。广开就业门路,积极发展劳动密集型产业。对提供新就业岗位和吸纳下岗失业人员再就业的企业给予政策支持。引导全社会转变就业观念,推行灵活多样的就业形式,鼓励自谋职业和自主创业。完善就业培训和服务体系,提高劳动者就业技能。依法加强劳动用工管理,保障劳动者的合法权益。高度重视安全生产,保护国家财产和人民生命的安全。②

在此基础上,江泽民提出了解决下岗失业人员再就业问题的基本思路。一是要结合本地区经济社会发展的需要和下岗失业人员的特点,有组织地开发一批适合下岗失业人员从事的就业岗位。要千方百计帮助下岗失业人员获得一份工作。社区就业潜力很大,应该把充分开发社区服务业的就业岗位作为一个重点。

二是要有针对性地开展面向下岗失业人员的职业介绍和职业指导。解决就业困难群众的再就业问题,必须提供更有针对性的就业服务,进一步把工作做细做实。

三是要充分重视职业培训在促进再就业中的重要作用。要提高再就业培训的针对性、实用性和有效性。适应就业市场的需求和变化,帮助下岗职工通过培训掌握再就业的技能和本领,形成以培训促进创业、以创业促进就业的良

---

① 参见《江泽民文选》第三卷,人民出版社 2006 年版,第 512 页。
② 参见《江泽民文选》第三卷,人民出版社 2006 年版,第 552 页。

性机制。

四是要积极开展再就业援助。政府的资金和政策要集中用于帮助最困难的群众实现再就业,政府开发的公益性就业岗位主要应用来安排他们,并采取提供就业援助、社会保险补贴和岗位补贴等更加优惠的扶持政策。对下岗失业人员提供的职业介绍和再就业培训等服务都要免费。下岗失业人员自谋职业、服务型企业批量招收下岗失业人员、国有企业通过主辅分离分流安置富余职工等,都应在税费政策上给予支持。

五是要继续巩固"两个确保"[1],搞好"三条保障线"[2]的衔接,切实做到应保尽保。各级政府和企业要继续运用现有各类渠道筹措资金,加大对生活困难的下岗失业人员的扶持力度,确保他们的基本生活。[3]

2. 实现体面劳动

胡锦涛十分关心下岗职工和企业破产职工的就业问题。胡锦涛指出,特别要关心有偿解除劳动关系职工、下岗职工以及破产企业职工,满腔热情帮助他们,鼓励他们学习新的技能,找到新的就业岗位。各级党委和政府要把扩大就业摆在重要位置,千方百计增加就业机会,引导职工转变就业观念,加强就业培训和就业服务,使下岗职工更多实现再就业。[4]

胡锦涛同样强调就业是民生之本。胡锦涛明确指出,各级党委和政府要始终把就业再就业工作作为一件关系全局的大事来抓,认真落实中央关于促进就业再就业的政策措施,切实解决存在的突出问题,务求取得实实在在的效果。发展是促进就业再就业的根本途径。要通过发展社区服务业、劳动密集

---

① "两个确保"即确保企业离退休人员基本养老金按时足额发放,确保国有企业下岗职工基本生活费按时足额发放。
② "三条保障线"即下岗职工基本生活保障、失业保险和城市居民最低生活保障制度。
③ 参见《江泽民文选》第三卷,人民出版社 2006 年版,第 508—509 页。
④ 参见《胡锦涛文选》第一卷,人民出版社 2016 年版,第 533 页。

型产业、中小企业、公益性事业等就业容量大的行业和企业,培育新的就业增长点,实现发展经济和扩大就业的良性互动。要加强就业技能培训,切实提高劳动者就业技能和竞争能力。要进一步做好就业再就业服务工作,大力改善公共职业介绍服务的设施和手段,建立健全再就业援助制度,规范劳动力市场秩序,为促进就业再就业创造良好环境。①

胡锦涛还指出,要把扩大就业摆在经济社会发展更加突出的位置,坚持劳动者自主择业、市场调节就业、政府促进就业的方针,鼓励自谋职业和自主创业,充分发挥市场在劳动力资源配置中的基础性作用,形成有利于扩大就业的经济结构。落实积极促进就业再就业各项优惠政策,改善就业和创业环境,不断扩大社会就业。②

胡锦涛对解决就业问题的关键、包容性增长下如何促进就业、促进就业的渠道与途径多次提出重要主张和建议。胡锦涛指出,要解决就业问题,关键是要集中力量抓好以下几个方面的工作:第一,大力开发就业岗位。要坚持把抓好发展作为促进就业和再就业的根本途径,确立经济发展和扩大就业并举的发展战略,积极培育和发展新的就业增长点,大力发展吸纳劳动力容量大的产业和企业,鼓励劳动者自谋职业、自主创业和灵活就业,实现经济持续快速健康发展和就业岗位增加的目标。

第二,全面落实再就业扶持政策。要全面落实鼓励企业吸纳下岗失业人员再就业的政策,充分运用税收减免和社会保险补贴等各项政策,根据需求发展各类服务性企业,开辟一批面向社区的服务网点和实体,更多地吸纳下岗失业人员。全面落实鼓励下岗失业人员自主创业、自谋职业、合伙经营等方面的扶持政策,把减免税费和小额贷款政策落实到位。全面落实鼓励国有企业挖掘内部潜力分流安置富余人员的政策。全面落实对有特殊困难人员实行再就

---

① 参见《胡锦涛文选》第二卷,人民出版社 2016 年版,第 181—182 页。
② 参见《胡锦涛文选》第二卷,人民出版社 2016 年版,第 377 页。

业援助的政策。

第三,增加再就业资金投入。充分运用财政、税收、信贷等手段,加大再就业资金投入,增强对下岗失业人员再就业的援助。各地要切实调整支出结构,在财政预算中安排一定数量的再就业资金,并逐步形成再就业资金的制度性安排。

第四,强化再就业技能培训。各地区和有关部门要把增强劳动者就业和创业能力作为一项战略任务来抓,推动培训模式和工作机制的创新,广泛动员社会各方力量参与再就业培训。大力推广一些城市将创业培训与就业指导、小额贷款、税费减免、后续扶持相结合,为下岗失业人员创业提供一条龙服务的经验。

第五,进一步搞好再就业服务。大力改善公共职业介绍服务机构的设施和手段,进一步探索和完善再就业服务的运行机制,实现再就业服务体系的制度化、专业化和社会化,尽可能为下岗失业人员提供更好的服务。

第六,引导下岗失业人员转变就业观念。在全社会加强就业观念教育,摒弃只有正规就业或端"铁饭碗"才算就业的传统观念,树立从事非全日制、临时性、季节性等灵活形式工作也是就业的观念,树立职业平等和劳动光荣的观念。

第七,落实下岗失业人员的社会保障。继续做好下岗职工基本生活保障和企业离退休人员基本养老金的按时足额发放,进一步做好"三条保障线"的衔接工作。①

关于在包容性增长框架下如何促进就业的问题,胡锦涛指出:第一,优先开发人力资源。人力资源开发,对提高人们参与经济发展和改善自身生存发展条件的能力,对推动经济持续发展、实现包容性增长,具有基础性的重要意

---

① 《全国再就业工作座谈会在北京举行　胡锦涛讲话》,《中国青年报》2003 年 8 月 17 日。

义。人力资源是可持续开发的资源,人力资源优势是最需培育、最有潜力、最可依靠的优势。

第二,实施充分就业的发展战略。就业是民生之本,实现社会充分就业是让更多人分享经济社会发展成果的重要途径。我们应该把充分就业作为经济社会发展的优先目标,实施扩大就业的发展战略,最大限度地创造劳动者就业和发展机会,努力实现充分就业。要强化政府促进就业的责任,实施更加积极的就业政策,实施相应的财政、金融、产业等方面的政策,建设覆盖城乡的公共就业服务体系,健全面向所有困难民众的就业援助长效制度,完善就业与社会保障的联动机制,促进体面劳动,构建和谐劳动关系。

第三,提高劳动者素质和能力。提高劳动者素质,使经济发展真正走上主要依靠科技进步、劳动者素质提高、管理创新的轨道,是实现人的全面发展的必然要求,也是推动经济社会发展的重要保证。

第四,构建可持续发展的社会保障体系。完善的社会保障体系是经济社会发展的重要保障,也是社会和谐稳定的安全网。我们应该在经济发展的基础上建立覆盖城乡居民的社会保障体系,坚持广覆盖、保基本、多层次、可持续,加强社会保险、社会救助、社会福利的衔接和协调,不断提高社会保障水平。要加大公共财政对社会保障的投入,扩大各类社会保险覆盖面,健全社会救助体系,发展社会福利事业和慈善事业,不断在全体人民学有所教、劳有所得、病有所医、老有所养、住有所居上取得新成效。[①]

关于如何扩大促进就业和再就业的途径,胡锦涛系统地指出:第一,要把就业再就业工作放在更加突出的位置,扩大就业的根本出路在于发展经济,经济增长是带动就业增长的火车头。我国基本国情和经济社会发展水平决定了我们应把创造更多就业机会作为重要发展目标,并积极体现到制订经济社会

---

① 参见《胡锦涛文选》第三卷,人民出版社 2016 年版,第 432—434 页。

发展计划和产业政策、财税政策、投资政策、金融货币政策等宏观经济政策上来。

第二,加大结构调整力度,注重发展就业容量大的产业和企业。要加大产业结构、所有制结构、企业结构调整力度,通过结构调整增加就业岗位。一方面,我们要积极发展资本密集型产业和高新技术产业,提高产业科技含量,提高我国经济国际竞争力;另一方面,我们要注重发展劳动密集型产业,更充分地发挥其在吸纳劳动力就业方面的重要作用。

第三,继续深化国有企业改革,采取多种方式分流富余人员。实行主辅分离、辅业改制,应成为今后国有企业分流富余人员的重要形式。

第四,加强人力资源能力建设,不断提高劳动者创业和就业能力。解决就业问题不应是一个被动安置现有劳动人口的过程,而应是一个通过人力资源能力建设,提高人口素质,促进经济加快发展的过程,是一个努力把我国人力资源优势转化为经济社会发展优势的过程。

第五,提高对外开放水平,通过扩大国际交换发挥我国劳动力资源优势,争取把更多就业岗位配置到我国来。①

在中共十七大报告中,胡锦涛进一步指出,就业是民生之本。要坚持实施积极的就业政策,加强政府引导,完善市场就业机制,扩大就业规模,改善就业结构。完善支持自主创业、自谋职业政策,加强就业观念教育,使更多劳动者成为创业者。健全面向全体劳动者的职业教育培训制度,加强农村富余劳动力转移就业培训。建立统一规范的人力资源市场,形成城乡劳动者平等就业的制度。完善面向所有困难群众的就业援助制度,及时帮助零就业家庭解决就业困难。积极做好高校毕业生就业工作。②

胡锦涛十分强调要让劳动者实现体面劳动。胡锦涛指出,要切实实施积

---

① 参见《胡锦涛文选》第二卷,人民出版社 2016 年版,第 78—82 页。
② 参见《胡锦涛文选》第二卷,人民出版社 2016 年版,第 643 页。

极的就业政策,创造更多就业岗位,促进充分就业,改善就业环境,提高就业质量,不断增加劳动者特别是一线劳动者劳动报酬。要切实完善社会保障体系,健全就业帮扶、生活救助、医疗互助、法律援助等帮扶制度,着重解决困难劳动群众生产生活问题,在经济发展的基础上不断提高广大劳动群众生活水平和质量,使他们不断享受到改革发展成果。要切实发展和谐劳动关系,建立健全劳动关系协调机制,完善劳动保护机制,让广大劳动群众实现体面劳动。[①]

胡锦涛进一步指出,转变经济发展方式,推动经济结构优化升级,促进经济社会协调发展,对劳动者素质提出了更高要求。我们应该引导广大劳动者提高思想道德素质和科学文化素质,提高劳动能力和劳动水平,努力掌握新知识、新技能、新本领,成为适应新形势下经济社会发展要求的高素质劳动者。要主动与经济发展方式转变和经济结构优化升级相适应,建立健全面向全体劳动者的职业技能培训制度,形成有利于劳动者学习成才的引导机制、培训机制、评价机制、激励机制,全面提高劳动者职业素质和技能水平。要充分发挥教育在提高劳动者素质和能力中的重要作用,按照建设学习型社会和实施终身教育的要求,优先发展教育,提高教育现代化水平,坚持教育的公益性和普惠性,保障公民依法享有受教育的权利,努力培养造就高素质劳动者、专门人才、拔尖创新人才。[②]

实现体面劳动需要建立规范、有序、和谐的劳动关系。要实施积极的就业政策,发展和谐劳动关系。把扩大就业作为经济社会发展和调整经济结构的重要目标,实现经济发展和扩大就业良性互动。大力发展劳动密集型产业、服务业、非公有制经济、中小企业,多渠道、多方式增加就业岗位。实行促进就业的财税金融政策,积极支持自主创业、自谋职业。健全面向全体劳动者的职业技能培训制度,加强创业培训和再就业培训。深化户籍、劳动就业等制度改

① 参见《胡锦涛文选》第三卷,人民出版社 2016 年版,第 369—370 页。
② 参见《胡锦涛文选》第三卷,人民出版社 2016 年版,第 433—434 页。

革,逐步形成城乡统一的人才市场和劳动力市场,完善人员流动政策,规范发展就业服务机构。强化政府促进就业职能,统筹做好城镇新增劳动力就业、农村富余劳动力转移就业、下岗失业人员再就业工作,加强大学毕业生、退役军人就业指导和服务。扩大再就业政策扶持范围,健全再就业援助制度,着力帮助零就业家庭和就业困难人员就业。完善劳动关系协调机制,全面实行劳动合同制度和集体协商制度,确保工资按时足额发放。严格执行国家劳动标准,加强劳动保护,健全劳动保障监察体制和劳动争议调处仲裁机制,维护劳动者特别是农民工合法权益。①

实现体面劳动更需要高质量的就业。胡锦涛指出,要推动实现更高质量的就业。就业是民生之本。要贯彻劳动者自主就业、市场调节就业、政府促进就业和鼓励创业的方针,实施就业优先战略和更加积极的就业政策。引导劳动者转变就业观念,鼓励多渠道多形式就业,促进创业带动就业,做好以高校毕业生为重点的青年就业工作和农村转移劳动力、城镇困难人员、退役军人就业工作。加强职业技能培训,提升劳动者就业创业能力,增强就业稳定性。健全人力资源市场,完善就业服务体系,增强失业保险对促进就业的作用。健全劳动标准体系和劳动关系协调机制,加强劳动保障监察和争议调解仲裁,构建和谐劳动关系。②

3. 就业是最大的民生

习近平明确提出必须坚持崇尚劳动、造福劳动者。习近平指出,劳动是财富的源泉,也是幸福的源泉。发展中的各种难题,只有通过诚实劳动才能破解;必须牢固树立劳动最光荣、劳动最崇高、劳动最伟大、劳动最美丽的观念,

---

① 参见《中共中央关于构建社会主义和谐社会若干重大问题的决定》,《求是》2006 年第20 期。

② 参见《胡锦涛文选》第三卷,人民出版社 2016 年版,第 641—642 页。

让全体人民通过劳动创造更加美好的生活。要维护和发展劳动者的利益,保障劳动者的权利。要坚持社会公平正义,排除阻碍劳动者参与发展、分享发展成果的障碍,努力让劳动者实现体面劳动、全面发展。①

中共十八届三中全会通过的《中共中央关于全面深化改革若干重大问题的决定》指出,要健全促进就业创业体制机制,从体制机制上为促进就业提供保障。具体而言:建立经济发展和扩大就业的联动机制,健全政府促进就业责任制度。规范招人用人制度,消除城乡、行业、身份、性别等一切影响平等就业的制度障碍和就业歧视。完善扶持创业的优惠政策,形成政府激励创业、社会支持创业、劳动者勇于创业新机制。完善城乡均等的公共就业创业服务体系,构建劳动者终身职业培训体系。增强失业保险制度预防失业、促进就业功能,完善就业失业监测统计制度。创新劳动关系协调机制,畅通职工表达合理诉求渠道。②

习近平强调,要把做好就业工作摆到突出位置,重点抓好高校毕业生就业和化解产能过剩中出现的下岗再就业工作。现在,多数高校毕业生都想在大城市就业,找不到工作也在城里漂着,处理不好容易形成社会风险。各级党委和政府要落实已有的政策和措施,努力创造就业岗位,尽力吸纳更多高校毕业生就业创业,同时引导和鼓励他们到基层和中西部地区就业创业。化解产能过剩也会导致部分职工下岗失业,要做好社会政策托底工作,保障基本生活,同时谋划在先,加强技能培训,促进转岗就业。③

习近平对如何促进以高校毕业生为重点的青年就业和农村转移劳动力、城镇困难人员、退役军人就业。中共十八届三中全会决定指出,要结合产业升

---

① 参见《习近平谈治国理政》第一卷,外文出版社 2018 年版,第 46 页。
② 参见《中共中央关于全面深化改革若干重大问题的决定》,《求是》2013 年第 22 期。
③ 参见中共中央文献研究室编:《习近平关于全面建成小康社会论述摘编》,中央文献出版社 2016 年版,第 137 页。

级开发更多适合高校毕业生的就业岗位。政府购买基层公共管理和社会服务岗位更多用于吸纳高校毕业生就业。健全鼓励高校毕业生到基层工作的服务保障机制,提高公务员定向招录和事业单位优先招聘比例。实行激励高校毕业生自主创业政策,整合发展国家和省级高校毕业生就业创业基金。实施离校未就业高校毕业生就业促进计划,把未就业的纳入就业见习、技能培训等就业准备活动之中,对有特殊困难的实行全程就业服务。①

习近平进一步指出,做好就业工作,一定要精准发力,确保完成就业目标。要准备好应对可能出现的结构性失业预案,更好发挥市场在促进就业中的作用,鼓励创业带动就业。要提高职业培训质量,增强就业人员技能,提高农民工和其他各类再就业人员转岗就业能力。要加强政府公共就业服务能力,为劳动者提供及时便捷的服务。要加强社会舆论引导,形成劳动光荣、崇尚技能的社会氛围。② 党和国家要实施积极的就业政策,创造更多就业岗位,改善就业环境,提高就业质量,不断增加劳动者特别是一线劳动者劳动报酬。要建立健全党和政府主导的维护群众权益机制,抓住劳动就业、技能培训、收入分配、社会保障、安全卫生等问题,关注一线职工、农民工、困难职工等群体,完善制度,排除阻碍劳动者参与发展、分享发展成果的障碍,努力让劳动者实现体面劳动、全面发展。③

在中共十九大报告中,习近平明确指出,就业是最大的民生。要坚持就业优先战略和积极就业政策,实现更高质量和更充分就业。大规模开展职业技能培训,注重解决结构性就业矛盾,鼓励创业带动就业。提供全方位公共就业服务,促进高校毕业生等青年群体、农民工多渠道就业创业。破除妨碍劳动

---

① 参见《中共中央关于全面深化改革若干重大问题的决定》,《求是》2013 年第 22 期。

② 参见中共中央文献研究室编:《习近平关于全面建成小康社会论述摘编》,中央文献出版社 2016 年版,第 147 页。

③ 参见习近平:《在庆祝"五一"国际劳动节暨表彰全国劳动模范和先进工作者大会上的讲话》,人民出版社 2015 年版,第 7—8 页。

力、人才社会性流动的体制机制弊端,使人人都有通过辛勤劳动实现自身发展的机会。完善政府、工会、企业共同参与的协商协调机制,构建和谐劳动关系。①

改革开放以来,以邓小平同志、江泽民同志、胡锦涛同志和习近平同志为主要代表的中国共产党人,对于就业为民生之本的认识不断发生变化,从重点关注失业问题,保障下岗失业人员基本生活,到强调就业对解决国计民生的重要作用,致力于促进就业,再到注重就业质量和构建和谐劳动关系,实现劳动者体面劳动,最后提出要促进国民就业创业,促进大众创业、万众创新。这些思想和认识的核心即是就业为民生之本。就业既是民生之本,也是社会保障制度建设和发展的基础。就业为民生之本构成了中国社会保障制度发展的基本理念。

二、促进社会公平正义

1. 衡量社会公平的标准

促进社会公平正义是社会保障制度的另一重要理念,社会保障制度通过保障和改善民生,促进社会公平正义,进而实现社会团结、稳定与和谐。改革开放以来,中国共产党逐步认识到促进社会公平正义对于保障和改善民生、维护社会和谐稳定的重要意义,并系统地提出了关于促进社会公平正义的思想理论。

江泽民系统地阐述了社会分配不公问题。他指出,分配公平是一个认识上的难点。从理论上讲,以平等权利为基础的社会公平要受到社会经济文化

---

① 参见习近平:《决胜全面建成小康社会　夺取新时代中国特色社会主义伟大胜利——在中国共产党第十九次全国代表大会上的报告》,人民出版社 2017 年版,第 46 页。

发展的制约。在不同发展阶段,社会公平的内涵也会不同。衡量社会公平的标准必须看是否有利于社会生产力发展和社会进步。在社会主义公有制经济里,广大群众是生产资料的主人,分配的主要原则是按劳分配。党的十一届三中全会以后,我们党实行了一项政策,即允许和鼓励一部分地区、一部分人通过诚实劳动和合法经营先富起来,带动全国人民走共同富裕的道路。这是符合按劳分配原则的。实行这一政策,能力和贡献不同的人的收入会拉开差距,在致富的路上会有先有后,这是公平的。一般来说,由于人的能力和贡献的差别是有限的,实行按劳分配不可能导致贫富悬殊。而平均主义反对拉开差距,这是分配不公的一种表现。①

江泽民认为,我们现在正处在社会主义初级阶段,除了作为主体的公有制外,还有其他多种所有制形式存在。与此相适应,允许一部分非劳动收入存在,有利于搞活整个社会经济。但是,非劳动收入对全体社会成员来说,机会是不均等的,与劳动收入的差距又容易拉大,因此党和政府在分配办法、税收政策、价格政策、工商行政管理等方面作了必要的限制,经营者只要遵纪守法,也难以暴富。现在的问题是,少数人靠非法手段,如偷税漏税、欺行霸市、哄抬物价、弄权渎职、贪污受贿、走私贩私等,捞取不义之财。这是当前分配不公的另一重要表现,也是人们议论较多的。②

江泽民明确指出,平均主义和收入差距过大也是相互影响的。我们要克服平均主义,但分配差距过大恰恰妨碍了收入差距的合理拉开。因为收入差距过大会破坏社会公平,涣散人心,特别是在新旧体制并存的情况下,往往容易助长不是比贡献而是比收入的消极攀比和平均主义倾向,造成在更高收入水平上的“大锅饭”。另外,平均主义也会助长收入差距过大。这是由于,平均主义倾向损害经济效率,压抑劳动者的积极性,可能促使某些人产生对公有

---

① 参见《江泽民文选》第一卷,人民出版社 2006 年版,第 48 页。
② 参见《江泽民文选》第一卷,人民出版社 2006 年版,第 49 页。

制的离心倾向,甚至会刺激某些人采取不正当手段谋取私利的欲望。由此可见,平均主义的分配不公和收入差距过大的分配不公相互影响、互为依存,这两者都必须引起我们足够的重视。① 江泽民指出,应该承认,现实生活中的消极腐败现象和收入分配悬殊问题,是人民群众强烈不满的焦点。人们要求改变机会不均、少数人发不义之财的状况。只有解决这些问题,才有助于创造良好的社会环境,有助于人们围绕提高效率进行积极攀比。②

　　促进社会公平涉及如何处理好初次分配与再次分配的关系。江泽民指出,在初次分配中,国家对企业实行工资总额与经济效益挂钩,企业内部实行个人收入同所作贡献联系;在再分配中,要解决机关事业单位中劳酬不符、收入偏低的问题,同时注意调节企业间生产经营的某些条件和机会不均等,以利公平竞争,进一步贯彻按劳分配原则。具体说,应该着重处理好几个关系。一是处理好企业和职工的分配关系。合理拉开职工收入差距,使一些贡献大的工薪人员也能够先富起来。二是处理好国家和企业的分配关系。国家要通过有效的经济手段调节由此而引起的个人收入差距。三是处理好脑力劳动和体力劳动的分配关系。按照马克思主义观点,复杂劳动具有倍加简单劳动的意义,复杂劳动的报酬应该高于简单劳动的报酬。今后,要逐步提高知识分子待遇,缓解脑体倒挂的矛盾。对机关事业单位的现行工资制度也要继续改革,使之逐步完善。四是处理好采取经济、行政等调节手段和加强思想政治工作的关系。在采取各类手段调节分配的同时,要注意抓好宣传和思想教育工作,引导人们既不要消极攀比个人收入、盲目追求超前消费,也不要不求进取,而要脚踏实地积极工作,在各自所处的条件下,确定经过努力能够达到的物质利益目标。③

---

①　参见《江泽民文选》第一卷,人民出版社 2006 年版,第 50 页。
②　参见《江泽民文选》第一卷,人民出版社 2006 年版,第 51 页。
③　参见《江泽民文选》第一卷,人民出版社 2006 年版,第 53—54 页。

江泽民强调指出,我们要坚决保护合法收入、合理调节过高收入、严厉取缔非法收入。从长远看,解决社会分配不公问题,还要逐步建立富有弹性的就业制度,使劳动者在竞争中获得大致均等的机遇。与此相适应,必须建立和完善社会保障体系。这不是一下子能解决的,但应该向这个方向努力。①

2. 中国特色社会主义的内在要求

胡锦涛不仅强调了社会公平正义的重要性,而且提出了公平正义的保障体系。胡锦涛指出,维护和实现社会公平正义,涉及最广大人民根本利益,是我们党坚持立党为公、执政为民的必然要求,也是我国社会主义制度的本质要求。只有确实维护和实现社会公平正义,人们的心情才能舒畅,各方面社会关系才能协调,人们的积极性、主动性、创造性才能充分发挥出来。

必须建立社会公平正义的保障体系。胡锦涛指出,要坚持把广大人民根本利益作为制定和贯彻党的方针政策的基本着眼点,正确反映和兼顾不同地区、不同部门、不同方面的群众利益,在促进发展的同时,把维护社会公平放到更加突出的位置,综合运用多种手段,依法逐步建立以权利公平、机会公平、规则公平、分配公平为主要内容的社会公平保障体系,使全体人民共享改革发展成果,使全体人民朝着共同富裕的方向稳步前进。

促进社会公平正义必须关注收入分配的公平与合理。胡锦涛指出,要坚持在全国人民根本利益一致的基础上,妥善协调各种具体利益关系和内部矛盾,正确处理个人利益和集体利益、局部利益和整体利益、当前利益和长远利益的关系。要高度重视收入分配问题,更好处理按劳分配为主体和实行多种分配方式的关系,同时也要在经济发展的基础上,通过改革税收制度,增加公共支出,加大转移支付等措施,合理调整国民收入分配格局,逐步解决区域发

---

① 参见《江泽民文选》第一卷,人民出版社 2006 年版,第 55 页。

展差距和居民收入分配差距过大问题。

完善社会保障制度体系是促进公平正义的重要途径。胡锦涛指出,要进一步完善社会保障体系,逐步扩大社会保障覆盖面,切实保障各方面困难群众基本生活,让他们感受到社会主义大家庭的温暖。要从法律上、制度上、政策上努力营造公平的社会环境,从收入分配、利益调节、社会保障、公民权利保障、政府施政、执法司法等方面采取切实措施,逐步做到保证社会成员都能够接受教育,都能够进行劳动创造,都能够平等参与市场竞争、参与社会生活,都能够依靠法律和制度来维护自己的正当权益。[1]

胡锦涛还指出,我们应该坚持社会公平正义,着力促进人人平等获得发展机会,逐步建立以权利公平、机会公平、规则公平、分配公平为主要内容的社会公平保障体系,不断消除人民参与经济发展、分享经济发展成果方面的障碍。我们应该坚持以人为本,着力保障和改善民生,建立覆盖全民的社会保障体系,注重解决教育、劳动就业、医疗卫生、养老、住房等民生问题,努力做到发展为了人民、发展依靠人民、发展成果由人民共享。[2]

在中共十八大报告中,胡锦涛进一步指出,必须坚持维护社会公平正义。公平正义是中国特色社会主义的内在要求。要在全体人民共同奋斗、经济社会发展的基础上,加紧建设对保障社会公平正义具有重大作用的制度,逐步建立以权利公平、机会公平、规则公平、分配公平为主要内容的社会公平保障体系,努力营造公平的社会环境,保证人民平等参与、平等发展权利。[3]

切实维护和实现社会公平正义,需要从以下几个方面入手:一是坚持教育优先发展,促进教育公平。全面贯彻党的教育方针,大力实施科教兴国战略和人才强国战略,全面实施素质教育,深化教育改革,提高教育质量,建设现代国

---

① 参见《胡锦涛文选》第二卷,人民出版社 2016 年版,第 292 页。
② 参见《胡锦涛文选》第三卷,人民出版社 2016 年版,第 432 页。
③ 参见《胡锦涛文选》第三卷,人民出版社 2016 年版,第 623—624 页。

民教育体系和终身教育体系,保障人民享有接受良好教育的机会。

二是加强医疗卫生服务,提高人民健康水平。坚持公共医疗卫生的公益性质,深化医疗卫生体制改革,强化政府责任,严格监督管理,建设覆盖城乡居民的基本卫生保健制度,为群众提供安全、有效、方便、价廉的公共卫生和基本医疗服务。

三是完善公共财政制度,逐步实现基本公共服务均等化。健全公共财政体制,调整财政收支结构,把更多财政资金投向公共服务领域,加大财政在教育、卫生、文化、就业再就业服务、社会保障、生态环境、公共基础设施、社会治安等方面的投入。

四是完善收入分配制度,规范收入分配秩序。坚持按劳分配为主体、多种分配方式并存的分配制度,加强收入分配宏观调节,在经济发展的基础上,更加注重社会公平,着力提高低收入者收入水平,逐步扩大中等收入者比重,有效调节过高收入,坚决取缔非法收入,促进共同富裕。通过扩大就业、建立农民增收减负长效机制、健全最低工资制度、完善工资正常增长机制、逐步提高社会保障标准等举措,提高低收入者收入水平。

五是完善社会保障制度,保障群众基本生活。适应人口老龄化、城镇化、就业方式多样化,逐步建立社会保险、社会救助、社会福利、慈善事业相衔接的覆盖城乡居民的社会保障体系。①

胡锦涛还特别强调基本卫生保健对实现社会公平正义的意义。胡锦涛指出,医疗卫生事业是造福人民的事业,关系广大人民群众切身利益,关系千家万户幸福安康,也关系经济社会协调发展,关系国家和民族未来。人人享有基本卫生保健服务,人民群众健康素质不断提高,是人民生活质量改善的重要标志,是全面建设小康社会、推进社会主义现代化建设的重要目标。中共十六届

---

① 参见《中共中央关于构建社会主义和谐社会若干重大问题的决定》,《求是》2006年第20期。

六中全会提出了发展我国医疗卫生事业的总要求,这就是坚持公共医疗卫生的公益性质,深化医疗卫生体制改革,强化政府责任,严格监督管理,建设覆盖城乡居民的基本卫生保健制度,为群众提供安全、有效、方便、价廉的公共卫生和基本医疗服务。我们要按照这个总要求,着眼于实现人人享有基本卫生保健服务的目标,着力解决群众看病难看病贵问题,加快完善有利于人民群众及时就医、安全用药、合理负担的医疗卫生制度体系,不断提高医疗卫生服务水平和质量。①

在中共十八大报告中,胡锦涛强调要统筹推进城乡社会保障体系建设。社会保障是保障人民生活、调节社会分配的一项基本制度。要坚持全覆盖、保基本、多层次、可持续方针,以增强公平性、适应流动性、保证可持续性为重点,全面建成覆盖城乡居民的社会保障体系。改革和完善企业和机关事业单位社会保险制度,整合城乡居民基本养老保险和基本医疗保险制度,逐步做实养老保险个人账户,实现基础养老金全国统筹,建立兼顾各类人员的社会保障待遇确定机制和正常调整机制。扩大社会保障基金筹资渠道,建立社会保险基金投资运营制度,确保基金安全和保值增值。完善社会救助体系,健全社会福利制度,支持发展慈善事业,做好优抚安置工作。建立市场配置和政府保障相结合的住房制度,加强保障性住房建设和管理,满足困难家庭基本需求。坚持男女平等基本国策,保障妇女儿童合法权益。积极应对人口老龄化,大力发展老龄服务事业和产业。健全残疾人社会保障和服务体系,切实保障残疾人权益。健全社会保障经办管理体制,建立更加便民快捷的服务体系。②

3. 制度是社会公平正义的重要保证

习近平十分强调社会公平正义理念在社会保障制度乃至经济社会发展中

---

① 参见《胡锦涛文选》第二卷,人民出版社 2016 年版,第 581 页。
② 参见《胡锦涛文选》第三卷,人民出版社 2016 年版,第 642—643 页。

的地位。关于社会公平正义的本质内涵。习近平指出："公平正义是中国特色社会主义的内在要求。"①关于促进社会公平正义的必要性。习近平指出,改革开放以来,我国经济社会发展取得巨大成就,为促进社会公平正义提供了坚实物质基础和有利条件。同时,在我国现有发展水平上,社会上还存在大量有违公平正义的现象。特别是随着我国经济社会发展水平和人民生活水平不断提高,人民群众的公平意识、民主意识、权利意识不断增强,对社会不公问题反应越来越强烈。这个问题不抓紧解决,不仅会影响人民群众对改革开放的信心,而且会影响社会和谐稳定。②

关于社会公平正义在全面深化改革中的地位。习近平指出,全面深化改革必须以促进社会公平正义、增进人民福祉为出发点和落脚点。这是坚持中国共产党全心全意为人民服务根本宗旨的必然要求。必须着眼创造更加公平正义的社会环境,不断克服各种有违公平正义的现象,使改革发展成果更多更公平地惠及全体人民。如果不能给老百姓带来实实在在的利益,如果不能创造更加公平的社会环境,甚至导致更多不公平,改革就失去意义,也不可能持续。③

习近平指出,我国社会历来有"不患寡而患不均"的观念。我们要在不断发展的基础上尽量把促进社会公平正义的事情做好,既尽力而为,又量力而行,努力使全体人民在学有所教、劳有所得、病有所医、老有所养、住有所居上持续取得新进展。④

关于促进社会公平正义的决定性要素。习近平指出,实现社会公平正义

①　《习近平谈治国理政》第一卷,外文出版社 2018 年版,第 13 页。

②　参见中共中央文献研究室编:《习近平总书记重要讲话文章选编》,中央文献出版社、党建读物出版社 2016 年版,第 96 页。

③　参见中共中央文献研究室编:《习近平总书记重要讲话文章选编》,中央文献出版社、党建读物出版社 2016 年版,第 96 页。

④　参见《习近平谈治国理政》第一卷,外文出版社 2018 年版,第 97 页。

是由多种因素决定的,最主要的还是经济社会发展水平。在不同发展水平上,在不同历史时期,不同思想认识的人,不同阶层的人,对社会公平正义的认识和诉求也会不同。我们讲促进社会公平正义,就要从最广大人民根本利益出发,多从社会发展水平、从社会大局、从全体人民的角度看待和处理这个问题。我国现阶段存在的有违公平正义的现象,许多是发展中的问题,是能够通过不断发展,通过制度安排、法律规范、政策支持加以解决的。我们必须紧紧抓住经济建设这个中心,推动经济持续健康发展,进一步把"蛋糕"做大,为保障社会公平正义奠定更加坚实的物质基础。①

关于社会公平正义的重要保证。习近平指出,要加紧建设对保障社会公平正义具有重大作用的制度,逐步建立以权利公平、机会公平、规则公平、分配公平为主要内容的社会公平保障体系。制度是社会公平正义的重要保证。我们要通过创新制度安排,努力克服人为因素造成的有违公平正义的现象,保证人民平等参与、平等发展权利。要把促进社会公平正义、增进人民福祉作为一面镜子,审视我们各方面体制机制和政策规定,哪里有不符合促进社会公平正义的问题,哪里就需要改革;哪个领域哪个环节问题突出,哪个领域哪个环节就是改革的重点。对由于制度安排不健全造成的有违公平正义的问题要抓紧解决,使我们的制度安排更好地体现社会主义公平正义原则,更加有利于实现好、维护好、发展好最广大人民根本利益。②

关于收入分配领域中的社会公平正义。中共十八届三中全会决定指出,要形成合理有序的收入分配格局。着重保护劳动所得,努力实现劳动报酬增长和劳动生产率提高同步,提高劳动报酬在初次分配中的比重。健全工资决

---

① 参见中共中央文献研究室编:《习近平总书记重要讲话文章选编》,中央文献出版社、党建读物出版社 2016 年版,第 97 页。

② 参见中共中央文献研究室编:《习近平总书记重要讲话文章选编》,中央文献出版社、党建读物出版社 2016 年版,第 96—98 页。

定和正常增长机制,完善最低工资和工资支付保障制度,完善企业工资集体协商制度。改革机关事业单位工资和津贴补贴制度,完善艰苦边远地区津贴增长机制。健全资本、知识、技术、管理等由要素市场决定的报酬机制。扩展投资和租赁服务等途径,优化上市公司投资者回报机制,保护投资者尤其是中小投资者合法权益,多渠道增加居民财产性收入。①

中共十八届三中全会决定还强调指出,要完善以税收、社会保障、转移支付为主要手段的再分配调节机制,加大税收调节力度。建立公共资源出让收益合理共享机制。完善慈善捐助减免税制度,支持慈善事业发挥扶贫济困积极作用。规范收入分配秩序,完善收入分配调控体制机制和政策体系,建立个人收入和财产信息系统,保护合法收入,调节过高收入,清理规范隐性收入,取缔非法收入,增加低收入者收入,扩大中等收入者比重,努力缩小城乡、区域、行业收入分配差距,逐步形成橄榄型分配格局。②

可见,改革开放以来,中国共产党关于公平正义的观念也在不断变化。最初认为贫穷不是公平正义,平均主义不是公平正义的,但是,收入分配差距过大,也不是公平正义的。我们要建立的是一个既不是平均主义,又不是收入差距过大的公平正义体系。为此,要处理好初次分配与再次分配的关系。我们要建立一个权利公平、机会公平、规则公平、分配公平为主要内容的社会公平保障体系。必须深刻认识社会公平正义的本质内涵,社会公平正义在全面深化改革中的地位,促进社会公平正义的决定性要素,社会公平正义的重要保证等问题。在具体应对措施上,要从教育、医疗卫生、公共财政、收入分配和社会保障等诸多方面多管齐下。可以说,中国共产党关于社会公平正义的一系列思想和认识的提出,确立了中国社会保障制度建设和发展的另一基本理念,成为中国社会保障制度建设和发展的重要理论基础。

---

① 参见《中共中央关于全面深化改革若干重大问题的决定》,《求是》2013 年第 22 期。
② 参见《中共中央关于全面深化改革若干重大问题的决定》,《求是》2013 年第 22 期。

三、实现共享发展

1. 社会主义的原则之一是共同致富

基于中国共产党的基本宗旨和社会主义制度的本质特征,中国共产党根据改革开放几十年以来的经济社会发展变化,逐步确立了共享发展的理念。这一理念既是中国经济与社会发展必须坚持的新发展理念的主要内容之一,也是中国社会保障制度发展的基本理念。

邓小平在提出让一部分人先富起来的同时,也明确提出社会主义的原则之一是共同致富。邓小平指出,要允许一部分地区、一部分企业、一部分工人农民,由于辛勤努力成绩大而收入先多一些,生活先好起来。一部分人生活先好起来,就必然产生极大的示范力量,影响左邻右舍,带动其他地区、其他单位的人们向他们学习。这样,就会使整个国民经济不断地波浪式地向前发展,使全国各族人民都能比较快地富裕起来。当然,在西北、西南和其他一些地区,那里的生产和群众生活还很困难,国家应当从各个方面给以帮助,特别是要从物质上给以有力的支持。[1] "各项工作都要有助于建设有中国特色的社会主义,都要以是否有助于人民的富裕幸福,是否有助于国家的兴旺发达,作为衡量做得对或不对的标准。"[2]

邓小平指出,我们的政策是让一部分人、一部分地区先富起,以带动和帮助落后的地区,先进地区帮助落后地区是一个义务。我们坚持走社会主义道路,根本目标是实现共同富裕,然而平均发展是不可能的。过去搞平均主义,吃"大锅饭",实际上是共同落后,共同贫穷,我们就是吃了这个亏。改革首先

---

① 参见《邓小平文选》第二卷,人民出版社 1994 年版,第 152 页。
② 《邓小平文选》第三卷,人民出版社 1993 年版,第 23 页。

要打破平均主义,打破"大锅饭",现在看来这个路子是对的。① 邓小平进一步指出,农村、城市都要允许一部分人先富裕起来,勤劳致富是正当的。一部分人先富裕起来,一部分地区先富裕起来,是大家都拥护的新办法,新办法比老办法好。农业搞承包大户我赞成,现在放得还不够。②

邓小平清楚地提醒关注和防止一部分人先富起来的过程中可能出现的贫富差距问题。邓小平指出,我们提倡按劳分配,对有特别贡献的个人和单位给予精神奖励和物质奖励;也提倡一部分人和一部分地方由于多劳多得,先富裕起来。这是坚定不移的。但是也要看到一种倾向,就是有的人、有的单位只顾多得,不但不照顾左邻右舍,甚至不顾及整个国家的利益和纪律。比如有些生产、利润都没有完成计划的单位也发了奖。有些商品乱涨价,也与一些企业追求多得奖金有关。好多地方工人的实际收入成倍地增长,就是由于滥发奖金长上去的。另外,好多行业得不到奖金,特别是教育、科学研究机构、政府机关和军队,这就造成不合理的苦乐不均,造成新的社会问题。③

邓小平旗帜鲜明地指出,社会主义的目的就是要全国人民共同富裕,不是两极分化。如果我们的政策导致两极分化,我们就失败了;如果产生什么新的资产阶级,那我们就真是走了邪路了。我们提倡一部分地区先富裕起来,是为了激励和带动其他地区也富裕起来,并且使先富裕起来的地区帮助落后的地区更好地发展。提倡人民中有一部分人先富裕起来,也是同样的道理。对一部分先富裕起来的个人,也要有一些限制,例如,征收所得税。还有,提倡有的人富裕起来以后,自愿拿出钱来办教育、修路。当然,决不能摊派,也不宜过多宣传这样的例子,但是应该鼓励。总之,一个公有制占主体,一个共同富裕,这是我们所必须坚持的社会主义根本原则。我们就是要坚决执行和实现这些社

---

① 参见《邓小平文选》第三卷,人民出版社 1993 年版,第 155 页。
② 参见《邓小平文选》第三卷,人民出版社 1993 年版,第 23 页。
③ 参见《邓小平文选》第二卷,人民出版社 1994 年版,第 258 页。

会主义的原则。①

邓小平进一步指出,走社会主义道路,就是要逐步实现共同富裕。共同富裕的构想是这样提出的:一部分地区有条件先发展起来,一部分地区发展慢点,先发展起来的地区带动后发展的地区,最终达到共同富裕。如果富的愈来愈富,穷的愈来愈穷,两极分化就会产生,而社会主义制度就应该而且能够避免两极分化。解决的办法之一,就是先富起来的地区多交点利税,支持贫困地区的发展。什么时候突出地提出和解决这个问题,在什么基础上提出和解决这个问题,要研究。可以设想,在 20 世纪末达到小康水平的时候,就要突出地提出和解决这个问题。到那个时候,发达地区要继续发展,并通过多交利税和技术转让等方式大力支持不发达地区。不发达地区又大都是拥有丰富资源的地区,发展潜力是很大的。总之,就全国范围来说,我们一定能够逐步顺利解决沿海同内地贫富差距的问题。②

邓小平进一步指出,按照马克思主义观点,共产主义社会是物质极大丰富的社会。因为物质极大丰富,才能实现各尽所能、按需分配的共产主义原则。社会主义是共产主义的第一阶段,当然这是一个很长的历史阶段。社会主义时期的主要任务是发展生产力,使社会物质财富不断增长,人民生活一天天好起来,为进入共产主义创造物质条件。不能有穷的共产主义,同样也不能有穷的社会主义。致富不是罪过。但是我们讲的致富是全民共同致富。社会主义财富属于人民,社会主义的致富是全民共同致富。社会主义原则,第一是发展生产,第二是共同致富。我们允许一部分人先好起来,一部分地区先好起来,目的是更快地实现共同富裕。正因为如此,所以我们的政策是不使社会导致两极分化,就是说,不会导致富的越富,贫的越贫。③ 坚持社会主义的发展方

---

① 参见《邓小平文选》第三卷,人民出版社 1993 年版,第 110—111 页。
② 参见《邓小平文选》第三卷,人民出版社 1993 年版,第 373—374 页。
③ 参见《邓小平文选》第三卷,人民出版社 1993 年版,第 171—172 页。

向,就要肯定社会主义的根本任务是发展生产力,逐步摆脱贫困,使国家富强起来,使人民生活得到改善。没有贫穷的社会主义。社会主义的特点不是穷,而是富,但这种富是人民共同富裕。①

2. 实现共同富裕是社会主义的根本原则和本质特征

江泽民同样重视和强调共同富裕。江泽民指出,中国共产党的宗旨是全心全意为人民服务。中国搞社会主义,是要解放和发展生产力,消灭剥削和贫穷,最终实现全体人民共同富裕。贫穷不是社会主义。一部分人富起来、一部分人长期贫困,也不是社会主义。鼓励一部分地区、一部分人先富起来,先富带动和帮助未富,最终实现共同富裕,是我们既定的政策。这个政策不能变。②

江泽民强调指出,实现共同富裕是社会主义的根本原则和本质特征,绝不能动摇。要坚持和完善按劳分配为主体的多种分配方式,允许一部分地区和一部分人先富起来,带动和帮助后富,逐步走向共同富裕;坚持和完善对外开放,积极参与国际经济合作和竞争。保证国民经济持续快速健康发展,人民共享经济繁荣成果。③

江泽民特别强调必须保证和实现人民群众能够共同享受经济社会发展成果。江泽民指出,在整个改革开放和现代化建设的过程中,都要努力使工人、农民、知识分子和其他群众共同享受到经济社会发展的成果。改革越深化,越要正确认识和处理各种利益关系,把个人利益与集体利益、局部利益与整体利益、当前利益与长远利益正确地统一和结合起来,把最广大人民群众的切身利益实现好、维护好、发展好。中国共产党领导人民进行改革开放和现代化建设

---

① 参见《邓小平文选》第三卷,人民出版社 1993 年版,第 264—265 页。
② 参见《江泽民文选》第一卷,人民出版社 2006 年版,第 548—549 页。
③ 参见《江泽民文选》第二卷,人民出版社 2006 年版,第 17 页。

的根本目的,就是要通过发展社会生产力,努力满足人民群众日益增长的物质文化需要。因此,在整个现代化建设的过程中,都必须努力使广大工人、农民、知识分子和其他群众共同享受到经济社会发展的成果,使他们不断得到看得见的物质文化利益,从而使他们愈来愈深刻地认识到实行改革开放和实现社会主义现代化是祖国的富强之道,也是自己的富裕之道。①

江泽民指出,推进社会主义事业发展离不开共享发展和共同富裕理念的贯彻和落实。他指出,建设有中国特色社会主义事业,是亿万人民群众广泛参与的创造性事业。必须始终坚持党的群众路线,一切为了群众,一切依靠群众,从群众中来,到群众中去,尊重人民群众的创造,倾听人民群众的呼声,反映人民群众的意愿,集中人民群众的智慧和力量去发展我们的各项事业。在整个改革开放和现代化建设的过程中,都要努力使工人、农民、知识分子和其他群众共同享受到经济社会发展的成果。②

江泽民始终强调,发展是为了不断改善人民生活。江泽民指出,提高人民生活水平,是改革开放和发展经济的根本目的。在经济发展的基础上,使全国人民过上小康生活,并逐步向更高的水平前进。努力增加城乡居民实际收入,拓宽消费领域,引导合理消费。在改善物质生活的同时,充实精神生活,美化生活环境,提高生活质量。特别要改善居住、卫生、交通和通信条件,扩大服务性消费。逐步增加公共设施和社会福利设施。提高教育和医疗保健水平。实行保障城镇困难居民基本生活的政策。国家从多方面采取措施,加大扶贫攻坚力度,到 20 世纪末基本解决农村贫困人口的温饱问题。③

江泽民强调,人民是我们国家的主人,是决定我国前途命运的根本力量。

---

① 参见中共中央文献研究室编:《江泽民论有中国特色社会主义(专题摘编)》,中央文献出版社 2002 年版,第 111 页。
② 参见《江泽民文选》第二卷,人民出版社 2006 年版,第 262 页。
③ 参见《江泽民文选》第二卷,人民出版社 2006 年版,第 27—28 页。

中国共产党的全部任务和责任,就是为人民谋利益,团结和带领人民群众为实现自己的根本利益而奋斗。在任何时候任何情况下,中国共产党的一切工作和方针政策,都要以是否符合最广大人民群众的利益为最高衡量标准。这是我们观察和处理问题的一个根本原则。几十年来,中国共产党领导人民进行改革和建设的各项工作,都是努力按照这个根本原则去做的,并且创造了新鲜经验。①

江泽民还指出,要用历史的辩证的观点认识和处理地区差距问题:一是要看到各个地区发展不平衡是一个长期的历史的现象。二是要高度重视和采取有效措施正确解决地区差距问题。三是解决地区差距问题需要一个过程。应该把缩小地区差距作为一条长期坚持的重要方针。②"我们的分配政策,既要有利于善于经营的企业和诚实劳动的个人先富起来,合理拉开收入差距,又要防止贫富悬殊,坚持共同富裕的方向,在促进效率提高的前提下体现社会公平。"③

在中共十六大报告中,江泽民提出,发展经济的根本目的是提高全国人民的生活水平和质量。要随着经济发展不断增加城乡居民收入,拓宽消费领域,优化消费结构,满足人们多样化的物质文化需求。加强公共服务设施建设,改善生活环境,发展社区服务,方便群众生活。建立适应新形势要求的卫生服务体系和医疗保健体系,着力改善农村医疗卫生状况,提高城乡居民的医疗保健水平。发展残疾人事业。继续大力推进扶贫开发,巩固扶贫成果,尽快使尚未脱贫的农村人口解决温饱问题,并逐步过上小康生活。④

3. 在共建中共享、在共享中共建

胡锦涛十分重视共同富裕与共享发展。他指出,中国虽然取得了举世瞩

---

① 参见《江泽民文选》第二卷,人民出版社 2006 年版,第 261—262 页。
② 参见《江泽民文选》第一卷,人民出版社 2006 年版,第 466 页。
③ 《江泽民文选》第一卷,人民出版社 2006 年版,第 52 页。
④ 参见《江泽民文选》第三卷,人民出版社 2006 年版,第 552 页。

目的发展,但是,仍然是世界上最大的发展中国家,经济社会发展面临着巨大的人口、资源、环境压力,发展中不平衡、不协调、不可持续问题依然突出。实现现代化和全体人民共同富裕,还有很长的路要走。

在中共十七大报告中,胡锦涛明确提出共同富裕的思想理念。他指出,要始终把实现好、维护好、发展好最广大人民的根本利益作为党和国家一切工作的出发点和落脚点,尊重人民主体地位,发挥人民首创精神,保障人民各项权益,走共同富裕道路,促进人的全面发展,做到发展为了人民、发展依靠人民,发展成果由人民共享。①

胡锦涛认为,科学发展观根本目的是实现人民共同富裕、共享发展成果。他指出,我们推动科学发展,根本目的就是要坚持尊重社会发展规律和尊重人民历史主体地位的一致性,坚持为崇高理想奋斗和为最广大人民谋利益的一致性,坚持完成党的各项工作和实现人民利益的一致性,坚持保障人民权益和促进人的全面发展的一致性,做到发展为了人民、发展依靠人民、发展成果由人民共享。② 共同富裕是中国特色社会主义的根本原则。要坚持社会主义基本经济制度和分配制度,调整国民收入分配格局,加大再分配调节力度,着力解决收入分配差距较大问题,使发展成果更多更公平惠及全体人民,朝着共同富裕方向稳步前进。③

胡锦涛明确提出要做到在共建中共享、在共享中共建的思想。他指出,要在党的领导下,尊重人民群众的主体地位和首创精神,最大限度地激发广大人民群众的参与热情和创造活力,最大限度地实现好、维护好、发展好广大人民群众的根本利益,把共同建设、共同享有和谐社会贯穿于和谐社会建设的全过程,真正做到在共建中共享、在共享中共建。

---

① 参见《胡锦涛文选》第二卷,人民出版社 2016 年版,第 624 页。
② 参见《胡锦涛文选》第三卷,人民出版社 2016 年版,第 96 页。
③ 参见《胡锦涛文选》第三卷,人民出版社 2016 年版,第 624 页。

胡锦涛指出,实现发展成果由人民共享,必须深化收入分配制度改革,努力实现居民收入增长和经济发展同步、劳动报酬增长和劳动生产率提高同步,提高居民收入在国民收入分配中的比重,提高劳动报酬在初次分配中的比重。初次分配和再分配都要兼顾效率和公平,再分配更加注重公平。完善劳动、资本、技术、管理等要素按贡献参与分配的初次分配机制,加快健全以税收、社会保障、转移支付为主要手段的再分配调节机制。深化企业和机关事业单位工资制度改革,推行企业工资集体协商制度,保护劳动所得。多渠道增加居民财产性收入。规范收入分配秩序,保护合法收入,增加低收入者收入,调节过高收入,取缔非法收入。①

胡锦涛指出,要实现共同富裕必须切实改善困难人群的生活。要坚定不移走共同富裕道路,使发展成果更好惠及全体人民。要着力抓好就业这个民生之本,把促进充分就业作为经济社会发展的优先目标,坚持更加积极的就业政策,完善城乡公共就业服务体系,重点做好高校毕业生、农村转移劳动力、城镇就业困难人员、退役军人就业工作,加强劳动执法,保障劳动者权益,构建和谐劳动关系。

要合理调整收入分配关系,初次分配和再分配都要处理好效率和公平的关系,再分配更加注重公平,提高居民收入在国民收入分配中的比重,提高劳动报酬在初次分配中的比重,逐步提高最低工资标准,保障职工工资正常增长和支付,规范分配秩序,努力缩小城乡、区域、行业和社会成员之间收入差距。

要加快推进覆盖城乡居民的社会保障体系建设,推动非公有制经济组织从业人员、灵活就业人员、农民工和被征地农民参加保险,扩大新型农村社会养老保险试点范围,建立健全企业退休人员基本养老金、城乡居民低保标准正常调整机制,抓紧织牢社会安全网。

---

① 　参见《胡锦涛文选》第三卷,人民出版社 2016 年版,第 642 页。

要加快医疗卫生事业改革发展,扎实推进医药卫生体制重点改革,优先满足群众基本医疗卫生需求,加强公共卫生服务体系建设,保证新增医疗卫生资源重点向农村和城市社区倾斜,健全覆盖城乡居民的基本医疗保障体系,提高医疗服务质量和效率,为群众提供安全、有效、方便、价廉的医疗卫生服务。

要加快推进住房保障体系建设,加大保障性安居工程建设力度,加快棚户区和农村危房改造,大力发展公共租赁住房,增加中低收入居民住房供给,缓解群众在居住方面遇到的困难。要继续推进扶贫开发,加强未成年人保护,发展妇女儿童事业,培育壮大老龄服务事业和产业,健全残疾人服务体系,健全农村留守儿童、留守妇女、留守老人关爱服务体系。[1]

胡锦涛还系统阐述了如何以人民为中心实现共享发展。胡锦涛指出,要实现人民生活水平全面提高。基本公共服务均等化总体实现。全民受教育程度和创新人才培养水平明显提高,进入人才强国和人力资源强国行列,教育现代化基本实现。就业更加充分。收入分配差距缩小,中等收入群体持续扩大,扶贫对象大幅减少。社会保障全民覆盖,人人享有基本医疗卫生服务,住房保障体系基本形成,社会和谐稳定。[2]

要提高人民健康水平。健康是促进人的全面发展的必然要求。要坚持为人民健康服务的方向,坚持以预防为主、以农村为重点、中西医并重,按照保基本、强基层、建机制要求,重点推进医疗保障、医疗服务、公共卫生、药品供应、监管体制综合改革,完善国民健康政策,为群众提供安全有效方便价廉的公共卫生和基本医疗服务。健全全民医保体系,建立重特大疾病保障和救助机制,完善突发公共卫生事件应急和重大疾病防控机制。巩固基本药物制度。健全农村三级医疗卫生服务网络和城市社区卫生服务体系,深

---

① 参见《胡锦涛文选》第三卷,人民出版社 2016 年版,第 506—507 页。
② 参见《胡锦涛文选》第三卷,人民出版社 2016 年版,第 626 页。

化公立医院改革,鼓励社会办医。提高医疗卫生队伍服务能力,促进人民身心健康。①

4. 社会主义的本质要求

习近平十分重视共同富裕。习近平明确指出,消除贫困、改善民生、实现共同富裕,是社会主义的本质要求。对困难群众,我们要格外关注、格外关爱、格外关心,千方百计帮助他们排忧解难,把群众的安危冷暖时刻放在心上,把党和政府的温暖送到千家万户。革命老区和老区人民为中国革命胜利作出了重要贡献,党和人民永远不会忘记。改革开放以来,我国人民生活水平总体上发生很大变化。同时,由于我国还处在社会主义初级阶段,还有为数不少的困难群众。全面建成小康社会,最艰巨最繁重的任务在农村,特别是在贫困地区。没有农村的小康,特别是没有贫困地区的小康,就没有全面建成小康社会。中央对扶贫开发工作高度重视。各级党委和政府要增强做好扶贫开发工作的责任感和使命感,做到有计划、有资金、有目标、有措施、有检查,大家一起来努力,让乡亲们都能快点脱贫致富奔小康。②

习近平全面系统论述了共享发展的理念。关于共享理念的本质,习近平指出,"共享理念实质就是坚持以人民为中心的发展思想,体现的是逐步实现共同富裕的要求"。共享发展理念的内涵主要有四个方面:一是共享是全民共享。这是就共享的覆盖面而言的。共享发展是人人享有、各得其所,不是少数人共享、一部分人共享。二是共享是全面共享。这是就共享的内容而言的。共享发展就要共享国家经济、政治、文化、社会、生态各方面建设成果,全面保障人民在各方面的合法权益。三是共享是共建共享。这是就共享的实现途径而言的。共建才能共享,共建的过程也是共享的过程。要充分发扬民主,广泛

---

① 参见《胡锦涛文选》第三卷,人民出版社 2016 年版,第 643 页。
② 参见《习近平谈治国理政》第一卷,外文出版社 2018 年版,第 189 页。

汇聚民智,最大激发民力,形成人人参与、人人尽力、人人都有成就感的生动局面。四是共享是渐进共享。这是就共享发展的推进进程而言的。共享发展必将有一个从低级到高级、从不均衡到均衡的过程,即使达到很高的水平也会有差别。我们要立足国情、立足经济社会发展水平来思考设计共享政策。这四个方面是相互贯通的,要整体理解和把握。①

关于实现共享发展理念的途径。习近平指出,一是充分调动人民群众的积极性、主动性、创造性,举全民之力推进中国特色社会主义事业,不断把"蛋糕"做大。二是把不断做大的"蛋糕"分好,让社会主义制度的优越性得到更充分体现,让人民群众有更多获得感。要扩大中等收入阶层,逐步形成橄榄型分配格局。特别要加大对困难群众的帮扶力度,坚决打赢农村贫困人口脱贫攻坚战。落实共享发展是一门大学问,要做好从顶层设计到"最后一公里"落地的工作,在实践中不断取得新成效。②

关于共享发展理念的重要意义。习近平指出,让广大人民群众共享改革发展成果,是社会主义的本质要求,是社会主义制度优越性的集中体现,是我们党坚持全心全意为人民服务根本宗旨的重要体现。这方面问题解决好了,全体人民推动发展的积极性、主动性、创造性就能充分调动起来,国家发展也才能具有最深厚的伟力。我国经济发展的"蛋糕"不断做大,但分配不公问题比较突出,收入差距、城乡区域公共服务水平差距较大。在共享改革发展成果上,无论是实际情况还是制度设计,都还有不完善的地方。为此,我们必须坚持发展为了人民、发展依靠人民、发展成果由人民共享,作出更有效的制度安排,使全体人民朝着共同富裕方向稳步前进,绝不能出"富者累巨万,而贫者

---

① 参见中共中央文献研究室编:《习近平总书记重要讲话文章选编》,中央文献出版社、党建读物出版社 2016 年版,第 402—403 页。

② 参见中共中央文献研究室编:《习近平总书记重要讲话文章选编》,中央文献出版社、党建读物出版社 2016 年版,第 404 页。

食糟糠"的现象。①

关于共享发展与实现中华民族伟大复兴的中国梦的关系。习近平指出，生活在我们伟大祖国和伟大时代的中国人民，共同享有人生出彩的机会，共同享有梦想成真的机会，共同享有同祖国和时代一起成长与进步的机会。中国梦归根到底是人民的梦，必须紧紧依靠人民来实现，必须不断为人民造福。我们要随时随地倾听人民呼声、回应人民期待，保证人民平等参与、平等发展权利，维护社会公平正义，在学有所教、劳有所得、病有所医、老有所养、住有所居上持续取得新进展，不断实现好、维护好、发展好最广大人民根本利益，使发展成果更多更公平惠及全体人民，在经济社会不断发展的基础上，朝着共同富裕方向稳步前进。②

习近平系统论述在共享发展理念下如何实现以人民为中心的发展。习近平指出，以人民为中心，就是要保障和改善民生，要抓住人民最关心最直接最现实的利益问题，既尽力而为，又量力而行，一件事情接着一件事情办，一年接着一年干。坚持人人尽责、人人享有，坚守底线、突出重点、完善制度、引导预期，完善公共服务体系，保障群众基本生活，不断满足人民日益增长的美好生活需要，不断促进社会公平正义，形成有效的社会治理、良好的社会秩序，使人民获得感、幸福感、安全感更加充实、更有保障、更可持续。③

中共十九大报告指出，坚持以人民为中心，要从七个方面入手：一是优先发展教育事业。建设教育强国是中华民族伟大复兴的基础工程，必须把教育事业放在优先位置，深化教育改革，加快教育现代化，办好人民满意的教育。二是提高就业质量和人民收入水平。就业是最大的民生。要坚持就业优先战

---

① 参见中共中央文献研究室编：《十八大以来重要文献选编》（中），中央文献出版社 2016 年版，第 827 页。

② 参见《习近平谈治国理政》第一卷，外文出版社 2018 年版，第 40、41 页。

③ 参见习近平：《决胜全面建成小康社会　夺取新时代中国特色社会主义伟大胜利——在中国共产党第十九次全国代表大会上的报告》，人民出版社 2017 年版，第 45 页。

略和积极就业政策,实现更高质量和更充分就业。三是加强社会保障体系建设。按照兜底线、织密网、建机制的要求,全面建成覆盖全民、城乡统筹、权责清晰、保障适度、可持续的多层次社会保障体系。四是坚决打赢脱贫攻坚战。让贫困人口和贫困地区同全国一道进入全面小康社会是我们党的庄严承诺。五是实施健康中国战略。人民健康是民族昌盛和国家富强的重要标志。要完善国民健康政策,为人民群众提供全方位全周期健康服务。六是打造共建共治共享的社会治理格局。加强社会治理制度建设,完善党委领导、政府负责、社会协同、公众参与、法治保障的社会治理体制,提高社会治理社会化、法治化、智能化、专业化水平。七是有效维护国家安全。国家安全是安邦定国的重要基石,维护国家安全是全国各族人民根本利益所在。①

共享发展理念是新时期中国经济社会发展必须坚持的新发展理念的重要内容之一,也必然是新时期中国社会保障制度发展和完善的重要理念之一。只有实现共享发展,才能保证和改善民生,才能真正促进社会公平正义,提升和增进人民福祉,才能使社会保障制度在全面建成小康社会进而全国建成社会主义现代化强国的进程中发挥更大的积极作用。改革开放以来,中国共产党对于共享发展理念的认识不断发展和进步。由最初强调共同富裕,解决贫困人口生活困难,到强调注意收入分配差距,强调共建共享和共享发展。总体上而言,通过社会保障制度建设来实现共享发展理念,已经成为中国共产党的重要施政举措。

综上所述,改革开放以来,中国共产党对社会保障理念的认识经历了一个逐步发展和完善的过程,从就业是民生之本的理念,发展到促进社会公平正义的理念,再进一步发展到实现共享发展的理念以及以人为本与和谐社会这一发展和完善的过程,既是中国共产党对中国特色社会保障制度基本理念的认

---

① 参见习近平:《决胜全面建成小康社会 夺取新时代中国特色社会主义伟大胜利——在中国共产党第十九次全国代表大会上的报告》,人民出版社 2017 年版,第 45—49 页。

识过程,也是中国共产党对符合中国国情的社会保障理论的探索过程。中国共产党对社会保障理念的认识,构成中国特色社会保障制度理论的重要组成部分,也是中国共产党对马克思主义社会保障理论的重要贡献,并直接影响和推动了中国特色社会保障制度体系建设和完善。

第五章　中国特色社会保障制度
道路理论的发展

社会保障制度发展道路既是社会保障制度发展的实践,更是社会保障制度理论的重要组成部分。改革开放以来,伴随着中国经济社会的发展变化和社会保障制度的发展变化,以邓小平同志、江泽民同志、胡锦涛同志和习近平同志为主要代表的中国共产党人不断深化对中国特色社会保障制度的认识,在社会保障制度的城乡统筹发展、民族地区民生和社会保障制度发展、社会保障制度的可持续发展以及完善收入分配制度等方面形成了一系列重要思想和认识。这些思想和认识成为中国特色社会保障制度理论的重要内容,并推动了中国特色社会保障制度的健康发展。

一、社会保障制度的城乡统筹

1. 全国实现小康的重点和难点在农村

改革开放以来,随着中国城乡经济社会的发展变化、小康社会目标的提出,党和政府逐步认识到统筹城乡经济社会发展的重要性,逐步强调社会保障制度及公共服务的城乡统筹发展。

江泽民非常重视建设小康社会进程中的农村发展问题。他强调,"我国是一个人口众多的大国,百分之七十三的人口居住在农村"①。他还强调,历史事实告诉我们,什么时候农业和农村工作抓得紧,农业和农村经济形势好,整个国民经济就稳定协调地向前发展,国家和人民的日子就比较好过。② 江泽民指出,千方百计增加农民收入,是当前农业和农村工作的一项重要任务。全国实现小康,重点和难点都在农村。农村实现小康,关键是增加农民收入。要从调整优化结构、增加农业投入、扩大以工代赈、促进农产品流通等方面采取综合措施,开辟农民增收的新途径新领域。③

江泽民将城乡统筹作为实现农村发展的重要出路。江泽民在中共十四大报告中指出,贫困地区尽快脱贫致富,是实现第二步战略目标的重要组成部分。对少数民族地区以及革命老根据地、边疆地区和贫困地区,国家要采取有效政策加以扶持,经济比较发达地区要采取多种形式帮助他们加快发展。④ "现在农业和农村的问题仅靠自身是解决不了的,必须靠城乡一体、城乡统一市场来解决。"江泽民在中共十六大报告中指出,城镇人口的比重较大幅度提高,工农差别、城乡差别和地区差别扩大的趋势逐步扭转,是全面建设小康社会的奋斗目标。⑤ 统筹城乡经济社会发展,建设现代农业,发展农村经济,增加农民收入,是全面建设小康社会的重大任务。⑥

2. 没有农民的小康就没有全国人民的小康

胡锦涛就建设小康社会进程中的城乡统筹发展进行了深入的思考,提出

---

① 《江泽民文选》第一卷,人民出版社 2006 年版,第 258 页。
② 参见《江泽民文选》第一卷,人民出版社 2006 年版,第 261 页。
③ 参见《江泽民文选》第二卷,人民出版社 2006 年版,第 441—442 页。
④ 参见《江泽民文选》第一卷,人民出版社 2006 年版,第 235 页。
⑤ 参见《江泽民文选》第三卷,人民出版社 2006 年版,第 543 页。
⑥ 参见《江泽民文选》第三卷,人民出版社 2006 年版,第 546 页。

了一系列重要思想。胡锦涛从"三农"问题对小康社会建设的角度分析城乡统筹发展的重要性。胡锦涛指出,要进一步加强统筹城乡发展工作。没有农民的小康就没有全国人民的小康,没有农村的现代化就没有全国的现代化。实现全面建设小康社会宏伟目标,最繁重最艰巨的任务在农村。必须坚持统筹城乡经济社会发展,更多关注农村,关心农民,支持农业,把解决好农业、农村、农民问题作为全党工作的重中之重,放在更加突出的位置,自觉把全面建设小康社会的工作重点放在农村。建立健全农村社会化服务体系和支持保护体系。要继续加强扶贫开发工作,提高扶贫开发成效,加快扶贫地区脱贫步伐。要加强农村教育、科技、文化、卫生等事业建设……要把改善农民群众生产生活条件,提高他们生活水平,作为一件大事来抓。[①]

胡锦涛还指出,农业、农村、农民问题,是决定全面建设小康社会进程的关键问题,也是关系党和国家工作全局的根本性问题。[②] 胡锦涛在中共十七大报告中指出,统筹城乡发展,推进社会主义新农村建设。解决好农业、农村、农民问题,事关全面建设小康社会大局,必须始终作为全党工作的重中之重。[③]胡锦涛在中共十八大报告中也指出,解决好农业、农村、农民问题是全党工作重中之重,城乡发展一体化是解决"三农"问题的根本途径。[④]

胡锦涛从工业化进程中的城乡发展趋向提出"三农"问题的重要性。胡锦涛指出,综观一些工业化国家发展历程,在工业化初始阶段,农业支持工业、为工业提供积累是带有普遍性的趋向;但在工业化达到相当程度以后,工业反哺农业、城市支持农村,实现工业与农业、城市与农村协调发展,也是带有普遍性的趋向。我们要坚持把解决好农业、农村、农民问题作为全党工作的重中

---

① 参见《胡锦涛文选》第二卷,人民出版社 2016 年版,第 68—69 页。
② 参见《胡锦涛文选》第二卷,人民出版社 2016 年版,第 366 页。
③ 参见《胡锦涛文选》第二卷,人民出版社 2016 年版,第 630 页。
④ 参见《胡锦涛文选》第三卷,人民出版社 2016 年版,第 631 页。

之重。①

　　胡锦涛将统筹城乡发展作为科学发展观的重要内容。胡锦涛指出,贯彻落实全面协调可持续的基本要求,必须按照中国特色社会主义事业总体布局,全面推进经济建设、政治建设、文化建设、社会建设,促进现代化建设各个环节、各个方面相协调。特别是要推动城乡协调发展,建立以工促农、以城带乡长效机制,形成城乡经济社会发展一体化新格局。②

　　胡锦涛提出了统筹城乡发展的具体要求。胡锦涛指出,加强对农业的支持和保护,关键是要增加投入。随着国力增长,我们要进一步调整国民收入分配结构和财政支出结构,增加对农业的投入,逐步形成国家支农资金稳定增长机制。国家对农业的投入要优化结构、保障重点。一是要加大农业基础设施建设力度,尤其是要增加对节水灌溉、人畜饮水、乡村道路、农村沼气、农村水电、草场围栏等"六小"工程的投入。二是要增加对农业科技推广、农业职业教育、农民技术培训的投入。三是要加强生态保护和建设,实现可持续发展。四是要加大扶贫开发力度,提高扶贫开发成效,以改善生产生活条件和增加农民收入为核心,加快贫困地区脱贫步伐。五是要加强农村教育、科技、文化、卫生等事业建设,促进农村社会发展。六是要结合农村税费改革和粮食流通体制改革,探索对农业和农民实行补贴的各种有效办法,逐步建立对种粮农民生产直接补贴机制。在增加投入的同时,要建立健全资金使用和管理机制,使国家投入的资金产生最大效益。③

　　胡锦涛分别在中共十七大报告和十八大报告中提出统筹城乡发展的要求。他在中共十七大报告中提出的统筹城乡发展的要求包括:要加强农业基础地位,走中国特色农业现代化道路,建立以工促农、以城带乡长效机制,形成

---

①　参见《胡锦涛文选》第二卷,人民出版社 2016 年版,第 247 页。
②　参见《胡锦涛文选》第三卷,人民出版社 2016 年版,第 6 页。
③　参见《胡锦涛文选》第二卷,人民出版社 2016 年版,第 20 页。

城乡经济社会发展一体化新格局。坚持把发展现代农业、繁荣农村经济作为首要任务。加大支农惠农政策力度,严格保护耕地,增加农业投入,促进农业科技进步,增强农业综合生产能力,确保国家粮食安全。以促进农民增收为核心,发展乡镇农业,壮大县域经济,多渠道转移农民就业。提高扶贫开发水平。[1] 在中共十八大报告中提出的统筹城乡发展的要求包括:要加大统筹城乡发展力度,增强农村发展活力,逐步缩小城乡差距,促进城乡共同繁荣。加快完善城乡发展一体化体制机制,着力在城乡规划、基础设施、公共服务等方面推进一体化,促进城乡要素平等交换和公共资源均衡配置,形成以工促农、以城带乡、工农互惠、城乡一体的新型工农、城乡关系。[2]

统筹城乡社会保障发展是胡锦涛关注的重点问题。胡锦涛指出,要加大农村扶贫开发力度,因地制宜实行整村推进的扶贫开发方式,继续对缺乏生存条件地区的贫困人口实行易地扶贫,对丧失劳动能力的贫困人口实行救助制度。[3] 他还指出,在我们这样一个农村占多数人口的国家里,没有农村的和谐,就不可能有整个社会的和谐。要坚持以解决好农民群众最关心最直接最现实的利益问题为着力点,促进农村和谐社会建设。一是要保障农村困难群众基本生活。要逐步加大公共财政对农村社会保障制度建设的投入。有条件的地方,要探索建立同农村经济发展水平相适应、同其他保障措施相配套的农村社会养老保险制度,探索建立农村最低生活保障制度。尤其要做好农村五保户供养、特困户生活救助工作,切实解决好偏远山区和受灾地区农民群众温饱问题。二是要发展农村卫生事业。农村看病难、看病贵、因病致贫、因病返贫现象相当突出。广大农民群众迫切要求改变这种状况。各级政府都要增加对农村卫生事业的投入,加快推进新型农村合作医疗制度试点工作,加强以乡

---

① 参见《胡锦涛文选》第二卷,人民出版社 2016 年版,第 630—631 页。
② 参见《胡锦涛文选》第三卷,人民出版社 2016 年版,第 631 页。
③ 参见《胡锦涛文选》第二卷,人民出版社 2016 年版,第 416 页。

镇卫生院为重点的农村卫生基础设施建设,健全农村三级医疗卫生服务和医疗救助体系,规范农村医疗服务,争取让患病农民都能看得起病、得到治疗。[①]胡锦涛强调,坚持社会保障城乡、区域统筹,是实现基本公共服务均等化的必然要求。要着眼于我国人口众多、城乡二元结构、地区发展不平衡的国情,加强统筹协调和政策衔接,推进各类社会保障制度整合,充分发挥社会保障通过大范围互济分散风险功能,推进社会保障体系良性发展。要加强城乡养老保险、医疗保险、最低生活保障制度的政策衔接,完善社会保障公共服务管理平台。[②]

关于西部地区的社会保障与民生发展。胡锦涛指出,坚持为民谋利,进一步保障和改善民生。西部地区与东部地区的发展差距突出表现在基本公共服务水平上。要把保障和改善民生作为西部大开发的首要目标,加大政策支持力度,加快社会建设,建立覆盖城乡居民的公共服务体系。要贯彻广覆盖、保基本、多层次、可持续的基本方针,加大社会保障投入,完善覆盖城乡居民的社会保障体系,提高最低生活保障标准,加大保障性安居工程实施力度。要推进医药卫生体制改革,加强公共卫生服务体系建设,促进基本公共卫生服务均等化,加快健全城乡基本医疗保障体系,完善城乡医疗救助制度,提高医疗卫生服务能力。要大力扶持贫困地区特别是民族地区贫困地方加快发展,全力实施集中连片特殊困难地区扶贫开发攻坚工程,加快脱贫致富步伐,基本消除绝对贫困现象。[③]

3. 全面建成小康社会的一项重要任务

习近平对全面建成小康社会进程中的农村发展有深刻的认识。习近平指

---

① 参见《胡锦涛文选》第二卷,人民出版社 2016 年版,第 419—420 页。
② 参见《胡锦涛文选》第三卷,人民出版社 2016 年版,第 213 页。
③ 参见《胡锦涛文选》第三卷,人民出版社 2016 年版,第 414—415 页。

出,全面建成小康社会,最艰巨最繁重的任务在农村,特别是在贫困地区。没有农村的小康,特别是没有贫困地区的小康,就没有全面建成小康社会。①习近平指出,全面建成小康社会,难点在农村。我们既要有工业化、信息化、城镇化,也要有农业现代化和新农村建设,两个方面要同步发展。要破除城乡二元结构,推进城乡发展一体化,把广大农村建设成农民幸福生活的美好家园。②

习近平进一步指出,小康不小康,关键看老乡。一定要看到,农业还是"四化同步"的短腿,农村还是全面建成小康社会的短板。中国要强,农业必须强;中国要美,农村必须美;中国要富,农民必须富。农业基础稳固,农村和谐稳定,农民安居乐业,整个大局就有保障,各项工作都会比较主动。③ 他指出,加快推进城乡发展一体化,是党的十八大提出的战略任务,也是落实"四个全面"战略布局的必然要求。全面建成小康社会,最艰巨最繁重的任务在农村特别是农村贫困地区。我们一定要抓紧工作、加大投入,努力在统筹城乡关系上取得重大突破,特别是要在破解城乡二元结构、推进城乡要素平等交换和公共资源均衡配置上取得重大突破,给农村发展注入新的动力,让广大农民平等参与改革发展进程、共同享受改革发展成果。④

习近平从建成小康社会的"全面"性的要求上,深入分析统筹城乡发展的必要性。他指出,全面建成小康社会,更重要、更难做到的是"全面"。"小康"讲的是发展水平,"全面"讲的是发展的平衡性、协调性、可持续性。全面小康,覆盖的区域要全面,是城乡区域共同发展的小康。习近平强调:没有农村

① 参见《习近平谈治国理政》第一卷,外文出版社 2018 年版,第 189 页。
② 参见《习近平在湖北考察改革发展工作时强调 坚定不移全面深化改革开放 脚踏实地推动经济社会发展》,《人民日报》2013 年 7 月 24 日。
③ 参见中共中央文献研究室编:《习近平关于全面建成小康社会论述摘编》,中央文献出版社 2016 年版,第 21 页。
④ 参见《健全城乡发展一体化体制机制 让广大农民共享改革发展成果》,《人民日报》2015 年 5 月 2 日。

的全面小康和欠发达地区的全面小康,就没有全国的全面小康。要加大统筹城乡发展、统筹区域发展的力度,推进城乡发展一体化,把努力缩小城乡区域发展差距,作为全面建成小康社会的一项重要任务。[1]

习近平指出,努力缩小城乡区域发展差距,是全面建成小康社会的一项重要任务。对这个问题,要辩证地看。城市和乡村、不同区域承担的主体功能不同。我们说的缩小城乡区域发展差距,不能仅仅看作是缩小国内生产总值总量和增长速度的差距,而应该是缩小居民收入水平、基础设施通达水平、基本公共服务均等化水平、人民生活水平等方面的差距。此外,对城乡地区收入差距,也要全面认识。城乡区域之间生活成本特别是居住成本很不一样,光看收入也不能准确反映问题。[2]

习近平从新发展理念的角度提出统筹城乡发展的要求。习近平指出,要坚持工业反哺农业、城市支持农村和多予少取放活方针,促进城乡公共资源均衡配置,加快形成以工促农、以城带乡、工农互惠、城乡一体的工农城乡关系,不断缩小城乡发展差距。[3] 习近平也十分重视社会保障制度的城乡统筹发展。习近平指出,城乡发展不平衡不协调,是我国经济社会发展存在的突出矛盾,是全面建成小康社会、加快推进社会主义现代化必须解决的重大问题。改革开放以来,我国农村面貌发生了翻天覆地的变化。但是,城乡二元结构没有根本改变,城乡发展差距不断拉大趋势没有根本扭转。根本解决这些问题,必须推进城乡发展一体化。必须健全体制机制,形成以工促农、以城带乡、工农互惠、城乡一体的新型工农城乡关系,让广大农民平等参与现代化进程、共同分享现代化成果。推进城乡要素平等交换和公共资源均

---

① 参见中共中央宣传部编:《习近平总书记系列重要讲话读本(2016 年版)》,学习出版社、人民出版社 2016 年版,第 59—60 页。

② 参见中共中央文献研究室编:《十八大以来重要文献选编》(中),中央文献出版社 2016 年版,第 833 页。

③ 参见《习近平谈治国理政》第二卷,外文出版社 2017 年版,第 207 页。

衡配置。主要是保障农民工同工同酬;保障农民公平分享土地增值收益;完善农业保险制度;鼓励社会资本投向农村建设,允许企业和社会组织在农村兴办各类事业;统筹城乡义务教育资源均衡配置,整合城乡居民基本养老保险制度、基本医疗保险制度,推进城乡最低生活保障制度统筹发展,稳步推进城镇基本公共服务常住人口全覆盖,把进城落户农民完全纳入城镇住房和社会保障体系。①

习近平指出,要坚持以改革为动力,不断破解城乡二元结构。要完善农村基础设施建设机制,推进城乡基础设施互联互通、共建共享,创新农村基础设施和公共服务设施决策、投入、建设、运行、管护机制,积极引导社会资本参与农村公益性基础设施建设。要推动形成城乡基本公共服务均等化体制机制,特别是要加强农村留守儿童、妇女、老人关爱服务体系建设。要加快推进户籍制度改革,完善城乡劳动者平等就业制度,逐步让农业转移人口在城镇进得来、住得下、融得进、能就业、可创业,维护好农民工合法权益,保障城乡劳动者平等就业权利。②

习近平在中共十九大报告中指出,实施乡村振兴战略。农业农村农民问题是关系国计民生的根本性问题,必须始终把解决好"三农"问题作为全党工作重中之重。建立健全城乡融合发展体制机制和政策体系,加快推进农业农村现代化。③ 他还指出,推动城乡义务教育一体化发展,高度重视农村义务教育,办好学前教育、特殊教育和网络教育,普及高中阶段教育,努力让每个孩子都能享有公平而有质量的教育。④

---

① 参见《习近平谈治国理政》第一卷,外文出版社 2018 年版,第 81—82 页。
② 参见《习近平在中共中央政治局第二十二次集体学习时强调 健全城乡发展一体化体制机制 让广大农民共享改革发展成果》,《人民日报》2015 年 5 月 2 日。
③ 参见习近平:《决胜全面建成小康社会 夺取新时代中国特色社会主义伟大胜利——在中国共产党第十九次全国代表大会上的报告》,人民出版社 2017 年版,第 32 页。
④ 参见习近平:《决胜全面建成小康社会 夺取新时代中国特色社会主义伟大胜利——在中国共产党第十九次全国代表大会上的报告》,人民出版社 2017 年版,第 45—46 页。

改革开放以来,中国共产党关于统筹城乡经济社会发展尤其是统筹城乡社会保障制度发展的思想和认识,促进了中国城乡社会保障制度的协调发展,对于中国社会保障制度的进一步完善,尤其是社会保障制度的公平性产生了直接而又重大的推动作用。

二、推进民族地区社会保障与民生发展

1. 推动各民族发展进步和共同繁荣是个政治问题

民族地区社会保障制度的发展是实现民族平等、民族团结、各民族共同繁荣的基石。中国共产党长期关注民族地区的发展,在推进民族地区社会保障和民生发展方面形成了一系列思想和认识,并采取了卓有成效的举措。

江泽民高度重视民族地区的民生与社会发展,围绕民族地区社会发展的重要性、民族地区社会事业发展方略等方面提出了一系列的论断。

在民族地区社会事业发展的重要性方面。江泽民指出,少数民族和民族地区的经济社会发展,直接关系到我国整个现代化建设目标的顺利实现。民族地区的现代化同全国其他地区的现代化,少数民族的振兴同整个中华民族的振兴,是密不可分、互相促进的。推动各民族发展进步和共同繁荣不仅是个经济问题,而且是个政治问题。[①] 江泽民还指出,加快少数民族地区经济发展和社会进步,对于增强民族团结,促进全国的现代化建设,具有极为重要的意义。民族地区存在的矛盾和问题,归根到底要靠发展经济来解决。所以,我们处理民族地区的各种问题,都必须牢牢掌握经济建设这个中心。要千方百计地加快民族地区经济的发展,逐步缩小民族之间的发展差距,逐步实现各民族

---

① 参见《江泽民文选》第一卷,人民出版社 2006 年版,第 182 页。

共同繁荣。①

　　江泽民还指出,加快少数民族和民族地区的发展,是我国社会主义事业的本质要求在民族工作上的体现,也是党的民族政策的基本出发点和归宿。民族地区地域广大,资源丰富,潜在市场广阔,战略地位十分重要。在国家未来的发展战略中,加快民族地区的发展将摆在更加突出的位置。这是逐步缩小全国各地区之间的发展差距、最终实现全体人民共同富裕的要求,是保持国民经济持续快速健康发展、实现我国现代化建设第三步战略目标的要求,也是加强民族团结、保持社会稳定、维护祖国统一的要求。②

　　江泽民从教育、医疗等方面提出了民族地区社会事业的发展方略。江泽民指出,大力发展少数民族和民族地区的社会事业,促进各民族全面进步,是民族工作的主要任务。要积极发展民族教育。民族教育是整个教育事业的组成部分,是民族工作的重要方面,应该在教育结构、专业设置、教学内容、学制、办学形式等方面,逐步走出一条适应少数民族和民族地区实际的路子。要积极发展医疗卫生事业。逐步改善医疗条件,帮助培养医疗卫生技术人员,建立健全各级医疗、防疫网络,挖掘和发展民族医药,切实改变一些地方缺医少药的状况。③

　　江泽民还提出了民族地区社会事业发展的其他方针。江泽民指出,为了加快少数民族地区的经济和社会发展,党中央、国务院已经采取了一些措施。我们要通过政策调节,加强国家对民族地区的扶持和帮助。国家在少数民族地区建设的各种项目,都必须与当地少数民族的发展、繁荣结合起来。同时,经济发达地区要加强对口支援,积极有效地帮助少数民族地区发展经济和文

---

　　① 参见中共中央文献研究室编:《十四大以来重要文献选编》上,人民出版社1996年版,第515页。

　　② 参见中共中央文献研究室编:《十五大以来重要文献选编》中,人民出版社2001年版,第1053页。

　　③ 参见《江泽民文选》第一卷,人民出版社2006年版,第185—186页。

化。少数民族地区要自力更生,发挥自己的优势。要通过共同努力使发展差距逐步缩小,最终达到共同富裕。①

江泽民指出,民族地区的发展,要努力适应社会主义市场经济和对外开放的新的历史条件,坚持按客观经济规律办事,坚持从本地区的实际出发,充分发挥地区优势。国家要加大对民族地区支持的力度,同时通过政策引导吸引国内外资金、技术、人才等投入民族地区的开发。要重点帮助民族地区建设一批对经济发展起重大作用的水利、交通、通信、能源等基础设施项目。合理开发和利用民族地区的资源,建立一些产业基地,使之成为促进民族地区和国家经济增长的重要支点。开发这些资源和建设项目,一定要注意让少数民族和民族地区得到利益和实惠。同时要注重民族地区生态环境的保护和建设,要把它放在与经济发展同等重要的地位。②

胡锦涛也十分重视民族地区的社会保障与民生发展。胡锦涛指出,坚持把加快少数民族和民族地区经济社会发展作为解决我国民族问题的根本途径,坚持国家帮助、发达地区支援、民族地区自力更生相结合,不断改善各族群众生产生活条件。③ 他还指出,要加大对民族地区公共卫生体系和基本医疗服务的资金投入和技术支持,加强民族地区公共卫生设施建设,建立健全农村卫生服务体系、新型农村合作医疗制度、医疗救助制度。要突出抓好民族地区扶贫开发工作,坚持开发式扶贫,加大国家扶贫资金对民族地区扶贫县的支持力度,切实解决好民族地区困难群众生产生活问题。④

习近平也非常重视民族地区的发展。习近平指出,我国是统一的多民族

---

① 参见中共中央文献研究室编:《十四大以来重要文献选编》上,人民出版社 1996 年版,第 516 页。

② 参见中共中央文献研究室编:《十五大以来重要文献选编》中,人民出版社 2001 年版,第 1054 页。

③ 参见《胡锦涛文选》第二卷,人民出版社 2016 年版,第 315—316 页。

④ 参见《胡锦涛文选》第二卷,人民出版社 2016 年版,第 318 页。

国家,民族工作关乎大局。要积极创造条件,千方百计加快少数民族和民族地区经济社会发展,让民族地区群众不断得到实实在在的实惠。[1] 习近平围绕教育、扶贫提出了一系列发展民族地区社会事业的举措。习近平强调,加快民族地区发展,核心是加快民族地区全面建成小康社会步伐。发展是甩掉贫困帽子的总办法,贫困地区要从实际出发,因地制宜,把种什么、养什么、从哪里增收想明白,帮助乡亲们寻找脱贫致富的好路子。要切实办好农村义务教育,让农村下一代掌握更多知识和技能。抓扶贫开发,既要整体联动、有共性的要求和措施,又要突出重点、加强对特困村和特困户的帮扶。脱贫致富贵在立志,只要有志气、有信心,就没有迈不过去的坎。[2]

习近平进一步指出,要把扶贫攻坚抓紧抓准抓到位,坚持精准扶贫,倒排工期,算好明细账,决不让一个少数民族、一个地区掉队。[3] 习近平在中共十九大报告中提出,加大力度支持革命老区、民族地区、边疆地区、贫困地区加快发展,强化举措推进西部大开发形成新格局,深化改革加快东北等老工业基地振兴,发挥优势推动中部地区崛起,创新引领率先实现东部地区优化发展,建立更加有效的区域协调发展新机制。[4]

2. 加快西藏和四省涉藏地区民生与社会保障建设

在小康社会建设的进程中,民生与社会保障建设是西藏和四省涉藏地区社会经济发展中的短板。为了实现西藏和四省涉藏地区的繁荣发展,中国共

---

[1]　参见《习近平李克强张德江俞正声刘云山王岐山张高丽分别看望出席全国政协十二届二次会议委员并参加讨论》,《人民日报》2014 年 3 月 5 日。

[2]　参见《习近平在湖南考察时强调　深化改革开放推进创新驱动　实现全年经济社会发展目标》,《人民日报》2013 年 11 月 6 日。

[3]　参见王明浩、庞革平、谢振华:《广西扶贫攻坚抓紧抓准抓到位》,《人民日报》2015 年 5 月 26 日。

[4]　参见习近平:《决胜全面建成小康社会　夺取新时代中国特色社会主义伟大胜利——在中国共产党第十九次全国代表大会上的报告》,人民出版社 2017 年版,第 32—33 页。

产党在民生与社会保障建设方面形成了一系列重要思想认识,并实施了有效措施。

邓小平对西藏的民生与社会保障十分关注。他指出:"关键是看怎样对西藏人民有利,怎样才能使西藏很快发展起来,在中国四个现代化建设中走进前列。目前西藏情况有了明显的变化,西藏人民生活有了不小的改善,但总的讲还是处于落后状况,还有很多事情要做。不仅西藏,其他少数民族地区也一样。我们的政策是着眼于把这些地区发展起来。如内蒙古自治区,那里有广大的草原,人口又不多,今后发展起来很可能走进前列,那里有不少汉人。观察少数民族地区主要是看那个地区能不能发展起来。如果在那里的汉人多一点,有利于当地民族经济的发展,这不是坏事。看待这样的问题要着重于实质,而不在于形式。"①

江泽民同样非常关心西藏经济社会与民生和社会保障事业的发展。江泽民同志指出,从经济发展的角度看,我们建设有中国特色社会主义的目标,是要实现全国各地区和各民族人民共同富裕、共同繁荣。西藏的稳定,涉及国家的稳定;西藏的发展,涉及国家的发展;西藏的安全,涉及国家的安全。重视西藏工作,实际上就是重视全局工作;支持西藏工作,实际上就是支持全局工作。② 他还指出,在促进西藏经济发展的同时,要特别重视教育、科技、文化、卫生等各项事业的发展,促进社会全面进步。在教育工作中,应该重点加强基础教育,继续办好设在内地的西藏中学和西藏班。③

胡锦涛十分关注西藏的社会保障与民生发展。他指出,推进西藏跨越式发展,要更加注重改善农牧民生产生活条件,更加注重经济社会协调发展,更加注重增强自我发展能力,更加注重提高基本公共服务能力和均等化水平。

---

① 《邓小平文选》第三卷,人民出版社 1993 年版,第 247 页。
② 参见《江泽民文选》第一卷,人民出版社 2006 年版,第 389、390—391 页。
③ 参见《江泽民文选》第一卷,人民出版社 2006 年版,第 392 页。

西藏经济社会发展的主要目标是:到 2015 年,保持经济跨越式发展势头,农牧民人均纯收入与全国平均水平的差距显著缩小,基本公共服务能力显著提高,生态环境进一步改善,基础设施建设取得重大进展,全面建设小康社会的基础更加扎实。到 2020 年,农牧民人均纯收入接近全国平均水平,人民生活水平全面提升,基本公共服务能力接近全国平均水平,基础设施条件全面改善,生态安全屏障建设取得明显成效,自我发展能力明显增强,社会更加和谐稳定,确保实现全面建设小康社会的奋斗目标。①

胡锦涛强调要大力加强西藏的社会建设,提升公共服务和社会管理水平。他指出,社会建设关系西藏工作全局和长远发展。必须在加快经济发展的同时,加强社会建设,突出重点,加大投入,合理配置资源,扩大公共服务,完善社会管理,大幅提高社会事业发展水平,促进社会公平正义。要把更多财力投到公共服务领域、落实到重大公益性项目上,把政策资金更多向广大农牧区和边远地区倾斜,推进基本公共服务均等化,逐步缩小城乡差距和地区差距。

要坚持教育优先地位,提高教育信息化、现代化水平,全面发展各级各类教育,巩固义务教育,普及高中阶段教育,支持高等学校建设;发展职业教育,实行中等职业学校免学费政策;完善贫困学生资助政策,继续实施农牧民子女义务教育"三包"政策,实现全覆盖并逐步提高补助标准,将高中阶段农牧民子女全部纳入"三包"政策适用范围;积极推进双语教育,提高双语教育教师综合素质。

要加快建设覆盖城乡居民的社会保障体系和社会救助体系,完善城镇基本养老保险、基本医疗保险、失业保险、工伤保险、生育保险制度,提高居民最低生活保障标准,加快建立新型农村社会养老保险制度,加强社会保障和社会救助服务设施建设,发展社会福利和社会救助事业。要加快发展医疗卫生事

---

① 参见《胡锦涛文选》第三卷,人民出版社 2016 年版,第 313 页。

业,全面落实医药卫生体制改革方案,改善基层医疗设施条件,加快卫生人才队伍建设,完善以免费医疗为基础的农牧区医疗制度,逐步提高国家补助标准和保障水平,加大地方病、高原病、传染病防治力度,提高医疗服务覆盖面和可及性。要加强历史文化遗产保护和传承,加强科技基础平台和科普基地建设,加强科技推广工作,发展高原特色体育事业,完善群众体育设施。[①]

　　胡锦涛强调要大力保障和改善民生,改善西藏群众的生产生活条件。他指出,要坚持发展为了人民、发展依靠人民、发展成果由人民共享,切实把保障和改善民生作为西藏经济社会发展的出发点和落脚点,继续实施“富民兴藏”战略,提高各族群众生活水平和质量,把更多关怀和温暖送给广大农牧民和困难群众,着重解决他们迫切需要解决的问题特别是农牧区条件艰苦、农牧民增收困难等问题。要继续推进以安居工程为突破口的社会主义新农村建设,加快实施农村危房改造、游牧民定居、地方病病区群众搬迁等工程,加快农村水、电、路、气、房、通信等设施建设。要千方百计增加各族群众特别是农牧民收入,完善和落实各项增收政策,充分发挥投资项目对当地各族群众就业的带动作用,开展有组织的就业培训和劳务输出,支持农牧民工返乡创业,让各族群众就业有机会、致富有盼头。要继续把西藏作为特殊集中连片贫困区域,加大中央扶贫资金投入力度,重点向农牧区、地方病病区、边境地区倾斜,引导社会资源投入扶贫开发事业,让贫困群众衣食有着落、生活有保障。[②]

　　胡锦涛还对四川、云南、甘肃、青海四省涉藏地区的民生与社会保障发展非常重视。他指出,四川、云南、甘肃、青海省四省涉藏地区仍属欠发达地区,如不采取特殊支持政策、实现跨越式发展,不仅很难改变面貌,而且会影响本省乃至全国全面建设小康社会进程。[③] 胡锦涛指出,中央将加大政策支持力

---

① 参见《胡锦涛文选》第三卷,人民出版社 2016 年版,第 315 页。
② 参见《胡锦涛文选》第三卷,人民出版社 2016 年版,第 316 页。
③ 参见《胡锦涛文选》第三卷,人民出版社 2016 年版,第 324 页。

度,推动四省涉藏地区发展迈出新步伐。四省党委和政府要结合本省实际,从多方面采取措施,推进本省涉藏地区跨越式发展。要进一步明确发展目标和战略。国务院颁发的有关政策文件明确了四省涉藏地区经济社会发展的指导思想、基本原则、主要目标、重点任务,要坚定不移贯彻落实。要用三年到五年时间,集中解决制约经济社会发展最突出最紧迫的问题,把民生改善、社会事业发展、生态环境保护、基础设施建设作为主攻方向,并取得重大突破。到2015 年,城乡居民收入水平和基本公共服务能力大幅提高,生态环境进一步改善,基础设施建设明显加强,重点产业和特色经济初具规模。到 2020 年,城乡居民收入接近或超过本省平均水平,基本公共服务能力接近全国平均水平,生态系统步入良性循环,基础设施比较完善,特色优势产业形成规模,经济社会协调发展,确保实现全面建设小康社会目标。①

胡锦涛对四川、云南、甘肃、青海省四省涉藏地区民生与社会发展的原则提出了具体要求。他指出,要按照生态良好、经济发展、生活宽裕、社会和谐的总体要求,从四省涉藏地区实际出发,把不断提高各族群众生产生活水平特别是农牧民生产生活水平作为经济社会发展的首要任务,坚持民生改善程度和经济发展速度相适应,坚持经济社会发展和生态环境保护相统一,坚持加快推进发展和维护团结稳定相促进,坚持强化政策支持和发挥自身潜力相结合,尽快改变贫困落后面貌,不断提高可持续发展能力,使各族群众过上更加幸福美好的生活。②

胡锦涛还强调要进一步推进四川、云南、甘肃、青海四省涉藏地区重点领域工作。他指出,加快四省涉藏地区经济社会发展,必须抓住重点环节,加大工作力度。要着力改善农牧民生产生活条件,解决农牧业生产力水平低下和农民饮水难、行路难、用电难、就业难、通信难等突出问题,优先发展各级各类

---

① 参见《胡锦涛文选》第三卷,人民出版社 2016 年版,第 325 页。
② 参见《胡锦涛文选》第三卷,人民出版社 2016 年版,第 325 页。

教育,提高医疗卫生服务能力,加强社会保障体系建设。要着力推进社会主义先进文化建设,加强文化基础设施建设,提升公共文化服务能力,丰富各族群众精神文化生活。①

习近平也十分重视西藏民生与社会保障的发展,他在中央第六次西藏工作座谈会议上指出,要坚定不移促进经济社会发展,坚定不移保障和改善民生,坚定不移促进各民族交往交流交融,确保国家安全和长治久安,确保经济社会持续健康发展,确保各族人民物质文化生活水平不断提高,确保生态环境良好。必须牢牢把握西藏社会的主要矛盾和特殊矛盾,把改善民生、凝聚人心作为经济社会发展的出发点和落脚点。富民兴藏,就是要把增进各族群众福祉作为兴藏的基本出发点和落脚点,紧紧围绕民族团结和民生改善推动经济发展、促进社会全面进步,让各族群众更好共享改革发展成果。长期建藏,就是要坚持慎重稳进方针,一切工作从长计议,一切措施具有可持续性。凝聚人心,就是要把物质力量和精神力量结合起来,把人心和力量凝聚到实现"两个一百年"奋斗目标、实现中华民族伟大复兴的中国梦上来。

习近平进一步指出,同全国其他地区一样,西藏和四省涉藏地区已经进入全面建成小康社会决定性阶段。要牢牢把握改善民生、凝聚人心这个出发点和落脚点,大力推动西藏和四省涉藏地区经济社会发展。要大力推进基本公共服务,突出精准扶贫、精准脱贫,扎实解决导致贫困发生的关键问题,尽快改善特困人群生活状况。要实施更加积极的就业政策,为各族群众走出农牧区到城镇和企业就业、经商创业提供更多帮助。不断增强各族群众的发展参与度和获得感。②

---

① 参见《胡锦涛文选》第三卷,人民出版社 2016 年版,第 325—326 页。
② 参见《习近平在中央第六次西藏工作座谈会上强调　依法治藏富民兴藏长期建藏　加快西藏全面建成小康社会步伐》,《人民日报》2015 年 8 月 26 日。

3. 加快新疆社会保障与民生发展

关于新疆的社会保障与民生发展,胡锦涛指出,要着力推进社会建设,加快提高公共服务水平。新疆在加快经济发展的同时,必须加强社会建设,扩大公共服务,把更多财力投到公共服务领域、落实到重大公益性项目上,大幅提高社会事业发展水平。要坚持教育优先地位,全面发展各级各类教育。要逐步改善义务教育阶段寄宿制学校的办学条件,建立健全农村义务教育经费保障机制,全面落实对农村学生免收学杂费书本费、对贫困家庭学生提供寄宿生活费补助的政策,继续实施中小学民汉合校建设工程,重点新建和改扩建一批民汉合校的普通高中,扩大内地高中招收新疆少数民族学生规模,提高高中阶段教育入学率。要扩大以就业为导向的中等职业教育规模,对困难地区中等职业教育学生免除学费并对家庭经济困难学生补助生活费。要加大对新疆大专院校支持力度,办好特色优势专业,提高教育教学水平,培养急需人才,同时要扩大内地大专院校、职业院校在新疆招生规模和新疆大专院校在内地招生规模。要贯彻落实国家通用语言文字法,到 2012 年基本普及学前两年以国家通用语言文字为主、本民族语言文字为辅的双语教学,并加快对少数民族中小学生实行国家通用语言文字教学、加授本民族语言文字的双语教育步伐,加快解决新疆特别是困难地区中小学校双语教学师资短缺问题,到 2015 年基本普及双语教育。①

胡锦涛强调加快新疆地区社会保障事业的发展,以促进该地区民生的发展进步。他指出,要建设覆盖城乡居民的社会保障体系和社会救助体系,完善城镇基本养老保险、基本医疗保险、失业保险、工伤保险、生育保险制度,提高居民最低生活保障标准,加强社会保障和社会救助服务设施建设,发展社会福

---

① 参见《胡锦涛文选》第三卷,人民出版社 2016 年版,第 377—378 页。

利和社会救助事业。要加快建立新型农村社会养老保险制度,从 2010 年起在困难地区全面实施新型农村社会养老保险制度,2012 年覆盖全疆。要加快发展医疗卫生事业,全面落实医药卫生体制改革方案,改善基层医疗设施条件,加快卫生人才队伍建设,提高医疗服务覆盖面和可及性,逐步提高城镇居民基本医疗保险、新型农村合作医疗筹资水平和政府补助标准,到 2012 年初步建立起覆盖城乡居民的基本医疗卫生制度。要按照现代化和民族特色相统一的要求,统筹规划城乡经济社会一体化发展和社会主义新农村建设,配套建设居住区的学校、医院、孤儿院、养老院、文化站等公共服务设施,配套建设村庄和城镇的水电气路等基础设施,逐步使各族群众过上现代文明生活。要实行更加积极的计划生育利益导向政策,加大实施少生快富工程力度,加强基层人口和计划生育队伍、服务体系建设,实施优生促进工程,加强流动人口计划生育服务和管理工作。①

　　胡锦涛进一步指出,要通过促进就业提高城乡居民生活水平。他指出,中央对新疆的投入和支援省市的援助资金要重点用于改善各族群众生产生活条件,通过资源税等方面改革增加的财力也要重点用于改善民生,资源开发要更直接地惠及新疆各族群众,让他们充分享受资源开发带来的好处。要把促进就业放在更加突出的位置,全面推进就业行动计划,创造更多就业岗位,政府投资项目优先吸纳当地劳动力就业,支持劳动密集型企业、中小企业及第三产业发展,鼓励在疆企业吸纳当地就业困难人员就业,鼓励新疆机关事业单位在同等条件下优先录用少数民族人员,鼓励新疆大专院校毕业生到乡镇、村就业尤其是到困难地区的农村基层就业,组织新疆劳动力自愿到内地务工经商。要提高各族群众就业能力,加强语言、技能、法制培训,做好就业援助工作,解决好大专院校毕业生、下岗失业人员、农村富余劳动力就业困难问题,及时解

---

① 参见《胡锦涛文选》第三卷,人民出版社 2016 年版,第 378—379 页。

决零就业家庭就业问题。①

胡锦涛特别强调通过扶贫开发和完善公共服务促进新疆地区民生发展。他指出,要力争用五年时间完成困难地区的农村安居工程建设和城镇、工矿、林区(场)棚户区改造,加快推进游牧民定居工程建设,力争"十二五"期间基本实现游牧民定居目标。要提高城乡居民最低生活保障标准、孤儿和流浪儿童养育标准、农村五保户供养标准,完善对承担守边任务边民的补助制度。要加大扶贫开发力度,扶持人口较少民族发展,继续把困难地区作为扶贫开发的重点区域,实施连片扶贫开发,对农村低收入人口全面实施扶贫政策,到2020年基本消除绝对贫困现象。要形成覆盖城乡的公共文化服务体系,加快推进公共文化基础设施建设和文化阵地建设,继续实施西新工程和广播电视村村通等文化惠民工程,加强艺术人才培养和基层文化队伍建设,加强广播电视少数民族语言译制能力和传播能力建设,实施新疆文化遗产保护工程,支持新疆利用具有地域特色的文化资源发展文化产业,加强少数民族文字出版工作,努力使各族群众享有丰富多彩、健康向上的精神文化生活。②

习近平也十分关注新疆的民生与社会保障发展。习近平指出,要高举各民族大团结的旗帜,在各民族中牢固树立国家意识、公民意识、中华民族共同体意识,最大限度团结依靠各族群众,使每个民族、每个公民都要为实现中华民族伟大复兴的中国梦贡献力量,共享祖国繁荣发展的成果。要部署和开展多种形式的共建工作,推进"双语"教育,推动建立各民族相互嵌入式的社会结构和社区环境,有序扩大新疆少数民族群众到内地接受教育、就业、居住的规模。要坚定不移推动新疆更好更快发展,同时发展要落实到改善民生上、落实到惠及当地上、落实到增进团结上,让各族群众切身感受到党的关怀和祖国

---

① 参见《胡锦涛文选》第三卷,人民出版社2016年版,第379页。
② 参见《胡锦涛文选》第三卷,人民出版社2016年版,第379—380页。

大家庭的温暖。

他还指出,要坚持就业第一,增强就业能力,引导各族群众有序进城就业、就地就近就业、返乡自主创业。要坚持教育优先,培养优秀人才,全面提高入学率,让适龄的孩子们学习在学校、生活在学校、成长在学校。要吸引更多优秀人才投身教育,国家的教育经费要多往新疆投。要加大扶贫资金投入力度,重点向农牧区、边境地区、特困人群倾斜,建立精准扶贫工作机制,扶到点上、扶到根上,扶贫扶到家。对南疆发展,要从国家层面进行顶层设计,实行特殊政策,打破常规,特事特办。对口援疆是国家战略,必须长期坚持,把对口援疆工作打造成加强民族团结的工程。新疆生产建设兵团要科学处理屯垦和维稳戍边、兵团和地方的关系,在事关根本、基础、长远的问题上发力。①

习近平指出,要紧紧围绕社会稳定和长治久安总目标,以推进新疆治理体系和治理能力现代化为引领,以经济发展和民生改善为基础,以维护祖国统一、促进民族团结等为重点,坚决维护社会和谐稳定,切实贯彻新发展理念,全力保障和改善民生。要从稳疆安疆的战略高度出发,紧紧围绕各族群众安居乐业,多搞一些改善生产生活条件的项目,多办一些惠民生的实事,多解决一些各族群众牵肠挂肚的问题。要全面落实精准扶贫、精准脱贫,把南疆贫困地区作为脱贫攻坚主战场,实施好农村安居和游牧民定居工程、城镇保障性安居工程,完善农牧区和边境地区基本公共服务,努力让各族群众过上更好生活。②

民族地区社会保障制度的完善是实现民族区域经济社会协调发展、实现共享发展的要求。改革开放以来,中国共产党关于民族地区民生与社会保障建设的一系列思想认识,为实现民族地区经济社会发展,促进民族地区社会保

---

① 参见《习近平在第二次中央新疆工作座谈会上强调　坚持依法治疆团结稳疆长期建疆团结各族人民建设社会主义新疆》,《人民日报》2014 年 5 月 30 日。

② 参见《习近平参加十二届全国人大五次会议新疆代表审议时强调　围绕社会稳定和长治久安总目标努力建设中国特色社会主义新疆》,2017 年 3 月 11 日,中国共产党新闻网,见 ht-tp://cpc.people.com.cn/n1/2017/0311/c64094-29138434.html。

障事业的发展提供了坚实的理论支持。

三、社会保障制度的可持续

1. 在发展生产的基础上逐步改善生活

实现社会保障制度可持续发展是满足社会成员日益增长的民生需要、保障社会成员生存权和发展权的战略选择,是建设和谐社会、实现国家富强、民族振兴、人民幸福的中国梦的必然选择。改革开放以来,随着中国经济社会的发展变化和社会保障制度的逐步发展,如何实现社会保障制度在保障和改善基本民生的基础上能够可持续的发展,成为中国社会保障制度长远发展面临的重要问题。中国共产党逐步认识并提出了一系列社会保障制度可持续发展的思想。

邓小平从社会主义优越性的角度对发展生产与改善人民生活之间的关系进行探讨。邓小平指出,我们是社会主义国家,社会主义制度优越性的根本表现,就是能够允许社会生产力以旧社会所没有的速度迅速发展,使人民不断增长的物质文化生活需要能够逐步得到满足。按照历史唯物主义的观点来讲,正确的政治领导的成果,归根结底要表现在社会生产力的发展上,人民物质文化生活的改善上。我们一定要根据现在的有利条件加速发展生产力,使人民的物质生活好一些,使人民的文化生活、精神面貌好一些。[1] 他还指出,社会主义阶段的最根本任务就是发展生产力,社会主义的优越性归根到底要体现在它的生产力比资本主义发展得更快一些、更高一些,并且在发展生产力的基础上不断改善人民的物质文化生活。[2]

---

[1] 参见《邓小平文选》第二卷,人民出版社 1994 年版,第 128 页。
[2] 参见《邓小平文选》第三卷,人民出版社 1993 年版,第 63 页。

工人阶级生活条件应在生产增长的基础上不断得到改善。邓小平指出，工会要努力保障工人的福利。我们的国家还很落后，工人的福利不可能在短期内有很大的增长，而只能在生产增长特别是劳动生产率增长的基础上逐步增长。工会组织要督促和帮助企业行政和地方行政在可能的范围内，努力改善工人的劳动条件、居住条件、饮食条件和卫生条件，同时要在工人中间积极开展各种形式的互助活动。①

邓小平特别指出在发展生产和改善生活中要避免的误区。他指出，林彪、"四人帮"提倡什么穷社会主义、穷过渡、穷革命，我们反对那些荒谬反动的观点。但是，我们也反对现在要在中国实现所谓福利国家的观点，因为这不可能。我们只能在发展生产的基础上逐步改善生活。发展生产，而不改善生活，是不对的；同样，不发展生产，要改善生活，也是不对的，而且是不可能的。逐步改善人民的生活，提高人民的收入，必须建立在发展生产的基础上。解决这类问题，步子一定要稳，要对群众很好地进行引导，千万不能不负责任地许愿鼓动。②

邓小平还从社会主义的本质及根本任务的角度探讨了发展生产与改善生活的关系。邓小平指出，落后国家建设社会主义，在开始的一段很长时间内生产力水平不如发达的资本主义国家，不可能完全消灭贫穷。所以，社会主义必须大力发展生产力，逐步消灭贫穷，不断提高人民的生活水平。③ 社会主义的本质，是解放生产力，发展生产力，消灭剥削，消除两极分化，最终达到共同富裕。④

2. 首先保证人们基本生活的需要

江泽民主要从社会保障制度的地位及作用、原则、完善路径、特殊人群社

---

① 参见《邓小平文选》第二卷，人民出版社 1994 年版，第 137—138 页。
② 参见《邓小平文选》第二卷，人民出版社 1994 年版，第 257—258 页。
③ 参见《邓小平文选》第三卷，人民出版社 1993 年版，第 10 页。
④ 参见《邓小平文选》第三卷，人民出版社 1993 年版，第 373 页。

会保障及社会保障对社会问题的应对等方面,对社会保障制度可持续性问题提出一系列观点。关于社会保障的地位及其作用。江泽民指出,社会保障,是一个很重要的经济和社会问题。社会保障的主要作用,是帮助人们降低生活和工作中可能遇到的风险,保障社会成员的基本生活,增强他们的生活安全感。社会保障体系是否健全,这方面的法制是否完备,对一个国家的经济发展和社会稳定,会产生直接的影响。我们的社会保障工作,直接关系到坚持党的全心全意为人民服务的宗旨,关系到维护人民群众的切身利益,关系到保证改革开放和经济建设稳定发展的大局。① 建立和完善社会保障体系,是建立社会主义市场经济体制的重要内容,是顺利推进企业改革和结构调整的必要条件。② 同时,江泽民还强调社会保障制度应与经济发展相适应。江泽民在中共十六大报告中指出,建立健全同经济发展水平相适应的社会保障体系,是社会稳定和国家长治久安的重要保证。③

关于社会保障体系建设的原则。江泽民指出,建立社会保障体系要把握以下几个原则:一是从国情出发,与国民经济发展水平以及各方面承受能力相适应,首先保证人们基本生活的需要;二是坚持公平与效率相结合,权利与义务相对应,兼顾国家、企业、个人三者利益;三是要积极稳妥,注意新老体制的衔接和过渡,避免出现大的波动。④

关于社会保障制度可持续发展的路径。江泽民强调,继续加强以失业、养老和医疗为重点的社会保障体系建设,逐步扩大覆盖面,提高社会保障程度。要多方面筹集资金,在企业改革和重组的过程中,统筹考虑补充社会保障资金,财政也要打足预算。特别要抓好社会保障资金的落实和养老金的发放,做

---

① 参见《中共中央举行社会保障与法制建设讲座》,《人民日报》1998 年 12 月 15 日。
② 参见《江泽民文选》第二卷,人民出版社 2006 年版,第 442 页。
③ 参见《江泽民文选》第三卷,人民出版社 2006 年版,第 550 页。
④ 参见江泽民:《论“三个代表”》,人民出版社 2001 年版,第 91 页。

到制度建设到位、资金到账、保障到人。同时,要建立健全城市居民最低生活保障制度。①

关于残疾人社会保障制度。江泽民指出,人,既有物质的需求,又有精神的需求。在我们的社会里,人们在追求物质生活和精神生活进步的进程中,需要有平等友爱的人际关系和团结互助的社会环境。"自有人类,就有残疾人。残疾,是人类发展进程中不可避免要付出的一种社会代价。我国现有六千多万残疾人,涉及全国近五分之一的家庭。关系到这么多人的重要社会问题,必须解决好,而不能回避。""对残疾人这个社会脆弱群体给予帮助,是社会文明进步的标志。"对这个特殊而困难的群体还应给予特别扶助,通过发展残疾人事业,使他们的权利得到更好的实现,使他们以平等的地位和均等的机会,参与社会生活和国家建设,共享社会物质文化的成果。②

关于就业问题与社会保障制度。江泽民指出,要正确处理完善社会保障体系和扩大就业的关系,通过实行"两个确保"解决保障基本生活的当务之急,通过促进再就业解决下岗失业人员的根本出路,通过完善社会保障体系为深化改革和扩大就业提供保障。就业工作和社会保障,要整体部署,协调推进。③

3. 实现社会保障事业可持续发展

胡锦涛对社会保障制度可持续发展问题从不同角度进行了论述。关于社会保障制度的作用。胡锦涛指出,加快社会保障体系建设,是解决群众生产生活问题的重要环节,也是维护社会稳定的重要举措。④ 关于社会保障制度的建设方向。胡锦涛指出,必须加快推进以改善民生为重点的社会建设,努力形

---

① 参见《江泽民文选》第二卷,人民出版社 2006 年版,第 442 页。
② 参见《江泽民文选》第一卷,人民出版社 2006 年版,第 647、648 页。
③ 参见《江泽民文选》第三卷,人民出版社 2006 年版,第 512 页。
④ 参见《胡锦涛文选》第二卷,人民出版社 2016 年版,第 182 页。

成社会和谐人人有责、和谐社会人人共享的生动局面,努力使全体人民学有所教、劳有所得、病有所医、老有所养、住有所居。① 关于社会保障制度建设的要求。胡锦涛从发展协调性的角度探索社会保障制度的完善。胡锦涛指出,只有建立起与社会主义经济、政治、文化体制相适应的社会体制,才能形成与社会主义经济、政治、文化秩序相协调的社会秩序。② 要加快完善城乡社会保障体系。公共财政要加大对社会保障体系建设的投入,提高社会保障程度,扩大城镇职工基本养老保险、基本医疗保险、城镇居民基本医疗保险覆盖面。③

胡锦涛系统论述了覆盖城乡居民的社会保障体系建设。胡锦涛指出,加快建立覆盖城乡居民的社会保障体系,要坚持广覆盖、保基本、多层次、可持续方针,以社会保险、社会救助、社会福利为基础,以基本养老、基本医疗、最低生活保障制度为重点,以慈善事业、商业保险为补充,统筹协调做好各项工作,实现社会保障事业可持续发展。重点做好以下四个方面的工作。

一是加快健全社会保障制度体系。要把人人享有基本生活保障作为优先目标,坚持效率和公平、统一性和灵活性相结合,立足当前、着眼长远,统筹城乡、整体设计,分步实施、配套推进,积极而为、量力而行,逐步将各类人员纳入社会保障覆盖范围,实现城乡统筹和应保尽保。

二是加强社会保障统筹。要着眼于我国人口众多、城乡二元结构、地区发展不平衡的国情,加强统筹协调和政策衔接,推进各类社会保障制度整合。要抓紧制定实施全国统一的各种社会保险关系转续办法,要加强城乡养老保险、医疗保险、最低生活保障制度的政策衔接,要加快推进公共服务设施和服务网络建设。

三是提高社会保障水平。要根据经济发展水平和各方面承受能力,加大公共财政对社会保障体系建设的投入,提高社会保障程度。

---

① 参见《胡锦涛文选》第三卷,人民出版社2016年版,第5页。
② 参见《胡锦涛文选》第二卷,人民出版社2016年版,第293页。
③ 参见《胡锦涛文选》第三卷,人民出版社2016年版,第145—146页。

　　四是推进社会保障法制建设。要加快制定和完善社会保障法律法规,重点推进社会保险法立法,同时要加快研究制定养老、医疗、职业年金、社会保障基金监督管理等配套法规,完善失业、工伤、生育等社会保险条例,增强社会保障的强制性、规范性、稳定性。①

　　胡锦涛还论述了社会管理与社会保障建设之间的关系。他指出,社会管理要搞好,必须加快推进以保障和改善民生为重点的社会建设。最佳的管理方式是在服务中实施管理、在管理中体现服务,通过强化社会服务提高社会管理实效。社会建设抓好了,基本公共服务体系健全起来了,基本公共服务均等化向前推进了,向全体人民学有所教、劳有所得、病有所医、老有所养、住有所居的目标不断前进了,社会管理的群众基础就会变得更加坚实。要把保障和改善民生作为加快转变经济发展方式的根本出发点和落脚点,完善保障和改善民生的制度安排,加快发展各项社会事业,坚定不移走共同富裕道路,使发展成果更好惠及全体人民。②

　　胡锦涛在中共十八大报告中关于社会保障制度的可持续发展有系统的说明。他指出:"要坚持全覆盖、保基本、多层次、可持续方针,以增强公平性、适应流动性、保证可持续性为重点,全面建成覆盖城乡居民的社会保障体系。改革和完善企业和机关事业单位社会保险制度,整合城乡居民基本养老保险和基本医疗保险制度,逐步做实养老保险个人账户,实现基础养老金全国统筹,建立兼顾各类人员的社会保障待遇确定机制和正常调整机制。扩大社会保障基金筹资渠道,建立社会保险基金投资运营制度,确保基金安全和保值增值。完善社会救助体系,健全社会福利制度,支持发展慈善事业,做好优抚安置工作。建立市场配置和政府保障相结合的住房制度,加强保障性住房建设和管理,满足困难家庭基本需求。……积极应对人口老龄化,大力发展老龄服务事

---

① 参见《胡锦涛文选》第三卷,人民出版社 2016 年版,第 212—214 页。
② 参见《胡锦涛文选》第三卷,人民出版社 2016 年版,第 506 页。

业和产业。健全残疾人社会保障和服务体系,切实保障残疾人权益。健全社会保障经办管理体制,建立更加便民快捷的服务体系。"[1]

4. 做那些现实条件下可以做到的事情

习近平非常关注社会保障制度的可持续发展,并从多个方面对这一问题进行了系统具体的论述。关于社会保障制度建设的方向。习近平指出,我们要随时随刻倾听人民呼声、回应人民期待,保证人民平等参与、平等发展权利,维护社会公平正义,在学有所教、劳有所得、病有所医、老有所养、住有所居上持续取得新进展,不断实现好、维护好、发展好最广大人民根本利益,使发展成果更多更公平惠及全体人民,在经济社会不断发展的基础上,朝着共同富裕方向稳步前进。[2] 习近平在中共十九大报告中指出,坚持在发展中保障和改善民生。增进民生福祉是发展的根本目的。必须多谋民生之利、多解民生之忧,在发展中补齐民生短板、促进社会公平正义,在幼有所育、学有所教、劳有所得、病有所医、老有所养、住有所居、弱有所扶上不断取得新进展,深入开展脱贫攻坚,保证全体人民在共建共享发展中有更多获得感,不断促进人的全面发展、全体人民共同富裕。[3]

关于社会保障建设的总体思路。习近平在中共十九大报告中指出,加强社会保障体系建设。按照兜底线、织密网、建机制的要求,全面建成覆盖全民、城乡统筹、权责清晰、保障适度、可持续的多层次社会保障体系。全面实施全民参保计划。完善城镇职工基本养老保险和城乡居民基本养老保险制度,尽快实

① 胡锦涛:《坚定不移沿着中国特色社会主义道路前进 为全面建成小康社会而奋斗——在中国共产党第十八次全国代表大会上的报告》,人民出版社 2012 年版,第36—37 页。
② 参见中共中央文献研究室编:《十八大以来重要文献选编》(上),中央文献出版社 2014 年版,第 236 页。
③ 参见习近平:《决胜全面建成小康社会 夺取新时代中国特色社会主义伟大胜利——在中国共产党第十九次全国代表大会上的报告》,人民出版社 2017 年版,第 23 页。

现养老保险全国统筹。完善统一的城乡居民基本医疗保险制度和大病保险制度。完善失业、工伤保险制度。建立全国统一的社会保险公共服务平台。统筹城乡社会救助体系,完善最低生活保障制度。完善社会救助、社会福利、慈善事业、优抚安置等制度,健全农村留守儿童和妇女、老年人关爱服务体系。发展残疾人事业,加强残疾康复服务。坚持房子是用来住的,不是用来炒的定位,加快建立多主体供给、多渠道保障、租购并举的住房制度,让全体人民住有所居。①

关于社会保障发展与经济发展的关系。习近平指出,要处理好发展经济和保障民生的关系,既要在经济发展的基础上不断加大保障民生力度,也不要脱离财力作难以兑现的承诺。要重点加强基本公共服务,特别是要加大对革命老区、民族地区、边疆地区、贫困地区基本公共服务的支持力度,加强对特定人群特殊困难的帮扶,在此基础上做好教育、就业、收入分配、社会保障、医疗卫生等各领域民生工作。要坚持量入为出,积极调整财政支出结构。前一阶段,根据财政收入增长很快的形势作了一些承诺,现在看来要从可持续性角度研究一下,该适度降低的要下决心降低。②

习近平强调,经济发展是前提,离开经济发展谈改善民生是无源之水、无本之木。同时,民生是做好经济社会发展工作的"指南针",持续不断改善民生,能有效解决群众后顾之忧,调动人们发展生产的积极性,又能释放居民消费潜力、拉动内需,催生新的经济增长点,为经济发展、转型升级提供强大内生动力。既要通过发展经济,为持续改善民生奠定坚实物质基础,又要通过持续不断改善民生,为经济发展创造更多有效需求,实现两者良性循环。③

---

① 参见习近平:《决胜全面建成小康社会　夺取新时代中国特色社会主义伟大胜利——在中国共产党第十九次全国代表大会上的报告》,人民出版社 2017 年版,第 47 页。
② 参见中共中央文献研究室编:《十八大以来重要文献选编》(中),中央文献出版社 2016 年版,第 832—833 页。
③ 参见中共中央宣传部编:《习近平总书记系列重要讲话读本(2016 年版)》,学习出版社、人民出版社 2016 年版,第 213—214 页。

关于社会保障水平的合理性。习近平指出，群众对生活的期待是不断提升的，需求是多样化、多层次的，而我国仍处于并将长期处于社会主义初级阶段，改善民生不能脱离这个最大的实际提出过高目标，只能根据经济发展和财力状况逐步提高人民生活水平，做那些现实条件下可以做到的事情。决不能开空头支票，也要防止把胃口吊得过高，否则，结果只会适得其反，就有可能落入"中等收入陷阱"。① 习近平强调指出，民粹主义是造成"中等收入陷阱"的根源。它有两个突出特点，一是政治上搞盲目民主化，意见纷杂，无法集中力量办事；二是过度福利化，用过度承诺讨好民众，结果导致效率低下、增长停滞、通货膨胀，收入分配最终反而恶化。我们要坚持从实际出发，收入提高必须建立在劳动生产率提高的基础上，福利水平提高必须建立在经济和财力可持续增长的基础上。②

习近平特别关注住房保障体系建设及其可持续。关于住房保障体系的可持续。习近平指出，加快推进住房保障和供应体系建设，是满足群众基本住房需求、实现全体人民住有所居目标的重要任务，是促进社会公平正义、保证人民群众共享改革发展成果的必然要求。各级党委和政府要加强组织领导，落实各项目标任务和政策措施，努力把住房保障和供应体系建设办成一项经得起实践、人民、历史检验的德政工程。③ 住房问题既是民生问题也是发展问题，关系千家万户切身利益，关系人民安居乐业，关系经济社会发展全局，关系社会和谐稳定。党和国家历来高度重视群众住房问题。经过长期努力，我国住房发展取得巨大成就。同时，我们也要看到，解决群众住房问题是一项长期

---

① 参见中共中央宣传部编：《习近平总书记系列重要讲话读本（2016年版）》，学习出版社、人民出版社2016年版，第214页。

② 参见中共中央文献研究室编：《习近平关于社会主义社会建设论述摘编》，中央文献出版社2017年版，第38页。

③ 参见中共中央文献研究室编：《习近平关于全面建成小康社会论述摘编》，中央文献出版社2016年版，第133页。

任务,还存在着住房困难家庭的基本需求尚未根本解决、保障性住房总体不足、住房资源配置不合理不平衡等问题。人民群众对实现住有所居充满期待,我们必须下更大决心、花更大气力解决好住房发展中存在的各种问题。①

关于住房保障和供应体系建设的方向。习近平指出,加快推进住房保障和供应体系建设,要处理好政府提供公共服务和市场化的关系、住房发展的经济功能和社会功能的关系、需要和可能的关系、住房保障和防止福利陷阱的关系。只有坚持市场化改革方向,才能充分激发市场活力,满足多层次住房需求。同时,总有一部分群众由于劳动技能不适应、就业不充分、收入水平低等原因而面临住房困难,政府必须"补好位",为困难群众提供基本住房保障。②

习近平指出,从我国国情看,总的方向是构建以政府为主提供基本保障、以市场为主满足多层次需求的住房供应体系。要总结我国住房改革发展经验,借鉴其他国家解决住房问题的有益做法,深入研究住房建设的规律性问题,加强顶层设计,加快建立统一、规范、成熟、稳定的住房供应体系。要千方百计增加住房供应,同时要把调节人民群众住房需求放在重要位置,建立健全经济、适用、环保、节约资源、安全的住房标准体系,倡导符合国情的住房消费模式。③

要重点发展公共租赁住房,加快建设廉租住房,加快实施各类棚户区改造。在推进这项工作的过程中,要注意尽力而为和量力而行相结合,努力满足基本住房需求。住房是群众安身立命之所,质量安全至关重要。要优化保障性住房规划布局、设施配套和户型设计,抓好工程质量。④ 要完善住房支持政

---

① 参见《习近平谈治国理政》第一卷,外文出版社 2018 年版,第 192 页。
② 参见中共中央文献研究室编:《习近平关于全面建成小康社会论述摘编》,中央文献出版社 2016 年版,第 133—134 页。
③ 参见中共中央文献研究室编:《习近平关于社会主义社会建设论述摘编》,中央文献出版社 2017 年版,第 81 页。
④ 参见中共中央文献研究室编:《习近平关于社会主义社会建设论述摘编》,中央文献出版社 2017 年版,第 81 页。

策,注重发挥政策的扶持、导向、带动作用,调动各方面积极性和主动性。要完善土地政策,坚持民生优先,科学编制土地供应计划,增加住房用地供应总量,优先安排保障性住房用地。要完善财政政策,适当加大财政性资金对保障性住房建设投入力度。要综合运用政策措施,吸引企业和其他机构参与公共租赁住房建设和运营。要积极探索建立非营利机构参与保障性住房建设和运营管理的体制机制,形成各方面共同参与的局面。①

习近平还指出,保障性住房建设是一件利国利民的大好事,但要把这件好事办好、真正使需要帮助的住房困难群众受益,就必须加强管理,在准入、使用、退出等方面建立规范机制,实现公共资源公平善用。要坚持公平分配,使该保障的群众真正受益。要对非法占有保障性住房行为进行有效治理,同时要从制度上堵塞漏洞、加以防范。对非法占有保障性住房的,要依法依规惩处。②

要明确深化住房制度改革方向,以满足新市民住房需求为主要出发点,以建立购租并举的住房制度为主要目标。对暂时买不起房的居民特别是非户籍人口,要支持他们先租房子住,对其中难以承受市场化房租、符合条件的困难家庭,政府给予货币化的租金补助,把公租房扩大到非户籍人口,实现公租房货币化,其中房价过高的特大城市还要研究其他符合实际的新措施。要发展住房租赁市场,鼓励自然人和各类机构投资者购买库存商品房,成为租赁市场的房源提供者,鼓励发展以住房租赁为主营业务的专业化企业,形成"薄利多租"的住房商业模式。③

关于养老保险制度的可持续。习近平指出,构建公平、可持续的养老保险

---

① 参见《习近平谈治国理政》,外文出版社 2014 年版,第 193—194 页。
② 参见《习近平谈治国理政》,外文出版社 2014 年版,第 194 页。
③ 参见中共中央文献研究室编:《习近平总书记重要讲话文章选编》,中央文献出版社、党建读物出版社 2016 年版,第 317 页。

制度至关重要。要完善个人账户,坚持精算平衡,增强社保缴费激励,提高收付透明度,提高统筹层次,有序推进基本养老保险制度改革。① 关于最低工资和社会保险费率的合理性。习近平指出,最低工资标准提高幅度要把握分寸,防止工资上涨超过劳动生产率提高。要降低社会保险费,目前一些企业的"五险一金"相当于职工工资的百分之四十左右,大大超过一些发达国家水平,要研究精简归并"五险一金",当前可适当降低企业住房公积金缴付比例,需要时再回归常态。②

习近平还十分重视老龄事业与养老服务的发展。他指出,要着力完善老龄政策制度。搞好顶层设计,不断完善老年人家庭赡养和扶养、社会救助、社会福利、社会优待、宜居环境、社会参与等政策,增强政策制度的针对性、协调性、系统性。统筹好生育、就业、退休、养老等政策。要完善养老和医疗保险制度,落实支持养老服务业发展、促进医疗卫生和养老服务融合发展的政策措施。要建立老年人状况统计调查和发布制度、相关保险和福利及救助相衔接的长期照护保障制度、老年人监护制度、养老机构分类管理制度,制定家庭养老支持政策、农村留守老人关爱服务政策、扶助老年人慈善支持政策、为老服务人才激励政策,促进各种政策制度衔接,增强政策合力。要积极发展养老服务业,推进养老服务业制度、标准、设施、人才队伍建设,构建居家为基础、社区为依托、机构为补充、医养相结合的养老服务体系,更好满足老年人养老服务需求。③ 习近平指出,要按照适应需要、质量优先、价格合理、多元供给的思路,尽快在养老院服务质量上有个明显改善,加快建立全国统一的服务质量标

---

① 参见中共中央文献研究室编:《习近平总书记重要讲话文章选编》,中央文献出版社、党建读物出版社 2016 年版,第 322 页。

② 参见中共中央文献研究室编:《习近平总书记重要讲话文章选编》,中央文献出版社、党建读物出版社 2016 年版,第 316 页。

③ 参见中共中央文献研究室编:《习近平关于社会主义社会建设论述摘编》,中央文献出版社 2017 年版,第 92 页。

准和评价体系,加强养老机构服务质量监管,坚决依法依规从严惩处欺老、虐老行为。①

以邓小平同志、江泽民同志、胡锦涛同志和习近平同志为主要代表的中国共产党人关于社会保障制度可持续发展的思想,为中国社会保障制度建设和发展奠定了坚实的理论基础,也为中国社会保障制度未来的建设和发展指明了方向。

四、完善收入分配制度

1. 不能不负责任地许愿鼓动

社会保障制度是保障民众基本收入进而保障民众基本生活的制度,合理的收入分配制度必然是社会保障制度建设和发展的重要影响因素。改革开放以来,基于中国收入差距扩大的现实及实现共同富裕的根本任务,中国共产党高度关注合理的收入分配制度的建设,并提出了关于收入分配制度的系统思想和理论体系。

邓小平积极提倡按劳分配方式。邓小平指出,坚持按劳分配原则。这在社会主义建设中始终是一个很大的问题,大家要动脑筋想一想。所谓物质鼓励,过去并不多。人的贡献不同,在待遇上是否应当有差别?同样是工人,但有的技术水平比别人高,要不要提高他的级别、待遇?技术人员的待遇是否也要提高?如果不管贡献大小、技术高低、能力强弱、劳动轻重,工资都是四五十块钱,表面上看来似乎大家是平等的,但实际上是不符合按劳分配原则的,这怎么能调动人们的积极性?我看高温、高空、井下、有毒的工种,待遇应当跟一

---

① 参见《习近平主持召开中央财经领导小组第十四次会议强调 从解决好人民群众普遍关心的突出问题入手 推进全面小康社会建设》,《人民日报》2016 年 12 月 22 日。

般的工种有所不同。①

邓小平还分析了实行按劳分配的作用。邓小平指出,社会主义是共产主义第一阶段,这是一个很长的历史阶段,必须实行按劳分配,必须把国家、集体和个人利益结合起来,才能调动积极性,才能发展社会主义的生产。② 邓小平指出,我们讲社会主义是共产主义的初级阶段,共产主义的高级阶段要实行各尽所能、按需分配,这就要求社会生产力高度发展,社会物质财富极大丰富。所以社会主义阶段的最根本任务就是发展生产力,社会主义的优越性归根到底要体现在它的生产力比资本主义更快一些、更高一些,并且在发展生产力的基础上不断改善人民的物质文化生活。如果说新中国成立以后有缺点,那就是对发展生产力有某种忽略。社会主义要消灭贫穷。贫穷不是社会主义,更不是共产主义。③

邓小平客观地指出,在中国现在落后的状态下,走什么道路才能发展生产力,才能改善人民生活? 这就又回到是坚持社会主义还是走资本主义道路的问题上来了。如果走资本主义道路,可以使中国百分之几的人富裕起来,但是绝对解决不了百分之九十几的人的生活富裕的问题。而坚持社会主义,实行按劳分配的原则,就不会产生贫富过大的差距。我们提出四个现代化的最低目标,是到 20 世纪末达到小康水平。所谓小康,从国民生产总值来说,就是年人均达到八百美元。中国现在有十亿人口,到那时候十二亿人口,国民生产总值可以达到一万亿美元。如果按资本主义的分配方法,绝大多数人还摆脱不了贫穷落后状态,按社会主义的分配原则,就可以使全国人民普遍过上小康生活。这就是我们为什么要坚持社会主义的道理。不坚持社会主义,中国的小

---

① 参见《邓小平文选》第二卷,人民出版社 1994 年版,第 30—31 页。
② 参见《邓小平文选》第二卷,人民出版社 1994 年版,第 351 页。
③ 参见《邓小平文选》第三卷,人民出版社 1993 年版,第 63—64 页。

康社会形成不了。①

邓小平探讨了按劳分配的原则。他指出,我们一定要坚持按劳分配的社会主义原则。按劳分配就是按劳动的数量和质量进行分配。根据这个原则,评定职工工资级别时,主要是看他的劳动好坏、技术高低、贡献大小。政治态度也要看,但要讲清楚,政治态度好主要应该表现在为社会主义劳动得好,做出的贡献大。处理分配问题如果主要不是看劳动,而是看政治,那就不是按劳分配,而是按政分配了。总之,只能是按劳,不能是按政,也不能是按资格。②

邓小平进一步指出,要有奖有罚,奖罚分明。对干得好的、干得差的,经过考核给予不同的报酬。我们实行以精神鼓励为主、物质鼓励为辅的方针。颁发奖牌、奖状是精神鼓励,是一种政治上的荣誉。这是必要的。但物质鼓励也不能缺少。在这方面,我们过去行之有效的各种措施都要恢复。奖金制度也要恢复。对发明创造者要给奖金,对有特殊贡献的也要给奖金。搞科学研究出了重大成果的人,除了对他的发明创造给予奖励外,还可以提高他的工资级别。如果他干了几年,干不出成绩来,就应该让他改行。贯彻按劳分配原则有好多事情要做,总的是为了一个目的,就是鼓励大家上进。③

邓小平指出,我们提倡按劳分配,对有特别贡献的个人和单位给予精神奖励和物质奖励;也提倡一部分人和一部分地方由于多劳多得,先富裕起来。这是坚定不移的。多劳多得,也要照顾整个国家和左邻右舍。当家作主的劳动人民,不能不给国家创造更多的利润,增加国家的财政收入,来用之于其他方面,用之于扩大再生产,用之于基本建设,进一步加快我们发展经济的速度。多劳应该多得,但是必须照顾整个社会。④

---

① 参见《邓小平文选》第三卷,人民出版社 1993 年版,第 64 页。
② 参见《邓小平文选》第二卷,人民出版社 1994 年版,第 101 页。
③ 参见《邓小平文选》第二卷,人民出版社 1994 年版,第 102 页。
④ 参见《邓小平文选》第二卷,人民出版社 1994 年版,第 258—259 页。

邓小平指出,合格的管理人员、合格的工人,应该享受比较高的待遇,真正做到按劳分配。这个并不是资产阶级的。发展经济工人要增加收入,这样反过来才能促进经济发展。农业也是一样,增加农民收入,反过来也会刺激农业发展,巩固工农联盟。我们要在技术上、管理上都来个革命,发展生产,增加职工收入。①

邓小平指出,我们说,社会主义是共产主义的第一阶段。到了第二阶段,即共产主义高级阶段,经济高度发展了,物资极大丰富了,才能做到各尽所能,按需分配。②

2. 调整分配格局

江泽民分析了收入分配领域的问题,并提出了一系列调整收入分配格局的具体思想与思路。江泽民指出,我们要继续坚持以按劳分配为主体的多种分配形式。当前在收入分配上既存在平均主义现象,又出现了过分悬殊现象。这种分配不公的问题,挫伤劳动者的积极性,妨碍生产力的发展。属于贯彻按劳分配原则中存在的问题,要通过劳动工资制度的逐步改革加以解决。其他分配形式中存在的问题,要通过完善有关政策和法规加以解决。要继续允许和鼓励一部分人、一部分地区通过诚实劳动和合法经营先富起来,又要提倡先富帮后富。我们保护合法收入。对过高收入,要通过税收等形式加以调节。对违法经营牟取暴利的行为,要依法坚决取缔。③

江泽民指出,在收入分配中,必须坚持按劳分配为主体、多种分配方式并存的原则,体现效率优先、兼顾公平,把国家、企业、个人三者的利益结合起来。在社会主义初级阶段,社会成员之间收入存在一定程度的差距,是难以避免

---

① 参见《邓小平文选》第二卷,人民出版社 1994 年版,第 130 页。
② 参见《邓小平文选》第三卷,人民出版社 1993 年版,第 10 页。
③ 参见中共中央文献研究室编:《十三大以来重要文献选编》下,人民出版社 1993 年版,第 1639—1640 页。

的。但如果差距悬殊,而且任其扩大,就会造成多方面的严重后果。我们必须坚持允许和鼓励一部分人先富起来、最终实现共同富裕的政策。要在发展经济的基础上,逐步增加城乡居民收入。同时要把调节个人收入分配、防止两极分化,作为全局性的大事来抓。要区分不同情况,采取有针对性的措施,保护合法收入,取缔非法收入,调节过高收入,保障低收入者的基本生活。[1]

江泽民指出,理顺分配关系,是我们面临的一项重要而紧迫的任务。目前分配领域存在的突出问题,一是国民收入分配过分向个人倾斜,国家所得太少;二是部分社会成员之间收入差距过大,产生新的分配不公;三是分配秩序混乱,甚至有些单位分配失去控制。这些问题直接关系国家宏观调控的能力,关系企业发展的后劲,关系社会的稳定和国家长治久安,必须把解决分配领域的问题提到重要日程。总的原则是,坚持按劳分配为主体、多种分配方式并存,体现效率优先、兼顾公平;要继续允许和鼓励一部分人通过诚实劳动和合法经营先富起来,也必须防止收入差距悬殊。要深化分配体制改革,完善分配调节机制,整顿和规范收入分配秩序,逐步理顺国家、企业和个人收入分配格局,协调好城乡之间、地区之间、不同社会群体之间的利益关系。[2]

江泽民进一步指出,坚持按劳分配为主体、多种分配方式并存的制度。把按劳分配和按生产要素分配结合起来,坚持效率优先、兼顾公平,有利于优化资源配置,促进经济发展,保持社会稳定。依法保护合法收入,允许和鼓励一部分人通过诚实劳动和合法经营先富起来,允许和鼓励资本、技术等生产要素参与收益分配。取缔非法收入,对侵吞公有财产和用偷税逃税、权钱交易等非法手段牟取利益的,坚决依法惩处。整顿不合理收入,对凭借行业垄断和某些

---

① 参见中共中央文献研究室编:《十四大以来重要文献选编》中,人民出版社 1997 年版,第 1470、1471 页。
② 参见中共中央文献研究室编:《江泽民论有中国特色社会主义(专题摘编)》,中央文献出版社 2002 年版,第 56—57 页。

特殊条件获得个人额外收入的,必须纠正。调节过高收入,完善个人所得税制,开征遗产税等新税种。规范收入分配,使收入差距趋向合理,防止两极分化。①

江泽民还指出,公有制为主体、多种所有制经济共同发展,决定了我们必须实行按劳分配为主体的多种分配方式。要把按劳分配、劳动所得,同允许和鼓励资本、技术等生产要素参与收益分配结合起来,坚持效率优先、兼顾公平。平均主义不是社会主义,两极分化也不是社会主义。允许一部分地区一部分人通过诚实劳动和合法经营先富起来,带动和帮助其他地区和其他群众,最终达到全国各地区的普遍繁荣和全体人民的共同富裕,这是我们必须长期坚持的一个大政策。它符合经济发展客观规律的要求,是社会主义优越性在经济上的重要体现。②

江泽民指出,实行按劳分配为主体,并同按生产要素分配结合起来,必然会在社会成员的收入上产生差别。事物的差别性总是存在的,社会就是在矛盾中发展的。解决收入分配问题,不能再搞分配上的"平均主义""吃大锅饭",根本的还是要适应发展社会主义市场经济的要求,引入竞争机制,通过促进经济发展来逐步解决问题。同时采取相应的政策措施,保护合法收入,调节过高收入,取缔非法收入,防止收入分配上的过分悬殊,把广大干部群众的积极性充分调动起来。③ 要重视研究收入分配状况,完善政策,运用经济手段、法律手段和必要的行政手段,调节和规范收入分配。④

关于促进收入分配合理化的作用。江泽民指出,调整分配格局,增加城乡

① 参见中共中央文献研究室编:《十五大以来重要文献选编》上,人民出版社2000年版,第24页。

② 参见中共中央文献研究室编:《十五大以来重要文献选编》上,人民出版社2000年版,第685—686页。

③ 参见中共中央文献研究室编:《江泽民论有中国特色社会主义(专题摘编)》,中央文献出版社2002年版,第58页。

④ 参见《江泽民文选》第二卷,人民出版社2006年版,第442页。

居民收入,是培育和扩大国内需求、改善人民生活的重要手段。收入分配关系国计民生,关系改革发展稳定的大局。妥善处理社会各个阶层、各种利益群体的分配关系,防止出现两极分化,有利于避免和化解社会矛盾,为改革开放和经济发展创造良好的环境。总的看来,分配格局的调整有利于促进经济发展,有利于提高广大人民群众的生活水平,目前总体上还不是两极分化。但收入差距逐渐扩大,特别是农民和城镇部分居民收入增长缓慢,一部分群众的生活还存在实际困难,必须引起高度重视。在允许和鼓励一部分人通过诚实劳动、合法经营先富起来的同时,整顿不合理收入,规范收入分配,对于那些偷税漏税、制假售假、走私贩私和以权谋私、贪污腐败等非法致富的人,必须采取果断有力的措施,坚决依法惩处。[1]

江泽民强调,要努力建立合理的收入分配格局。他指出,解决收入分配中的突出问题,要从基本国情出发,坚持实行按劳分配和按生产要素分配相结合的制度,贯彻效率优先、兼顾公平的原则。既要注重效率,反对平均主义;也要讲求公平,防止收入差距过分扩大。要坚持鼓励一部分人先富、先富帮助和带动后富,逐步实现共同富裕的政策。正确处理一次分配和二次分配的关系,在经济发展的基础上普遍提高居民收入水平,逐步形成一个高收入人群和低收入人群占少数、中等收入人群占大多数的"两头小、中间大"的分配格局,使人民共享经济繁荣成果,促进国民经济持续快速健康发展和社会长治久安。[2]

江泽民进一步指出,建立合理的收入分配格局的关键是理顺分配关系。他指出,理顺分配关系,事关广大群众的切身利益和积极性的发挥。调整和规范国家、企业和个人的分配关系。确立劳动、资本、技术和管理等生产要素按贡献参与分配的原则,完善按劳分配为主体、多种分配方式并存的分配制度。坚持效率优先、兼顾公平,既要提倡奉献精神,又要落实分配政策,既要反对平

---

① 参见江泽民:《论社会主义市场经济》,中央文献出版社 2006 年版,第 582—583 页。

② 参见江泽民:《论社会主义市场经济》,中央文献出版社 2006 年版,第 583 页。

均主义,又要防止收入悬殊。初次分配注重效率,发挥市场的作用,鼓励一部分人通过诚实劳动、合法经营先富起来。再分配注重公平,加强政府对收入分配的调节职能,调节差距过大的收入。规范分配秩序,合理调节少数垄断性行业的过高收入,取缔非法收入。以共同富裕为目标,扩大中等收入者比重,提高低收入者收入水平。① 江泽民在中共十四大报告中也明确指出,统筹兼顾国家、集体、个人三者利益,理顺国家与企业、中央与地方的分配关系,逐步实行利税分流和分税制。加快工资制度改革,逐步建立起符合企业、事业单位和机关各自特点的工资制度与正常的工资增长机制。②

3. 初次分配和再分配都要兼顾效率和公平

胡锦涛对收入分配制度的完善提出了系统的思想。胡锦涛指出,要坚持按劳分配为主体、多种分配方式并存的分配制度,更加注重社会公平,加大收入分配调节力度,着力提高低收入者收入水平,逐步扩大中等收入者比重,严格执行最低工资制度,规范收入分配秩序,努力缓解区域发展差距和居民收入分配差距扩大的趋势。③ 胡锦涛在中共十七大报告中指出,深化收入分配制度改革,增加城乡居民收入。合理的收入分配制度是社会公平的重要体现。要坚持和完善按劳分配为主体、多种分配方式并存的分配制度,健全劳动、资本、技术、管理等生产要素按贡献参与分配的制度,初次分配和再分配都要处理好效率和公平的关系,再分配更加注重公平。逐步提高居民收入在国民收入分配中的比重,提高劳动报酬在初次分配中的比重。着力提高低收入者收入,逐步提高扶贫标准和最低工资标准,建立企业职工工资正常增长机制和支付保障机制。④ 规范

---

①　参见《江泽民文选》第三卷,人民出版社 2006 年版,第 550 页。
②　参见《江泽民文选》第一卷,人民出版社 2006 年版,第 229 页。
③　参见《胡锦涛文选》第二卷,人民出版社 2016 年版,第 377 页。
④　参见《胡锦涛文选》第二卷,人民出版社 2016 年版,第 643 页。

分配秩序,努力缩小城乡、区域、行业和社会成员之间收入差距。①

胡锦涛在中共十八大报告中指出,实现发展成果由人民共享,必须深化收入分配制度改革,努力实现居民收入增长和经济发展同步、劳动报酬增长和劳动生产率提高同步,提高居民收入在国民收入分配中的比重,提高劳动报酬在初次分配中的比重。初次分配和再分配都要兼顾效率和公平,再分配更加注重公平。完善劳动、资本、技术、管理等要素按贡献参与分配的初次分配机制,加快健全以税收、社会保障、转移支付为主要手段的再分配调节机制。深化企业和机关事业单位工资制度改革,推行企业工资集体协商制度,保护劳动所得。多渠道增加居民财产性收入。规范收入分配秩序,保护合法收入,增加低收入者收入,调节过高收入,取缔非法收入。②

4. 拓宽居民劳动收入和财产性收入渠道

中共十八大以来,中国特色社会主义社会进入新时代,收入分配制度的完善成为新时代中国特色社会主义建设的重要命题。习近平对完善收入分配制度提出了一系列新思想。在收入分配制度改革的重大意义方面,习近平指出,"收入分配制度改革是一项十分艰巨复杂的系统工程,各地区各部门要充分认识深化收入分配制度改革的重大意义,把落实收入分配制度、增加城乡居民收入、缩小收入分配差距、规范收入分配秩序作为重要任务,着力解决人民群众反映突出的问题"③。

在对做大蛋糕和分好蛋糕的关系方面,习近平指出,社会上有一些人说,目前贫富差距是主要矛盾,因此"分好蛋糕比做大蛋糕更重要",主张分配优

---

① 参见《胡锦涛文选》第三卷,人民出版社 2016 年版,第 507 页。
② 参见《胡锦涛文选》第三卷,人民出版社 2016 年版,第 642 页。
③ 中共中央文献研究室编:《习近平关于社会主义社会建设论述摘编》,中央文献出版社 2017 年版,第 25 页。

先于发展。这种说法不符合党对社会主义初级阶段和我国社会主要矛盾的判断。党的十八大提出准备进行具有许多新的历史特点的伟大斗争,是为了毫不动摇坚持和发展中国特色社会主义,不是不要发展了,也不是要搞杀富济贫式的再分配。我们提出"五位一体"总体布局和"四个全面"战略布局,就是为了更好推动经济社会发展,为人民群众生活改善不断打下更为雄厚的基础。① 要坚持社会主义基本经济制度和分配制度,调整收入分配格局,完善以税收、社会保障、转移支付等为主要手段的再分配调节机制,维护社会公平正义,解决好收入差距问题,使发展成果更多更公平惠及全体人民。② 我们将完善再分配调节机制,在做大蛋糕的同时分好蛋糕,扩大中等收入群体。③

在收入分配制度的完善方面,习近平指出,从我国实际出发,我们确立了按劳分配为主体、多种分配方式并存的分配制度。实践证明,这一制度安排有利于调动各方面积极性,有利于实现效率和公平有机统一。由于种种原因,目前我国收入分配中还存在一些突出的问题,主要是收入差距拉大、劳动报酬在初次分配中的比重较低、居民收入在国民收入分配中的比重偏低。对此,我们要高度重视,努力推动居民收入增长和经济增长同步、劳动报酬提高和劳动生产率提高同步,不断健全体制机制和具体政策,调整国民收入分配格局,持续增加城乡居民收入,不断缩小收入差距。④

习近平非常重视收入分配制度的完善。习近平强调,党的十五大就提出坚持按劳分配为主体、多种分配方式并存的制度,把按劳分配和按生产要素分

---

① 参见中共中央文献研究室编:《习近平关于社会主义经济建设论述摘编》,中央文献出版社 2017 年版,第 12 页。

② 参见习近平:《在省部级主要领导干部学习贯彻党的十八届五中全会精神专题研讨班上的讲话》,人民出版社 2016 年版,第 25 页。

③ 参见习近平:《深化伙伴关系　增强发展动力——在亚太经合组织工商领导人峰会上的主旨演讲》,《人民日报》2016 年 11 月 21 日。

④ 参见中共中央文献研究室编:《习近平关于全面建成小康社会论述摘编》,中央文献出版社 2016 年版,第 153—154 页。

配结合起来。这就要充分体现按劳分配,多劳多得、少劳少得、不劳不得。同时,无论是劳动、资本、土地,还是知识、技术、管理,都应该按各自贡献获得相应回报。多劳多得,前提是劳动是有效的。技术可以参与分配,但技术要能带来价值,被市场认可。① 要处理好政府、企业、居民三者分配关系,通过加大再分配调节力度,适当提高居民收入比重,合理降低政府和企业收入比重。要健全以税收、社会保障、转移支付等为主要手段的再分配调节机制。② 必须完善收入分配制度,坚持按劳分配为主体、多种分配方式并存的制度,把按劳分配和按生产要素分配结合起来,处理好政府、企业、居民三者分配关系。③

习近平在中共十九大报告中指出,坚持按劳分配原则,完善按要素分配的体制机制,促进收入分配更合理、更有序。鼓励勤劳守法致富,扩大中等收入群体,增加低收入者收入,调节过高收入,取缔非法收入。坚持在经济增长的同时实现居民收入同步增长、在劳动生产率提高的同时实现劳动报酬同步提高。拓宽居民劳动收入和财产性收入渠道。履行好政府再分配调节职能,加快推进基本公共服务均等化,缩小收入分配差距。④

合理的收入分配制度既是全面建成小康社会,保障和改善民生,促进社会公平正义、实现共享发展的要求,也是社会保障制度的基本功能。改革开放以来,以邓小平同志、江泽民同志、胡锦涛同志和习近平同志为主要代表的中国共产党人关于建立合理的收入分配制度的一系列思想理论,成为中国社会保障制度建设和发展的重要理论基础。

综上所述,改革开放以来,结合中国国情及社会保障制度建设的理念,中

---

① 参见中共中央文献研究室编:《习近平关于社会主义社会建设论述摘编》,中央文献出版社 2017 年版,第 42 页。

② 参见中共中央文献研究室编:《习近平关于社会主义社会建设论述摘编》,中央文献出版社 2017 年版,第 42—43 页。

③ 参见《习近平谈治国理政》第二卷,外文出版社 2017 年版,第 369 页。

④ 参见习近平:《决胜全面建成小康社会　夺取新时代中国特色社会主义伟大胜利——在中国共产党第十九次全国代表大会上的报告》,人民出版社 2017 年版,第 46—47 页。

国共产党对社会保障道路的探索不断发展与深化,从关注"三农"问题到城乡统筹,从重视民族地区社会发展到完善民族地区社会保障政策,从合理处理发展生产与改善生活的关系到实现社会保障制度的可持续发展,从确定按劳分配的原则到优化收入分配格局,中国共产党逐渐明确了社会保障制度的中国道路的前进方向,符合社会主义初级阶段的国情。中国共产党对中国特色社会保障制度发展道路的认识,构成中国特色社会保障理论的重要组成部分,也是中国共产党对马克思主义社会保障理论的重要贡献。

第六章　中国特色扶贫开发与
反贫困理论的发展

反贫困既是社会保障制度的重要目的,也是社会保障制度理论的基本内容。改革开放以来,以邓小平同志、江泽民同志、胡锦涛同志和习近平同志为主要代表的中国共产党人立足中国经济社会发展变化,不断探索和总结扶贫的思想、理论和有效途径,逐渐形成了从"救济式扶贫"到"开发式扶贫",从"扶贫攻坚"到"大扶贫格局",从"精准扶贫"到"精准脱贫"等比较系统的思想认识。这些思想认识,尤其是习近平关于精准扶贫和精准脱贫的重要思想,成为中国特色社会主义反贫困、保障和改善民生与共享发展思想理论体系的重要内容,极大地推进了中国反贫困事业的发展。

一、从"救济式扶贫"到"开发式扶贫"

1. 社会主义的本质特征与要求

一直以来,邓小平高度关注反贫困事业,认为大力发展生产力是缓解或者消除贫困根源的关键,反贫困、实现共同富裕是社会主义的本质特征和根本要求。中共十一届三中全会后,以邓小平同志为主要代表的中国共产党人,总结新中国成立以来正反两方面的经验与教训,对中国社会的主要矛盾做出了科学的判断,提出中国社会的主要矛盾仍然是人民群众日益增长的物质文化生活需要与落后的生产力之间的矛盾,社会主义的主要任务就是大力发展生产力。为了拨乱反正,统一思想,邓小平尖锐地指出:"国家这么大,这么穷,不努力发展生产,日子怎么过? 我们人民的生活如此困难,怎么体现出社会主义的优越性? '四人帮'叫嚷要搞'穷社会主义'、'穷共产主义',胡说共产主义主要是精神方面的,简直是荒谬之极!"①"我们革命的目的就是解放生产力,发展生产力。离开了生产力的发展、国家的富强、人民生活的改善,革命就是空的。"②"我们太穷了,要改变面貌。"③"我们总结 30 年的社会主义建设经验就是要寻找有利于发展生产力的路子,这是我们吃了很大的亏才搞清楚了的……搞社会主义,不能越搞越穷。不能因为有社会主义的名字就光荣,就好。"④邓小平还曾说道:"我们干革命几十年,搞社会主义三十多年,截至一九七八年,工人的月平均工资只有四五十元,农村的大多数地区仍处于贫困状态。这叫什么社会主义优越性?"⑤

邓小平对社会主义的本质特征进行了初步概括:"社会主义必须大力发展生产力,逐步消灭贫穷,不断提高人民的生活水平。"⑥"什么叫社会主义,什么叫马克思主义? 我们过去对这个问题的认识不是完全清醒的。马克思主义最注重发展生产力……所以社会主义阶段的最根本任务就是发展生产力,社

---

① 《邓小平文选》第三卷,人民出版社 1993 年版,第 10 页。
② 中共中央文献研究室编:《邓小平年谱(1975—1997)》上,中央文献出版社 2004 年版,第 580 页。
③ 中共中央文献研究室编:《邓小平年谱(1975—1997)》上,中央文献出版社 2004 年版,第 621 页。
④ 中共中央文献研究室编:《邓小平年谱(1975—1997)》上,中央文献出版社 2004 年版,第 625 页。
⑤ 《邓小平文选》第三卷,人民出版社 1993 年版,第 10—11 页。
⑥ 《邓小平文选》第三卷,人民出版社 1993 年版,第 10 页。

会主义的优越性归根到底要体现在它的生产力比资本主义发展得更快一些、更高一些,并且在发展生产力的基础上不断改善人民的物质文化生活。如果说我们建国以后有缺点,那就是对发展生产力有某种忽略。社会主义要消灭贫穷。贫穷不是社会主义,更不是共产主义。"①因为"社会主义特征是搞集体富裕,它不产生剥削阶级"②。邓小平指出:"我们奋斗了几十年,就是为了消灭贫困。第一步,本世纪末(指 20 世纪末,笔者注)达到小康水平,就是不穷不富,日子比较好过的水平。第二步,再用三五十年的时间,在经济上接近发达国家的水平,使人民生活比较富裕。这是大局。"③

邓小平尖锐地指出:"社会主义的目的就是要全国人民共同富裕,不是两极分化。如果我们的政策导致两极分化,我们就失败了;如果产生了什么新的资产阶级,那我们就真是走了邪路了。"④邓小平进一步指出:"不发展生产力,不提高人民的生活水平,不能说是符合社会主义要求的。"⑤"一部分地区、一部分人可以先富起来,带动和帮助其他地区、其他的人,逐步达到共同富裕。"⑥"我们的政策是让一部分人、一部分地区先富起来,以带动和帮助落后的地区,先进地区帮助落后地区是一个义务。"⑦"我的一贯主张是,让一部分人、一部分地区先富起来,大原则是共同富裕。一部分地区发展快一点,带动大部分地区,这是加速发展、达到共同富裕的捷径。"⑧

邓小平还指出,"搞社会主义,一定要使生产力发达,贫穷不是社会主义。我们坚持社会主义,要建设对资本主义具有优越性的社会主义,首先必须摆脱

① 《邓小平文选》第三卷,人民出版社 1993 年版,第 63—64 页。
② 《邓小平文选》第二卷,人民出版社 1994 年版,第 236 页。
③ 《邓小平文选》第三卷,人民出版社 1993 年版,第 109 页。
④ 《邓小平文选》第三卷,人民出版社 1993 年版,第 110—111 页。
⑤ 《邓小平文选》第三卷,人民出版社 1993 年版,第 116 页。
⑥ 《邓小平文选》第三卷,人民出版社 1993 年版,第 149 页。
⑦ 《邓小平文选》第三卷,人民出版社 1993 年版,第 155 页。
⑧ 《邓小平文选》第三卷,人民出版社 1993 年版,第 166 页。

贫穷。现在虽说我们也在搞社会主义,但事实上不够格。"①"落后国家建设社会主义,在开始的一段很长时间内生产力水平不如发达的资本主义国家,不可能完全消灭贫穷。所以,社会主义必须大力发展生产力,逐步消灭贫穷,不断提高人民的生活水平。"②邓小平再三告诫全党同志,为了使中国摆脱落后与贫困的面貌,必须将经济建设作为全部工作的核心,让人民摆脱贫困、实现共同富裕是共产党人干革命搞建设的基本目标,反贫困是社会主义的本质特征和基本要求,是战胜资本主义的前提。

2. 国家长治久安的政治问题

江泽民高度重视解决贫困人口的生活问题。他指出,改革、发展、稳定,好比是我国现代化建设棋盘上的三着紧密关联的战略性棋子……所以把握好改革、发展、稳定的关系,是现代化建设的一项重要领导艺术。③ 而"处理好改革、发展、稳定的关系,关键是要始终注意维护人民群众的利益"④。维护人民利益,首要的是搞好农村扶贫开发,解决贫困地区农民的温饱问题。因为解决农村贫困人口的温饱问题,关系到整个国家经济和社会的协调发展和长期稳定,关系到社会主义的优越性和党在人民群众中的威信。"我们党和国家开展扶贫开发,努力解决贫困人口的生产和生活问题,是我国社会主义制度优越性的一个重要体现,极大地坚定了全国各族人民建设有中国特色社会主义的信心。"⑤"各级党委和政府的主要负责人要关心扶贫、过问扶贫,把扶贫作为

---

①　《邓小平文选》第三卷,人民出版社 1993 年版,第 225 页。

②　《邓小平文选》第三卷,人民出版社 1993 年版,第 10 页。

③　参见中共中央文献研究室编:《江泽民论有中国特色社会主义(专题摘编)》,中央文献出版社 2002 年版,第 211 页。

④　中共中央文献研究室编:《江泽民论有中国特色社会主义(专题摘编)》,中央文献出版社 2002 年版,第 217 页。

⑤　中共中央文献研究室编:《江泽民论有中国特色社会主义(专题摘编)》,中央文献出版社 2002 年版,第 139 页。

关心群众疾苦和密切党群关系的一件大事来抓。处处关心群众、事事依靠群众、一切为了群众,诚心诚意为群众谋福利,是我们党的根本宗旨。"①

江泽民指出,"我们党的根本宗旨是全心全意为人民服务。各级领导干部必须始终想人民之所想,急人民之所急。当前,农村贫困人口最盼望最着急的就是吃饱穿暖,进而过上比较富裕的日子。帮助贫困群众实现这个愿望,是党的为人民服务宗旨的最实际的体现。关心群众生活,切实帮助他们克服困难,是党的优良传统,也是党和人民的事业不断取得胜利的重要保证"②。"打好扶贫开发攻坚战,是对各级干部特别是领导干部能不能坚持党的宗旨,实践党的根本工作路线的重大考验。"③这不仅是个经济问题,也是一个政治问题。④

江泽民进一步指出,加快贫困地区的发展步伐,不仅是一个经济问题,而且是关系国家长治久安的政治问题,是治国安邦的一件大事。⑤"如果这些贫困地区特别是少数民族地区和边疆地区贫困问题长期得不到解决,势必影响民族的团结、边疆的巩固,也会影响整个社会的稳定。"⑥"历史的经验证明,贫困往往成为一个国家、一个地区政治动荡和社会不稳定的重要根源。如果不能逐步消除贫困,一个国家就难以长期保持社会稳定;没有稳定,根本谈不上经济和社会发展。"⑦因此,"全党同志都要从坚持党的宗旨的高度来认识这个问题,都

---

① 江泽民:《论社会主义市场经济》,中央文献出版社 2006 年版,第 167 页。

② 江泽民:《全党全社会进一步动员起来,夺取八七扶贫攻坚决战阶段的胜利——在中央扶贫开发工作会议上的讲话》,《人民日报》1999 年 7 月 21 日。

③ 中共中央文献研究室编:《十五大以来重要文献选编》中,人民出版社 2001 年版,第 856 页。

④ 参见中共中央文献研究室编:《江泽民论有中国特色社会主义(专题摘编)》,中央文献出版社 2002 年版,第 136 页。

⑤ 参见中共中央文献研究室编:《十四大以来重要文献选编》下,人民出版社 1999 年版,第 2031 页。

⑥ 江泽民:《全党全社会动员起来,为实现八七扶贫攻坚计划而奋斗》,《人民日报》1997 年 1 月 6 日。

⑦ 中共中央文献研究室编:《十五大以来重要文献选编》中,人民出版社 2001 年版,第 847 页。

要把解决农村贫困人口的温饱问题作为一项重大的政治任务,义不容辞地完成好"①。

江泽民系统论述了扶贫开发具有的重大经济意义和政治意义。他指出:第一,我们党和国家开展扶贫开发,努力解决贫困人口的生产和生活问题,是我国社会主义制度优越性的一个重要体现,极大地坚定了全国各族人民建设有中国特色社会主义的信心。"我国绝大多数贫困地区解决了几千年没有解决的温饱问题这个事实,无可辩驳地说明,我国的社会主义制度具有巨大的优越性,是彻底消除贫困的根本制度保障。"②"我们建设有中国特色社会主义的各项事业,我们进行的一切工作,既要着眼于人民现实的物质文化生活需要,同时又要着眼于促进人民素质的提高,也就是要努力促进人的全面发展。这是马克思主义关于建设社会主义新社会的本质要求。"③第二,扶贫开发取得的成就,不仅是对世界人权事业的重要贡献,也为我们开展国际人权斗争、反对西方反华势力干涉我国内政创造了有利条件。"组织扶贫开发,解决几亿人的温饱问题,说明我们党和国家高度重视推进中国人民的人权事业,为保障人民的生存权和发展权这一最基本最重要的人权,进行了锲而不舍的努力。"④"实现和保障广大人民群众的生存权和发展权,是我们维护人权最基础最首要的工作。不首先解决温饱问题,其他一切权利都难以实现。"⑤"我们依靠自己的力量,解决了几亿贫困人口的温饱问题,使他们的生存权和发展权得到保障,为他们享受其他各项权利创造了有利条件。这是我们党和政府

---

①　江泽民:《论社会主义市场经济》,中央文献出版社 2006 年版,第 451 页。

②　中共中央文献研究室编:《十五大以来重要文献选编》中,人民出版社 2001 年版,第846 页。

③　江泽民:《论"三个代表"》,中央文献出版社 2001 年版,第 179 页。

④　中共中央文献研究室编:《江泽民论有中国特色社会主义(专题摘编)》,中央文献出版社 2002 年版,第 139 页。

⑤　江泽民:《全党全社会进一步动员起来,夺取八七扶贫攻坚决战阶段的胜利——在中央扶贫开发工作会议上的讲话》,《人民日报》1999 年 7 月 21 日。

在发展人权事业方面取得的最重要、最伟大的成果,也是对世界人权事业的重大贡献。"①江泽民明确指出:"中国确保十二亿多人的生存权和发展权,这是对世界人权进步事业的重大贡献。"②第三,扶贫开发取得的成就,为保持国民经济的协调发展,促进民族团结、保持边疆安定和社会稳定做出了贡献。第四,扶贫开发取得的伟大成就和积累的宝贵经验,为我们进行爱国主义、集体主义、社会主义教育和基本国情教育增添了丰富生动的教材,应充分运用它来激励全国各族人民继续为推进改革和建设而不懈奋斗。③

3. 救济式扶贫转向开发式扶贫

江泽民明确强调扶贫工作必须从救济式扶贫转向开发式扶贫,并且要实施政府扶贫与社会扶贫相结合的方针。江泽民指出:"解决中国的所有问题,最根本的要靠发展。解决贫困地区的问题,最根本的也要靠发展。"④他指出,改革开放以来,我国扶贫工作在思路上的一个重大转变,就是由传统的救济式扶贫转向开发式扶贫。走开发式扶贫的路子,增强自我发展能力,才能稳定地走上脱贫致富的道路。这是十多年来扶贫工作中创造的一条最基本的经验。江泽民提出,所谓开发式扶贫,其实质就是"把贫困地区干部群众的自身努力同国家的扶持结合起来,开发当地资源,发展商品生产,改善生产条件,增强自我积累、自我发展的能力"⑤。"坚持贯彻发展是硬道理的思想,最重要的就是要不断增强贫困地区自我发展的能力。这是开发式扶贫的真谛所在。"⑥

---

① 中共中央文献研究室编:《十五大以来重要文献选编》中,人民出版社2001年版,第846—847页。

② 江泽民:《在英国剑桥大学的演讲》,《人民日报》1999年10月23日。

③ 参见中共中央文献研究室编:《江泽民论有中国特色社会主义(专题摘编)》,中央文献出版社2002年版,第139—140页。

④ 中共中央文献研究室编:《江泽民论有中国特色社会主义(专题摘编)》,中央文献出版社2002年版,第140页。

⑤ 《江泽民文选》第一卷,人民出版社2006年版,第552页。

⑥ 《江泽民文选》第三卷,人民出版社2006年版,第252页。

江泽民指出："由救济式扶贫转向开发式扶贫,是扶贫工作的重大改革,也是扶贫工作的一个基本方针。多年的实践证明,贯彻这个方针,把贫困地区干部群众的自身努力同国家的扶持结合起来,开发当地资源,发展商品生产,改善生产条件,增强自我积累、自我发展的能力,这是摆脱贫困的根本出路。"①"坚持开发式扶贫的方针,就贯彻了邓小平同志关于发展才是硬道理的重要思想,目的是解放和发展生产力。"②江泽民指出:"改革开放以来,我国扶贫工作在思路上的一个重大转变,就是由传统的救济式扶贫转向开发式扶贫。走开发式扶贫的路子,增强自我发展能力,才能稳定地走上脱贫致富的道路。我们一路上看的典型都说明了这一点。这是十多年来扶贫工作中创造的一条最基本的经验。"③

江泽民还指出:"帮助贫困地区人民摆脱贫穷,不仅是党和政府的任务,也是全社会的共同责任。我们是社会主义国家,有这个优势;我们中华民族,有扶贫济困的传统美德;现在城市和一部分发达地区已经初步富裕起来了,也有这个条件。要发挥我们党和社会主义制度的政治优势,把政府扶贫同全社会扶贫结合起来,这应当作为今后扶贫工作中的一条重要方针。"④对于如何动员全社会力量参与农村扶贫问题,江泽民认为应主要通过三个渠道:一是各级党政机关率先垂范,充分发挥自己的职能作用,帮助贫困地区搞好开发和建设;二是发达地区发挥自身优势,对口帮扶贫困地区;三是充分发挥民主党派、社会团体、科研单位、大专院校、人民解放军和武警部队及社会其他各界的作用。

江泽民还强调在开发式扶贫中的机制建设。他指出:"能否打胜扶贫攻坚

---

① 江泽民:《全党全社会进一步动员起来,夺取八七扶贫攻坚决战阶段的胜利——在中央扶贫开发工作会议上的讲话》,《人民日报》1999 年 7 月 21 日。

② 《江泽民文选》第三卷,人民出版社 2006 年版,第 251 页。

③ 中共中央文献研究室编:《江泽民论有中国特色社会主义(专题摘编)》,中央文献出版社 2002 年版,第 136 页。

④ 中共中央文献研究室编:《江泽民论有中国特色社会主义(专题摘编)》,中央文献出版社 2002 年版,第 137 页。

战,关键是把扶贫工作放在什么位置,投入多大力度,党政一把手是不是真抓实干,能不能把各方面的力量组织起来,形成强大的合力。"①要进一步统一思想,下定决心,坚决如期实现"八七"扶贫攻坚计划;坚持开发式扶贫方针,增强贫困地区自我发展能力;更广泛更深入地动员全社会力量参与扶贫;依靠贫困地区干部群众,坚持不懈地苦干实干;进一步加强扶贫工作的领导,层层实行责任制。②

江泽民对扶贫开发工作中的领导机制提出了明确的要求。他指出,坚持正确领导,必须抓好两个基本环节:一是要层层实行责任制。解决群众的温饱问题,是贫困地区一切工作的中心,是一项重大的政治任务。因此,各级党政一把手要亲自组织指挥本地区的扶贫攻坚战。同时,各级党政机关要组织大批干部,到贫困村具体帮助。这不仅是打好扶贫攻坚战的需要,也是培养锻炼干部、改进机关工作的需要。江泽民指出:"要选配好贫困县、乡领导班子,选拔一批政治素质好、有责任心、有干劲、有开拓精神的年轻干部担任贫困县、乡的主要领导职务,并且在扶贫攻坚期间基本保持稳定。"③

二是加强贫困地区的党组织建设。扶贫攻坚最终要靠基层组织带领群众苦干实干。大量事实证明,基层党组织坚强有力,才能把群众充分地动员起来,有效地改变贫困面貌。因此,"要加强贫困地区基层组织建设,特别是村级组织建设。一个贫困村要改变面貌,关键是要有好的带头人。抓扶贫要同抓基层组织建设紧密结合。'给钱给物,更要帮助建一个好支部。'这是解决贫困村问题的治本之策"④。"打好扶贫攻坚战关键在路子、在班子。"⑤

---

① 江泽民:《全党全社会动员起来,为实现八七扶贫攻坚计划而奋斗——在中央扶贫开发会议上的讲话》,《人民日报》1997年1月6日。

② 参见《江泽民文选》第一卷,人民出版社2006年版,第547—562页。

③ 中共中央文献研究室编:《江泽民论有中国特色社会主义(专题摘编)》,中央文献出版社2002年版,第137页。

④ 中共中央文献研究室编:《江泽民论有中国特色社会主义(专题摘编)》,中央文献出版社2002年版,第138页。

⑤ 江泽民:《论社会主义市场经济》,中央文献出版社2006年版,第325页。

　　此外,江泽民多次强调:"一个贫困的地方,要改变贫穷落后面貌,需要国家的扶持和社会有关方面的帮助,但最根本的还是要靠当地干部群众自身的努力,靠干部带领群众苦干实干。离开了这一条,再多的扶持也难以奏效,再优惠的政策也难以发挥作用。这是已经脱贫地方的根本经验,也是一些地方虽经长期扶持仍然山河依旧的主要教训。"①"贫困地区的干部群众有没有改天换地、战胜贫穷的艰苦奋斗的雄心壮志,有没有不等不靠、积极进取的自力更生的顽强意志,决定着脱贫致富的进程和成效。外部的支持帮助只有与内部的艰苦努力结合起来,才能真正发挥作用。在国家的扶持和社会各界的帮助下,只要贫困地区的各级党组织和干部群众同心协力,开动脑筋,实干苦干,脱贫的办法就会越想越多,致富的路子就会越走越宽。"②

4. 社会主义初级阶段的重要任务

　　江泽民对扶贫开发的不断深入进行了系统论述。江泽民指出:"实现扶贫攻坚目标,到本世纪末(指20世纪末,笔者注)基本解决全国农村贫困人口的温饱问题,是我国社会主义现代化建设进程中必须完成的最艰巨的任务之一。"③在中共十五大报告中,江泽民要求:"国家从多方面采取措施,加大扶贫攻坚力度,到本世纪末(指20世纪末,笔者注)基本解决农村贫困人口的温饱问题。"④基本解决农村贫困人口的温饱问题这项任务完成以后,扶贫开发仍然不能放松,要继续抓下去。当然,这是在更进一个层次上的扶贫开发。21世纪继续开展扶贫开发,要首先解决剩余贫困人口的温饱问题,巩固扶贫成果,使已经解决温饱的人口向小康迈进,同时在稳定解决温饱的基础上,全面推进贫困地

---

　　① 中共中央文献研究室编:《江泽民论有中国特色社会主义(专题摘编)》,中央文献出版社2002年版,第137页。

　　② 江泽民:《在中央扶贫开发工作会议上的讲话》,《人民日报》2001年9月18日。

　　③ 江泽民:《论社会主义市场经济》,中央文献出版社2006年版,第319页。

　　④ 《江泽民文选》第二卷,人民出版社2006年版,第27—28页。

区经济社会发展。"我国的社会生产力、综合国力和人民生活水平比过去有了很大提高,但生产力不发达的状况还没有根本改变,经济科技实力同发达国家相比还有很大差距,国内各地区的发展也很不平衡。"①我们订计划、"做工作,时刻都不能脱离我国生产力还不发达、农村尤其不发达这个客观实际"②。

江泽民还强调扶贫开发必须纳入整体经济社会发展战略与共同富裕的民生目标一起考虑。他指出,扶贫开发这项工作,必须同我们对 21 世纪整个经济发展战略的考虑结合起来,同加快中西部地区建设、缩小东西部地区发展差距,实现共同富裕的目标结合起来。江泽民在中共十四届五中全会上提出:"从'九五'计划开始,要更加重视支持中西部地区经济的发展,逐步加大解决地区差距继续扩大趋势的力度,积极朝着缩小差距的方向努力。"③

江泽民尤其关注中西部地区的扶贫开发。他指出,西部大开发是一项振兴中华的宏伟战略任务,是中华民族发展史上的一项惊天动地的伟业,也将是世界开发史上的一个空前壮举。④

江泽民指出,逐步缩小全国各地区之间的发展差距,实现全国经济社会的协调发展和最终达到全体人民的共同富裕,是社会主义本质特征的要求。改革开放以来,沿海发达地区运用自身较好的经济基础、优越的地理位置和一些特殊措施,经济和社会发展突飞猛进,积累了相当的实力。现在,加快中西部地区的发展,特别是实施西部大开发战略,条件已经具备,时机已经成熟……在继续加快东部沿海地区发展的同时,必须不失时机地加快中西部地区的发展。⑤ "没

---

① 中共中央文献研究室编:《十五大以来重要文献选编》中,人民出版社 2001 年版,第853 页。

② 中共中央文献研究室编:《十五大以来重要文献选编》中,人民出版社 2001 年版,第854 页。

③ 中共中央文献研究室编:《十四大以来重要文献选编》中,人民出版社 1997 年版,第1467 页。

④ 参见《江泽民文选》第二卷,人民出版社 2006 年版,第 344、346 页。

⑤ 参见中共中央文献研究室编:《十五大以来重要文献选编》中,人民出版社 2001 年版,第854—855 页。

有西部地区的稳定就没有全国的稳定,没有西部地区的小康就没有全国的小康,没有西部地区的现代化就不能说实现了全国的现代化。"①

关于农村人口的温饱问题,江泽民指出,到20世纪末,农村虽然可以基本解决贫困人口的温饱问题,但标准还很低,而且很不稳定。许多地方还没有从根本上改变落后的生产条件,一遇自然灾害,一部分人仍可能饱而复饥、温而复寒。改变这些地方长期形成的生产力不发达状况,还要进行长期努力,不可能一蹴而就。从这个意义上讲,扶贫开发是贯穿整个社会主义初级阶段的一项重要任务。21世纪,扶贫开发还要继续深化,并不断向更高的水平推进。②

5. 自我发展能力的提升

江泽民十分强调扶贫开发中贫困地区与人口自我发展能力的提升。江泽民指出,贫困地区要改变面貌,需要国家的扶持和社会各界的帮助,但从根本上说,还要依靠当地干部群众发扬自力更生、艰苦奋斗精神,坚持不懈地苦干实干,自强不息,艰苦创业。这样,外部的支持才能真正发挥作用。③ 坚持开发式扶贫的方针,就是贯彻了邓小平关于发展是硬道理的重要思想,目的是为了解放和发展生产力。要努力改善贫困地区的生产条件、生活条件和生态条件,提高群众的科技文化素质,充分利用当地自然资源和劳动力资源,发挥比较优势,促进生产的发展,促进群众生活的改善,并逐步增强自我积累和自我发展的能力。我们借鉴国外发展经验,不仅要看国外发展成功的经验,也要看国外发展不成功的教训。坚持贯彻发展是硬道理的思想,最重要的就是要不

---

① 中共中央文献研究室编:《江泽民论有中国特色社会主义(专题摘编)》,中央文献出版社2002年版,第177页。

② 参见中共中央文献研究室编:《十五大以来重要文献选编》中,人民出版社2001年版,第854页。

③ 参见《江泽民文选》第一卷,人民出版社2006年版,第557页。

断增强贫困地区自我发展的能力。这是开发式扶贫的真谛所在。① 江泽民指出:"贫困地区经济落后的一个重要原因是科技落后,生产经营粗放。"②他再三强调:"我们要坚持把科学技术放在优先发展的战略地位,坚持依靠科技进步来提高经济效益和社会效益。"③"只要把现有的实用技术推广开,都可以大幅度增加产量、提高效益,有效解决群众的温饱问题。"④

江泽民十分重视扶贫开发的重大政治意义,将其提升到治国安邦、长治久安、民族团结和人权发展的高度。扶贫开发的基本目标是解决农村贫困人口的温饱问题,进而使得解决温饱的人口能够向小康生活迈进,并在稳定解决温饱问题的基础上,推进贫困地区经济社会发展。扶贫开发的主要方针是政府扶贫与社会扶贫相结合。从"救济式扶贫"到"开发式扶贫"的思路转变,是中国共产党顺应改革开放后中国经济社会发展变化,结合贫困自身的发展变化,对我国预防和减少贫困问题认识的重要发展和变化,对于推进当时的扶贫事业的发展,改善贫困群体的基本生活产生了积极作用和影响,也为中国共产党在后来的发展阶段对扶贫开发的认识的发展奠定了基础。

二、从"扶贫攻坚"到"大扶贫格局"

1. "两不愁"、"三保障"与"四大突破"

胡锦涛鲜明地提出了扶贫开发的总体目标和需要重点突破的任务。胡锦

---

① 参见中共中央文献研究室编:《江泽民论有中国特色社会主义(专题摘编)》,中央文献出版社 2002 年版,第 140—141 页。

② 《江泽民文选》第一卷,人民出版社 2006 年版,第 554 页。

③ 中共中央文献研究室编:《江泽民论有中国特色社会主义(专题摘编)》,中央文献出版社 2002 年版,第 230 页。

④ 《江泽民文选》第一卷,人民出版社 2006 年版,第 554 页。

涛指出,到 2020 年,深入推进扶贫开发的总体目标是:稳定实现扶贫对象不愁吃、不愁穿,保障其义务教育、基本医疗和住房。贫困地区农民人均纯收入增长幅度高于全国平均水平,基本公共服务主要领域指标接近全国平均水平,扭转发展差距扩大趋势。① 这一总体目标进一步提升和丰富了扶贫开发的重要内涵,不仅着重考虑了扶贫对象的吃饭、穿衣、住房等基本生存需要,而且适度兼顾了义务教育、基本医疗以及住房等部分发展需要。同时,胡锦涛从四个方面的战略高度阐发了扶贫开发工作的重要意义,他指出:"深入推进扶贫开发,扎实做好新阶段扶贫开发工作,对维护人民根本利益、巩固党的执政基础、确保国家长治久安、实现全面建设小康社会和社会主义现代化宏伟目标具有极为重大的意义。"②"要着力解决人民群众最关心、最直接、最现实的利益问题,完善社会保障体系,加强扶贫开发工作,使人民群众不断得到实实在在的利益,使各阶层群众特别是城乡困难群众都感受到社会主义大家庭的温暖。"③

胡锦涛着重指出,扶贫工作必须要在以下五个方面有大的突破。

一是生产条件有大改变。贫困地区基本农田、农田水利等基础设施明显改善,人均基本口粮田得以保障,农户特色增收项目得到落实,特色优势产业快速发展,特色支柱产业体系初步形成。④ 要把基础设施建设和社会事业发展的重点转向农村,加强农村道路、水利、能源、通信、环境卫生等基础设施建设,加快发展农村教育、卫生、文化、广播电视等公共事业。⑤

二是生活条件有大改善。贫困地区农村饮水安全保障程度和自来水普及率进一步提高,全面解决无电行政村和无电人口用电问题;实现具备条件行政

---

① 参见《胡锦涛文选》第三卷,人民出版社 2016 年版,第 568 页。

② 《中央扶贫开发工作会议在北京召开 胡锦涛温家宝发表重要讲话》,《人民日报》2011 年 11 月 30 日。

③ 中共中央文献研究室编:《十六大以来重要文献选编》下,中央文献出版社 2008 年版,第 559 页。

④ 参见《胡锦涛文选》第三卷,人民出版社 2016 年版,第 568 页。

⑤ 参见《胡锦涛总书记与人大代表座谈 为农民代表解难题》,新华网,2007 年 3 月 10 日。

村通沥青(水泥)路,实现村村通班车;扩大农村危房改造规模,群众居住条件得到显著改善。①"一定要想办法帮助他们解决困难。我们讲要代表最广大人民的根本利益,要关心群众生产生活,首先要关心困难群众的生产生活。全面建设小康社会,一个重要内容就是要帮助贫困地区和欠发达地区加快发展,使群众尽早脱贫致富。"②

三是社会事业有大发展。贫困地区基本普及学前教育,义务教育水平进一步提高,普及高中阶段教育;县乡村三级医疗卫生服务网基本健全,县级医院医疗能力和水平明显提高,新型农村合作医疗参加率稳定在百分之九十以上,贫困地区群众获得公共卫生和基本医疗服务更加均等;建立健全广播影视公共服务体系,全面实现广播电视户户通,自然村基本实现通宽带,基本实现每个国家扶贫开发工作重点县有图书馆、文化馆,乡镇有综合文化站,行政村有文化活动室。③

四是社会保障水平有大提高。农村最低生活保障制度、五保供养制度、临时救助制度进一步完善,实现新型农村社会养老保险制度全覆盖,农村社会保障和服务水平进一步提升。④ 胡锦涛强调,要加大农村扶贫开发力度,因地制宜地实行整村推进的扶贫开发方式,继续对缺乏生存条件地区的贫困人口实行易地扶贫,对丧失劳动能力的贫困人口实行救助制度。⑤"要逐步建设覆盖城乡居民的社会保障体系。今年(指 2007 年,笔者注),我们要全面建立农村最低生活保障制度,积极探索建立农村养老保险制度。一开始水平不可能很高,随着经济的发展、财力的提高,将逐步提高标准……要建设覆盖城乡居民

---

① 参见《胡锦涛文选》第三卷,人民出版社 2016 年版,第 568 页。
② 《总书记除夕访农家》,《人民日报》2004 年 1 月 22 日。
③ 参见《胡锦涛文选》第三卷,人民出版社 2016 年版,第 568 页。
④ 参见《胡锦涛文选》第三卷,人民出版社 2016 年版,第 568 页。
⑤ 参见中共中央文献研究室编:《十六大以来重要文献选编》下,中央文献出版社 2008 年版,第 283 页。

的基本卫生保健制度,重点扶持农村卫生事业发展,发展新型农村合作医疗,切实为广大人民群众提供安全、有效、方便、价廉的公共卫生和基本医疗服务。"①

五是生态环境有大改观。生态文明建设得到加强,森林覆盖率比 2010 年增加 3.5 个百分点;逐步实现人口均衡发展,促进人与自然和谐。② 胡锦涛特别强调扶贫工作一定要将开发扶贫与生态建设有机结合,坚持可持续发展。他指出:牢牢把握开发扶贫、生态建设这个主题,就要针对农村人口温饱问题没有彻底解决这一现实,采取一切有利于摆脱贫困落后的政策措施,加快资源开发,加速劳动力转移,大力发展商品经济,逐步实现绝大多数农民脱贫目标。……采取强有力措施,全面规划、综合治理,把生态建设和经济开发紧密结合起来。尽快停止人为的生态破坏,并逐步走向生态的良性循环。……实现这两大目标,任务很艰巨。这就需要在统一认识的基础上,强化对开发扶贫、生态建设工作的领导,强化有利于开发扶贫、生态建设的政策;有倾斜度地安排开发扶贫、生态建设的资金投入和技术投入,动员各方面力量,努力把开发扶贫、生态建设的工作落到实处。③ 胡锦涛进一步指出:"坚持统筹城乡发展,坚持扶贫开发与推进城镇化、建设社会主义新农村相结合,与生态环境保护相结合,促进经济社会发展与人口资源环境相协调。"④

2. 扶贫开发新阶段需要建立新机制

胡锦涛论述了扶贫开发的主要途径和基本手段。胡锦涛指出,我国扶贫

---

① 《胡锦涛总书记与人大代表座谈　为农民代表解难题》,新华网,2007 年 3 月 10 日。
② 参见《胡锦涛文选》第三卷,人民出版社 2016 年版,第 568—569 页。
③ 参见《胡锦涛文选》第一卷,人民出版社 2016 年版,第 2—3 页。
④ 《胡锦涛文选》第三卷,人民出版社 2016 年版,第 569 页。

开发已经从以解决温饱为主要任务的阶段转入巩固温饱成果、加快脱贫致富、改善生态环境、提高发展能力、缩小发展差距的新阶段。[1] 做好新阶段扶贫开发工作,要坚持开发式扶贫方针,同时实行扶贫开发和农村最低生活保障制度有效衔接,把扶贫开发作为脱贫致富的主要途径,把社会保障作为解决温饱问题的基本手段。[2]

胡锦涛系统论述了扶贫开发中的机制建设。他指出,扶贫开发工作中要着重把握好以下几点:第一,坚持政府主导、分级负责。要坚持中央统筹、省负总责、县抓落实的扶贫开发管理体制,实行扶贫开发目标责任制和考核评价制度,实行党政一把手负总责的扶贫开发工作责任制,建立片为重点、工作到村、扶贫到户的工作机制。要把扶贫开发纳入经济社会发展战略及总体规划,确保扶贫开发资金稳定增长,充分发挥政府投入在扶贫开发中的主体和主导作用。[3]

胡锦涛强调,领导干部要坚持深入基层、深入群众,倾听群众呼声,关心群众疾苦,做到权为民所用,情为民所系,利为民所谋,带领群众创造自己的幸福生活。[4] 他特别强调,对扶贫帮困工作来说,即使有百分之一的疏漏,也会给被疏漏的那部分群众造成百分之百的困难。我们必须从这样的角度看问题,尽一切努力把扶贫帮困工作做细做实做到位。[5]

胡锦涛强调,党和政府一定会把扶贫开发摆到更加重要的位置上来,加大对贫困地区和欠发达地区的支持力度。[6] 各级党委和政府要进一步提高思想认识,切实加强组织领导,强化扶贫开发责任,加强扶贫机构队伍建设,加强扶

---

① 参见中共中央文献研究室编:《十七大以来重要文献选编》(下),中央文献出版社 2013年版,第 635—636 页。

② 参见《胡锦涛文选》第三卷,人民出版社 2016 年版,第 569 页。

③ 参见《胡锦涛文选》第三卷,人民出版社 2016 年版,第 569 页。

④ 参见《胡锦涛到西柏坡学习考察》,《经济日报》2002 年 12 月 31 日。

⑤ 参见《胡锦涛要求尽一切努力把扶贫帮困做细做实做到位》,《羊城晚报》2002 年 2 月15 日。

⑥ 参见《总书记除夕访农家》,《人民日报》2004 年 1 月 22 日。

贫法制化建设,努力实现到 2020 年扶贫开发目标任务。① 胡锦涛强调,新阶段扶贫开发任务艰巨、时间紧迫,必须加强领导、真抓实干,切实把中央决策部署落到实处。各级党委和政府要高度重视扶贫开发工作,加强对扶贫开发工作的督促检查和考核评估,加强扶贫资金使用管理。要切实加强基层组织建设,把基层党组织建设成为推动科学发展、带领农民致富、密切联系群众、维护农村稳定的坚强领导核心。要切实加强扶贫干部队伍建设,努力打造一支素质高、作风实、讲奉献的扶贫开发干部队伍。② 胡锦涛还提出:"要加大扶贫开发投入,抓好扶贫资金和各类资金的匹配使用,提高扶贫资金利用效率。"③

第二,坚持突出重点、分类指导。要从实际出发推进扶贫开发。中央将加大对扶贫开发的支持力度,重点支持革命老区、民族地区、边疆地区特别是集中连片特殊困难地区。中西部地区扶贫要把巩固温饱成果、加快脱贫致富作为主要任务,着力解决制约发展的主要瓶颈问题。东部有条件地区要提高扶贫开发水平,探索减少相对贫困、实现共同富裕的有效途径。对致贫原因不同的贫困群众,要采取更有针对性的扶持措施。④ 胡锦涛指出,要进一步发挥市场机制在区域发展中的重要作用,发挥各地区的比较优势,加大对欠发达地区和困难地区的扶持力度。⑤

第三,坚持全社会参与、合力推进。扶贫开发是全党全社会的共同责任。要形成扶贫开发工作强大合力。各部门各地区要按照中央颁发的《中国农村扶贫开发纲要(2011—2020 年)》确定的任务,各司其职、各负其责,密切配合、通力协作,把支持贫困地区发展纳入本部门本地区工作,积极完成所承担的扶

---

① 参见《中共中央政治局会议研究部署农村扶贫开发工作》,《人民日报》2011 年 4 月 27 日。
② 参见《中央扶贫开发工作会议在北京召开——胡锦涛温家宝发表重要讲话》,《光明日报》2011 年 11 月 30 日。
③ 胡锦涛:《论构建社会主义和谐社会》,中央文献出版社 2013 年版,第 78—83 页。
④ 参见《胡锦涛文选》第三卷,人民出版社 2016 年版,第 569 页。
⑤ 参见《中央经济工作会议在京召开》,《人民日报》2004 年 12 月 6 日。

贫开发任务。要充分发挥社会力量在扶贫开发中的重要作用,广泛动员社会各界参与扶贫开发。① 胡锦涛强调,扶贫开发是建设中国特色社会主义事业的一项历史任务,也是构建社会主义和谐社会的一项重要内容。这些年来,我国的扶贫开发工作取得了显著成绩,但面临的任务仍十分繁重艰巨。帮助贫困地区尽快脱贫致富,需要党和政府以及社会各方面共同努力。② 胡锦涛指出,要继续搞好中央和国家机关定点扶贫和东西扶贫协作工作,进一步动员和组织社会力量参与扶贫开发,拓宽扶贫开发渠道,增强扶贫开发合力。③ 鼓励社会各界力量发挥自身所具有的优势和特点,从资金、技术和服务等方面积极参与扶贫开发事业,为贫困地区人民群众整体素质和生活环境的提升贡献力量。

第四,坚持尊重扶贫对象主体地位、激发贫困地区内在活力。要充分发挥贫困地区和扶贫对象主动性和创造性,积极推行参与式扶贫,提高扶贫对象自我管理水平和发展能力,帮助他们立足自身实现脱贫致富。④ 胡锦涛指出:贫困地区的人民群众要发扬自力更生、艰苦奋斗的精神,依靠自己的辛勤劳动逐步改变面貌。只要大家坚持不懈地努力,日子一定会越过越好。⑤ 胡锦涛强调:"要坚持开发式扶贫的方针,进一步加大扶贫工作力度。要注重激励贫困地区广大干部群众发扬自力更生、艰苦奋斗的精神,合理开发利用当地资源,积极培育特色优势产业,着力增强贫困地区自我积累、自我发展能力,走出一条依靠自己力量脱贫致富的路子。"⑥

---

① 参见《胡锦涛文选》第三卷,人民出版社 2016 年版,第 570 页。
② 参见《广泛动员社会力量　加快扶贫开发进程》,《人民日报》2005 年 5 月 29 日。
③ 参见胡锦涛:《全面贯彻落实科学发展观,推动经济社会又快又好发展》,《求是》2006 年第 1 期。
④ 参见《胡锦涛文选》第三卷,人民出版社 2016 年版,第 570 页。
⑤ 参见《总书记除夕访农家:一定要让所有村民都吃上饺子》,《人民日报》2004 年 1 月 22 日。
⑥ 《胡锦涛在贵州考察工作时强调　以科学发展观统领经济社会发展全局势力推动现代化建设又快又好地发展》,《人民日报》2005 年 2 月 12 日。

3. "扶贫攻坚"与"大扶贫格局"

胡锦涛非常强调在集中连片贫困地区实施扶贫攻坚。胡锦涛指出:"要加大扶贫开发力度,扶持人口较少民族发展,继续把困难地区作为扶贫开发的重点区域,实施连片扶贫开发,对农村低收入人口全面实施扶贫政策,到2020年基本消除绝对贫困现象。"[1]他指出,着力推进集中连片特殊困难地区扶贫攻坚。中央已经明确:六盘山区、秦巴山区、武陵山区、乌蒙山区、滇桂黔石漠化区、滇西边境山区、大兴安岭南麓山区、燕山—太行山区、吕梁山区、大别山区、罗霄山区等十一个集中连片特殊困难地区和已经明确实施特殊政策的西藏,四川、云南、甘肃、青海四省藏区,新疆南疆三地州,是扶贫攻坚主战场。这是新阶段我国扶贫开发工作重点。中央把集中连片特殊困难地区作为新阶段扶贫开发工作重点,是根据我国国情和新阶段扶贫开发面临的形势做出的重大决策,主要是考虑到这些地区生态环境脆弱,生存条件恶劣,自然灾害频繁发生,基础设施和社会事业发展明显滞后,贫困程度深,改变落后面貌必须举全国之力打一场攻坚战。国家要加大投入和支持力度,加强对跨省片区规划的指导和协调,集中力量,分批实施。各有关省、自治区、直辖市对所属集中连片特殊困难地区负总责,在国家指导下,以县为基础制定和实施扶贫攻坚工程规划。各部门各地区要加大统筹协调力度,集中实施一批教育、卫生、文化、就业、社会保障等民生工程,大力改善生产生活条件,培育壮大一批特色优势产业,加快区域性重要基础设施建设步伐,加强生态环境保护,着力解决制约发展的瓶颈问题,促进基本公共服务均等化,从根本上改变集中连片特殊困难地区面貌。[2]

---

① 中共中央文献研究室编:《十七大以来重要文献选编》(中),中央文献出版社 2011 年版,第 688 页。

② 参见《胡锦涛文选》第三卷,人民出版社 2016 年版,第 570—571 页。

　　胡锦涛明确提出实施专项扶贫、行业扶贫与社会扶贫相结合的大扶贫格局。他指出,要着力巩固和发展专项扶贫、行业扶贫、社会扶贫的大扶贫格局。扶贫开发实践探索形成的专项扶贫、行业扶贫、社会扶贫等多方力量、多种举措有机结合和互为支撑的"三位一体"大扶贫格局,是我国扶贫开发工作的重要创新,要继续坚持、巩固、发展、提高。专项扶贫要按照省负总责、县抓落实、工作到村、扶贫到户的要求,组织实施好易地扶贫搬迁、整村推进、以工代赈、产业扶贫、就业促进、扶贫试点、革命老区建设等重要工程。

　　行业扶贫要密切结合各行业业务职能,把改善贫困地区发展环境和条件作为本行业发展规划的重要内容,在资金、项目等方面向贫困地区倾斜,扶持发展特色产业,开展科技扶贫,完善基础设施,发展教育文化事业,改善公共卫生和人口服务管理,完善社会保障制度,重视能源保障和生态环境保护,确保完成国家确定的本行业扶贫任务。

　　社会扶贫要加强定点扶贫,推进东西部扶贫协作,发挥军队和武警部队作用,动员企业和社会各界参与扶贫。中央和国家机关各部门各单位、人民团体、参照公务员法管理的事业单位和国有大型骨干企业、国有控股金融机构、国家重点科研院校、军队和武警部队要积极参加定点扶贫,承担相应的定点扶贫任务。要支持各民主党派中央、全国工商联参与定点扶贫工作,积极鼓励、引导、支持、帮助各类非公有制企业、社会组织承担定点扶贫任务。要鼓励和引导企业、社会组织和个人通过多种方式参与扶贫开发,积极倡导扶贫志愿者行动。[①]

4. 完善扶贫开发的政策保障体系

　　胡锦涛还强调建立和完善扶贫开发政策保障体系的重要性。他指出,要着力完善扶贫开发政策保障体系。政策是贫困地区加快发展和扶贫对象脱贫

[①]　参见《胡锦涛文选》第三卷,人民出版社 2016 年版,第 571—572 页。

致富的重要保障。要完善扶持贫困地区发展各项政策措施,形成有利于贫困地区和扶贫对象加快发展的扶贫战略和政策体系。要逐步增加中央和地方扶贫开发投入,加大中央和省级财政对贫困地区的一般性转移支付力度,加大中央集中彩票公益金支持扶贫开发事业的力度,中央财政扶贫资金的新增部分主要用于集中连片特殊困难地区,加大贫困地区基础设施建设、生态环境保护、民生工程等投入力度。要加强贫困地区金融服务体系和能力建设,尽快实现贫困地区金融机构空白乡镇金融服务全覆盖,鼓励保险机构在贫困地区建立基层服务网点,鼓励和支持贫困地区县域银行业金融机构将新增可贷资金主要留在当地使用,继续完善国家扶贫贴息贷款政策,鼓励开展小额信用贷款,努力满足扶贫对象发展生产的资金需求。国家大型项目、重点工程、新兴产业要优先向符合条件的贫困地区安排,引导劳动密集型产业向贫困地区转移。要按照国家耕地保护和农村土地利用管理有关制度规定,新增建设用地指标优先满足贫困地区易地扶贫搬迁建房需求,合理安排贫困地区小城镇和产业聚集区建设用地。要制定大专院校、科研院所、医疗机构为贫困地区培养人才的鼓励政策,引导大中专毕业生到贫困地区就业创业,对长期在贫困地区工作的干部要制定鼓励政策,对各类专业技术人员在职务、职称等方面实行倾斜政策,对定点扶贫和东西部扶贫协作挂职干部要关心爱护,充分发挥各类人才在扶贫开发中的重要作用。①

　　胡锦涛还十分强调注意加强扶贫开发的国际交流合作。他指出,改革开放以来,我国高度重视利用外资扶贫和借鉴国外扶贫经验,联合实施了多种形式的扶贫项目或活动,成效明显。要继续加强扶贫开发国际交流合作,通过"走出去""引进来"等多种方式,创新机制,拓宽渠道,广泛开展减贫项目合作。要积极向国际社会展示我国扶贫开发成就和经验,努力为全球减贫事业

---

① 参见《胡锦涛文选》第三卷,人民出版社 2016 年版,第 572—573 页。

做出新的更大的贡献。①

可见，胡锦涛对扶贫开发的重要论述中关于扶贫开发的目标更加明确，这就是"两不愁"、"三保障"和"四大突破"。扶贫工作的重点更加突出，这就是在集中连片特殊困难地区着力实施扶贫攻坚。扶贫开发的原则更加明确，这就是完善和推进专项扶贫、行业扶贫与社会扶贫的"大扶贫格局"。扶贫开发的途径与手段更加综合，这就是扶贫开发与社会保障相结合，扶贫开发是脱贫致富的主要途径，社会保障是解决温饱问题的基本手段。从"扶贫攻坚"到"大扶贫格局"思想的提出，反映出中国共产党在扶贫工作方面既突出重点，着力推进集中连片特殊困难地区扶贫攻坚，更关注扶贫工作的体制和机制建设，实施专项扶贫、行业扶贫、社会扶贫的"大扶贫格局"，这是中国共产党关于扶贫问题认识的重要发展，不仅极大地推动了扶贫事业尤其是集中连片特殊困难地区扶贫事业的发展，也为中共十八大以后所提出的"精准扶贫"和"精准脱贫"思想和战略奠定了坚实的基础。

三、从"精准扶贫"到"精准脱贫"

1. "两不愁"、"三保障"与"两确保"

以习近平同志为核心的党中央提出了精准扶贫、精准脱贫的新战略。习近平的系列重要讲话，就精准扶贫、精准脱贫的一系列重大问题进行了全面系统的论述。关于精准扶贫与精准脱贫的重大意义与目标任务，习近平指出，消除贫困是全面建成小康社会的要求。消除贫困、改善民生、实现共同富裕，是社会主义的本质要求。对困难群众，我们要格外关注、格外关爱、格外关心，

---

① 参见《胡锦涛文选》第三卷，人民出版社 2016 年版，第 573 页。

千方百计帮助他们排忧解难,把群众的安危冷暖时刻放在心上,把党和政府的温暖送到千家万户。……全面建成小康社会,最艰巨最繁重的任务在农村,特别是在贫困地区。没有农村的小康,特别是没有贫困地区的小康,就没有全面建成小康社会。① 习近平指出:"全面建成小康社会、实现第一个百年奋斗目标,农村贫困人口全部脱贫是一个标志性指标。"②

习近平明确提出新时期脱贫攻坚的目标。习近平指出,扶贫开发是我们第一个百年奋斗目标的重点工作,是最艰巨的任务。③ 他指出,要合理确定脱贫目标。党中央对 2020 年脱贫攻坚的目标已有明确规定,即到 2020 年,稳定实现农村贫困人口不愁吃、不愁穿,义务教育、基本医疗和住房安全有保障;实现贫困地区农民人均可支配收入增长幅度高于全国平均水平,基本公共服务主要领域指标接近全国平均水平;确保我国现行标准下农村贫困人口实现脱贫,贫困县全部摘帽,解决区域性整体贫困。深度贫困地区也要实现这个目标。④ 习近平进一步指出,新时期脱贫攻坚的目标,集中到一点,就是到 2020 年实现"两个确保":确保农村贫困人口实现脱贫,确保贫困县全部脱贫摘帽。⑤ 到 2020 年稳定实现扶贫对象不愁吃、不愁穿,保障其义务教育、基本医疗、住房,是中央确定的目标。⑥ 习近平指出:"到 2020 年现行标准下农村贫困人口全部脱贫、贫困县全部摘帽,是我们党立下的军令状。"⑦在中共十九大

①　参见《习近平谈治国理政》第一卷,外文出版社 2018 年版,第 189 页。
②　中共中央文献研究室编:《习近平关于社会主义经济建设论述摘编》,中央文献出版社 2017 年版,第 213 页。
③　参见习近平:《坚决打好扶贫开发攻坚战　加快民族地区经济社会发展》,《人民日报》2015 年 1 月 22 日。
④　参见《习近平谈治国理政》第二卷,外文出版社 2017 年版,第 87—88 页。
⑤　参见中共中央文献研究室编:《习近平总书记重要讲话文章选编》,中央文献出版社、党建读物出版社 2016 年版,第 283 页。
⑥　《习近平论扶贫工作——十八大以来重要论述摘编》,《党建》2015 年第 12 期。
⑦　《习近平李克强张德江俞正声刘云山张高丽分别参加全国人大会议一些代表团审议》,《人民日报》2017 年 3 月 9 日。

报告中,习近平再次指出:"让贫困人口和贫困地区同全国一道进入全面小康社会是我们党的庄严承诺。"①要"坚持目标标准。脱贫攻坚的目标就是要做到'两个确保',确保现行标准下的农村贫困人口全部脱贫,消除绝对贫困;确保贫困县全部摘帽,解决区域性整体贫困。扶贫标准是确定扶贫对象、制定帮扶措施、考核脱贫成果的重要'度量衡'。党中央反复强调,脱贫攻坚期内,扶贫标准就是稳定实现贫困人口'两不愁三保障'、贫困地区基本公共服务领域主要指标接近全国平均水平。要始终坚持,不能偏离,既不能降低标准、影响质量,也不要调高标准、吊高胃口"②。

习近平强调,我们要以唯物主义的态度对待脱贫目标,即使到了 2020 年,深度贫困地区也不可能达到发达地区的发展水平。我们今天的努力是要使这些地区的群众实现"两不愁三保障",使这些地区基本公共服务主要领域指标接近全国平均水平。在这个问题上,我们要实事求是,不要好高骛远,不要吊高各方面胃口。③"脱贫攻坚要坚持实事求是,不能层层加码,提不切实际的目标。我们要求贫困人口实现'两不愁三保障',并解决区域性整体贫困,就是消除传统概念上的'绝对贫困'。现在,解决农村贫困人口'两不愁'没有什么问题。解决义务教育有保障,就是让贫困家庭的孩子能够接受九年义务教育,但不是把学前教育、高中、大学都包起来;解决基本医疗有保障,就是让贫困人口常见病、多发病能看得起,即使得了大病基本生活还能过得去,但不是由政府把所有看病的钱都包起来;解决住房安全有保障,就是让贫困人口不住危房、茅草房,但不是要住超标准的大房子。不因病因学致贫返贫,是指不回到绝对贫困的状态,不会吃不饱饭穿不暖衣。"他进一步指出:"应该说,现行

① 习近平:《决胜全面建成小康社会 夺取新时代中国特色社会主义伟大胜利——在中国共产党第十九次全国代表大会上的报告》,人民出版社 2017 年版,第 47 页。
② 中共中央党史和文献研究院编:《十九大以来重要文献选编》(上),中央文献出版社 2019 年版,第 231 页。
③ 参见《习近平谈治国理政》第二卷,外文出版社 2017 年版,第 88 页。

扶贫标准能够达到全面小康生活的基本要求,在国际上也是一个高的标准。实现这个标准下的脱贫是项了不起的成就,也是不容易的。不能做超越发展阶段的事那样贫困农民就可能会陷入'福利陷阱',对非贫困人口就会造成'悬崖效应',不仅难以做到,而且还会留下后遗症。"①

　　习近平系统论述了推进深度贫困地区脱贫攻坚的艰巨性。习近平强调:"脱贫攻坚工作进入目前阶段,要重点研究解决深度贫困问题。"②他指出,深度贫困地区是脱贫攻坚的坚中之坚。推进深度贫困地区脱贫攻坚,需要找准导致深度贫困的主要原因,采取有针对性的脱贫攻坚举措。要加快推进深度贫困地区脱贫攻坚,以解决突出制约问题为重点,以重大扶贫工程和到村到户帮扶措施为抓手,以补短板为突破口,强化支撑保障体系,加大政策倾斜力度,集中力量攻关,万众一心克难,确保深度贫困地区和贫困群众同全国人民一道进入全面小康社会。③

　　习近平强调要集中优势兵力打好脱贫攻坚战。他指出,造成各地深度贫困的原因各不相同,集中优势兵力打歼灭战要从各地实际出发,充分发挥我们集中力量办大事的制度优势。就全国而言,下一步要重点解决深度贫困地区公共服务、基础设施以及基本医疗有保障的问题。要实施贫困村提升工程,培育壮大集体经济,完善基础设施,打通脱贫攻坚政策落实"最后一公里"。只要我们集中力量,找对路子,对居住在自然条件特别恶劣地区的群众加大易地扶贫搬迁力度,对生态环境脆弱的禁止开发区和限制开发区群众增加护林员等公益岗位,对因病致贫群众加大医疗救助、临时救助、慈善救助等帮扶力度,对无法依靠产业扶持和就业帮助脱贫的家庭实行政策性保障兜底,就完全有

　　① 中共中央党史和文献研究院编:《十九大以来重要文献选编》(上),中央文献出版社2019年版,第155—156页。
　　② 《习近平在深度贫困地区脱贫攻坚座谈会上强调　强化支撑体系加大政策倾斜　聚焦精准发力攻克坚中之坚》,《人民日报》2017年6月25日。
　　③ 参见习近平:《在深度贫困地区脱贫攻坚座谈会上的讲话》,《求是》2017年第17期。

能力啃下这些硬骨头。① 要把集中连片特殊困难地区作为主战场,把稳定解决扶贫对象温饱、尽快实现脱贫致富作为首要任务,坚持政府主导,坚持统筹发展,注重增强扶贫对象和贫困地区自我发展能力,注重解决制约发展的突出问题,努力推动贫困地区经济社会加快发展。②

2. "六个精准"与"五个一批"

关于提升扶贫与脱贫的精准度,习近平指出,扶贫开发贵在精准,重在精准,成败之举在于精准。各地都要在扶持对象精准、项目安排精准、资金使用精准、措施到户精准、因村派人(第一书记)精准、脱贫成效精准上想办法、出实招、见真效。要坚持因人因地施策,因贫困原因施策,因贫困类型施策,区别不同情况,做到对症下药、精准滴灌、靶向治疗,不搞大水漫灌、走马观花、大而化之。要因地制宜研究实施"四个一批"的扶贫攻坚行动计划,即通过扶持生产和就业发展一批,通过移民搬迁安置一批,通过低保政策兜底一批,通过医疗救助扶持一批,实现贫困人口精准脱贫。③ 习近平深刻地指出:"现在,中国在扶贫攻坚工作中采取的重要举措,就是实施精准扶贫方略,找到'贫根',对症下药,靶向治疗。"④"要以更加明确的目标、更加有力的举措、更加有效的行动,深入实施精准扶贫、精准脱贫,项目安排和资金使用都要提高精准度,扶到点上、根上,让贫困群众真正得到实惠。"⑤

习近平进一步指出:"牢牢把握精准。打好脱贫攻坚战,成败在于精准。

---

① 参见《习近平谈治国理政》第二卷,外文出版社 2017 年版,第 88—89 页。
② 参见《习近平论扶贫工作——十八大以来重要论述摘编》,《党建》2015 年第 12 期。
③ 参见《习近平论扶贫工作——十八大以来重要论述摘编》,《党建》2015 年第 12 期。
④ 习近平:《携手消除贫困,促进共同发展——在 2015 减贫与发展高层论坛的主旨演讲》,《人民日报》2015 年 10 月 17 日。
⑤ 《习近平在云南考察工作时强调　坚决打好扶贫开发攻坚战　加快民族地区经济社会发展》,《人民日报》2015 年 1 月 22 日。

建档立卡要继续完善,重点是加强数据共享和数据分析,为宏观决策和工作指导提供支撑。精准施策要深入推进,按照因地制宜、因村因户因人施策的要求,扎实做好产业扶贫、易地扶贫搬迁、就业扶贫、危房改造、教育扶贫、健康扶贫、生态扶贫等精准扶贫重点工作。这里特别要强调产业扶贫和易地扶贫搬迁。产业增收是脱贫攻坚的主要途径和长久之策,现在贫困群众吃穿不愁,农业产业要注重长期培育和发展,防止急功近利。易地扶贫搬迁,国家投入的资金最多。目前,要重点防止为整体搬迁而搬迁,把不该搬的一般农户搬了,而应该搬的贫困户却没有搬。今后三年,要先把建档立卡贫困人口中需要搬迁的应搬尽搬,同步搬迁的逐步实施。对目前不具备搬迁安置条件的贫困人口,要先解决他们'两不愁三保障'问题,今后可结合实施乡村振兴战略,压茬推进,通过实施生态搬迁和有助于稳定脱贫、逐步致富的其他搬迁,继续稳步推进。"[1]

关于精准脱贫的主要途径,习近平指出,一要紧紧扭住发展这个促使贫困地区脱贫致富的第一要务,立足资源、市场、人文、旅游等优势,因地制宜找准发展路子,既不能一味等靠、无所作为,也不能"捡进篮子都是菜",因发展心切而违背规律、盲目蛮干,甚至搞劳民伤财的"形象工程"、"政绩工程"。二要紧紧扭住包括就业、教育、医疗、文化、住房在内的农村公共服务体系建设这个基本保障,编织一张兜住困难群众基本生活的安全网,坚决守住底线。三要紧紧扭住教育这个脱贫致富的根本之策,再穷不能穷教育,再穷不能穷孩子,务必把义务教育搞好,确保贫困家庭的孩子也能受到良好的教育,不要让孩子们输在起跑线上。[2]

关于建立效果良好的脱贫攻坚机制,习近平指出,脱贫攻坚要取得实实在

①　中共中央党史和文献研究院编:《十九大以来重要文献选编》(上),中央文献出版社2019 年版,第 232 页。

②　参见《习近平论扶贫工作——十八大以来重要论述摘编》,《党建》2015 年第 12 期。

在的效果,关键是要找准路子、构建好的体制机制。第一,要解决好"扶持谁"的问题。扶贫必先识贫。要"确保把真正的贫困人口弄清楚,把贫困人口、贫困程度、致贫原因等搞清楚,以便做到因户施策、因人施策"①,建档立卡在一定程度上摸清了贫困人口底数,但这项工作要进一步做实做细,确保把真正的贫困人口弄清楚。只有这样,才能做到扶真贫、真扶贫。② 习近平强调:"产业合作、劳务协作、人才支援、资金支持都要瞄准建档立卡贫困人口脱贫精准发力。"③

第二,要解决好"谁来扶"的问题。习近平指出,推进脱贫攻坚,关键是责任落实到人。要加快形成中央统筹、省(自治区、直辖市)负总责、市县抓落实的扶贫开发工作机制,做到分工明确、责任清晰、任务到人、考核到位,既各司其职、各尽其责,又协调运转、协同发力。④ 把中央统筹、省负总责、市县抓落实的管理体制,片为重点、工作到村、扶贫到户的工作机制,党政一把手负总责的扶贫开发工作责任制,真正落到实处。⑤

第三,要解决好"怎么扶"的问题。开对了"药方子"才能拔掉"穷根子"。要按照贫困地区和贫困人口的具体情况,实施"五个一批"工程。一是发展生产脱贫一批;二是易地搬迁脱贫一批;三是生态补偿脱贫一批;四是发展教育脱贫一批;五是社会保障兜底一批。⑥

---

① 《习近平在中央扶贫开发工作会议上强调 脱贫攻坚战冲锋号已经吹响 全党全国咬定目标苦干实干》,《人民日报》2015 年 11 月 29 日。
② 参见中共中央文献研究室编:《习近平总书记重要讲话文章选编》,中央文献出版社、党建读物出版社 2016 年版,第 288 页。
③ 习近平:《认清形势聚焦精准深化帮扶确保实效 切实做好新形势下东西部扶贫协作工作》,《人民日报》2016 年 7 月 22 日。
④ 参见中共中央文献研究室编:《习近平总书记重要讲话文章选编》,中央文献出版社、党建读物出版社 2016 年版,第 289 页。
⑤ 参见《习近平在部分省区市党委主要负责同志座谈会上强调 谋划好"十三五"时期扶贫开发工作 确保农村贫困人口到 2020 年如期脱贫》,《人民日报》2015 年 6 月 20 日。
⑥ 参见中共中央文献研究室编:《习近平总书记重要讲话文章选编》,中央文献出版社、党建读物出版社 2016 年版,第 290—292 页。

第四,要解决好"如何退"的问题。精准扶贫是为了精准脱贫,目的和手段关系要弄清楚。要加快建立反映客观实际的贫困县、贫困户退出机制,努力做到精准脱贫。①

3. 加大对深度贫困地区的扶贫力度

实现深度贫困地区精准脱贫要加大投入支持力度。习近平强调:"中央财政专项扶贫资金、中央基建投资用于扶贫的资金等,增长幅度要体现加大脱贫攻坚力度的要求。中央财政一般性转移支付、各类涉及民生的专项转移支付,要进一步向贫困地区倾斜。省级财政、对口扶贫的东部地区要相应增加扶贫资金投入。"②要"增加金融资金对扶贫开发的投放,吸引社会资金参与扶贫开发"③。要发挥政府投入的主体和主导作用,发挥金融资金的引导和协同作用。新增脱贫攻坚资金主要用于深度贫困地区,新增脱贫攻坚项目主要布局于深度贫困地区,新增脱贫攻坚举措主要集中于深度贫困地区。各部门安排的惠民项目要向深度贫困地区倾斜,深度贫困地区新增涉农资金要集中整合用于脱贫攻坚项目。各级财政要加大对深度贫困地区的转移支付规模,增加金融投入对深度贫困地区的支持,资本市场要注意对深度贫困地区的上市企业安排,保险机构要适当降低对深度贫困地区的保费收取标准。要增加建设用地对深度贫困地区支持力度,新增建设用地指标优先保障深度贫困地区发展用地需要,允许深度贫困县将城乡建设用地增减挂钩指标在省域范围内使用。通过各种举措,形成支持深度贫困地区脱贫攻坚的强大投入合力。④

---

① 参见中共中央文献研究室编:《习近平总书记重要讲话文章选编》,中央文献出版社、党建读物出版社 2016 年版,第 294 页。

② 《习近平谈治国理政》第二卷,外文出版社 2017 年版,第 86 页。

③ 《习近平在部分省区市党委主要负责同志座谈会上强调　谋划好"十三五"时期扶贫开发工作　确保农村贫困人口到 2020 年如期脱贫》,《人民日报》2015 年 6 月 20 日。

④ 参见《习近平谈治国理政》第二卷,外文出版社 2017 年版,第 88 页。

实现深度贫困地区精准脱贫要强化社会合力。习近平提出,要"弘扬中华民族扶贫济困的传统美德,培育和践行社会主义核心价值观,动员社会各方面力量共同向贫困宣战,继续打好扶贫攻坚战"①;"要通过多种形式,积极引导社会力量广泛参与深度贫困地区脱贫攻坚,帮助深度贫困群众解决生产生活困难。要在全社会广泛开展向贫困地区、贫困群众献爱心活动,广泛宣传为脱贫攻坚作出突出贡献的典型事例,为社会力量参与脱贫攻坚营造良好氛围"②;"全党全社会要继续共同努力,形成扶贫开发工作强大合力"③。习近平指出,扶贫开发是全党全社会的共同责任,要动员和凝聚全社会力量广泛参与。要坚持专项扶贫、行业扶贫、社会扶贫等多方力量、多种举措有机结合和互为支撑的"三位一体"大扶贫格局,健全东西部协作、党政机关定点扶贫机制,广泛调动社会各界参与扶贫开发积极性。要加大中央和省级财政扶贫投入,坚持政府投入在扶贫开发中的主体和主导作用,增加金融资金对扶贫开发的投放,吸引社会资金参与扶贫开发。要积极开辟扶贫开发新的资金渠道,多渠道增加扶贫开发资金。④

实现深度贫困地区精准脱贫要加大各方帮扶力度。要加大东部地区和中央单位对深度贫困地区的帮扶支持,强化帮扶责任,"谁的孩子谁抱"。对东西部扶贫协作和对口支援、中央单位定点帮扶的对象在深度贫困地区的,要在资金、项目、人员方面增加力度。东部经济发达县结对帮扶西部贫困县"携手奔小康行动"和民营企业"万企帮万村行动",都要向深度贫困地区倾斜。国务院扶贫办要做好这方面的对接工作。要通过多种形式,积极引导社会力量

---

① 《习近平在首个"扶贫日"之际做出重要批示强调 全党全社会继续共同努力形成扶贫开发工作强大合力》,《人民日报》2014年10月18日。
② 习近平:《在深度贫困地区脱贫攻坚座谈会上的讲话》,人民出版社2017年版,第15—16页。
③ 《习近平在首个"扶贫日"之际做出重要批示强调 全党全社会继续共同努力形成扶贫开发工作强大合力》,《人民日报》2014年10月18日。
④ 参见《习近平论扶贫工作——十八大以来重要论述摘编》,《党建》2015年第12期。

广泛参与深度贫困地区脱贫攻坚,帮助深度贫困群众解决生产生活困难。要在全社会广泛开展向贫困地区、贫困群众献爱心活动,广泛宣传为脱贫攻坚作出突出贡献的典型事例,为社会力量参与脱贫攻坚营造良好氛围。① 习近平强调,东西部扶贫协作和对口支援,是推动区域协调发展、协同发展、共同发展的大战略。② "东部地区不仅要帮钱帮物,更要推动产业层面合作,推动东部地区人才、资金、技术向贫困地区流动,实现双方共赢。"③"要帮助贫困地区群众提高身体素质、文化素质、就业能力……坚决阻止贫困现象代际传递。"④习近平指出:"我们坚持动员全社会参与,发挥中国制度优势,构建了政府、社会、市场协同推进的大扶贫格局,形成了跨地区、跨部门、跨单位、全社会共同参与的多元主体的社会扶贫体系。"⑤

实现深度贫困地区精准脱贫要加大组织领导力度。习近平强调,消除贫困、改善民生、实现共同富裕,是社会主义的本质要求,是我们党的重要使命。⑥"各级党委和政府必须坚定信心、勇于担当,把脱贫职责扛在肩上,把脱贫任务抓在手上。"⑦深度贫困地区脱贫攻坚要强化落地,吹糠见米,做到人员到位、责任到位、工作到位、效果到位。解决深度贫困问题,加强组织领导是保证。党中央强调要增强"四个意识",这不是一个口号,不是一句空话,要落实

---

① 参见《习近平谈治国理政》第二卷,外文出版社 2017 年版,第 89—90 页。
② 参见《认清形势聚焦精准深化帮扶确保实效　切实做好新形势下东西部扶贫协作工作》,《人民日报》2016 年 7 月 22 日。
③ 中共中央文献研究室编:《习近平总书记重要讲话文章选编》,中央文献出版社、党建读物出版社 2016 年版,第 301 页。
④ 《习近平李克强张德江俞正声刘云山王岐山张高丽分别参加全国人大会议一些代表团审议》,《人民日报》2015 年 3 月 9 日。
⑤ 习近平:《携手消除贫困,促进共同发展——在2015 减贫与发展高层论坛的主旨演讲》,《人民日报》2015 年 10 月 17 日。
⑥ 参见《习近平在部分省区市党委主要负责同志座谈会上强调　谋划好"十三五"时期扶贫开发工作　确保农村贫困人口到 2020 年如期脱贫》,《人民日报》2015 年 6 月 20 日。
⑦ 中共中央文献研究室编:《习近平关于社会主义经济建设论述摘编》,中央文献出版社 2017 年版,第 225 页。

在行动上。各级党委和政府要坚决落实党中央决策部署,坚定不移做好脱贫攻坚工作。深度贫困地区党委和政府要坚持把脱贫攻坚作为"十三五"期间头等大事和第一民生工程来抓,坚持以脱贫攻坚统揽经济社会发展全局。县级党委是全县脱贫攻坚的总指挥部,县委书记要统揽脱贫攻坚,统筹做好进度安排、项目落地、资金使用、人力调配、推进实施等工作。脱贫攻坚期内贫困县县级党政正职要保持稳定,对表现优秀的,完成脱贫攻坚任务后可提拔重用。希望在这个岗位上的同志不辱使命,把党交给的光荣任务全面完成好。①

习近平指出,党和国家要把抓好扶贫开发工作作为重大任务,贫困地区各级领导干部更要心无旁骛、聚精会神抓好这项工作,团结带领广大群众通过顽强奋斗早日改变面貌。② 扶贫干部要真正沉下去,扑下身子到村里干,同群众一起干,不能蜻蜓点水,不能三天打鱼两天晒网,不能神龙见首不见尾。③ 他强调,中央要做好政策制定、项目规划、资金筹备、考核评价、总体运筹等工作,省级要做好目标确定、项目下达、资金投放、组织动员、检查指导等工作,市(地)县要做好进度安排、项目落地、资金使用、人力调配、推进实施等工作。党政一把手要当好扶贫开发工作第一责任人,深入贫困乡村调查研究,亲自部署和协调任务落实。④

4. 增强内生力度与社会保障兜底

习近平指出,要加大内生动力培育力度,"贫困地区发展要靠内生动力,如果凭空救济出一个新村,简单改变村容村貌,内在活力不行,劳动力不能回

---

① 参见《习近平谈治国理政》第二卷,外文出版社 2017 年版,第 91 页。

② 参见《做焦裕禄式的县委书记 心中有党心中有民心中有责心中有戒》,《人民日报》2015 年 1 月 13 日。

③ 参见习近平:《在深度贫困地区脱贫攻坚座谈会上的讲话》,《人民日报》2017 年 9 月 1 日。

④ 参见《习近平在部分省区市党委主要负责同志座谈会上强调 谋划好"十三五"时期扶贫开发工作 确保农村贫困人口到 2020 年如期脱贫》,《人民日报》2015 年 6 月 20 日。

流,没有经济上的持续来源,这个地方下一步发展还是有问题。一个地方必须有产业,有劳动力,内外结合才能发展"①。扶贫要同扶智、扶志结合起来。他指出,贫困群众既是脱贫攻坚的对象,更是脱贫致富的主体。② 精准扶贫要"注重增强扶贫对象和贫困地区自我发展能力,注重解决制约发展的突出问题,努力推动贫困地区的经济社会加快发展"③。

习近平指出:"要注重扶贫同扶志、扶智相结合,把贫困群众积极性和主动性充分调动起来,引导贫困群众树立主体意识,发扬自力更生精神,激发改变贫困面貌的干劲和决心,靠自己的努力改变命运。"④"要做到宜农则农、宜林则林、宜牧则牧、宜开发生态旅游则搞生态旅游,真正把自身比较优势发挥好,使贫困地区发展扎实建立在自身有利条件的基础之上。"⑤就是说贫困地区、贫困群众首先要有"飞"的意识和"先飞"的行动。没有内在动力,仅靠外部帮扶,帮扶再多,你不愿意"飞",也不能从根本上解决问题。要"激发内生动力,调动贫困地区和贫困人口积极性"⑥。"脱贫致富终究要靠贫困群众用自己的辛勤劳动来实现。没有比人更高的山,没有比脚更长的路。"⑦

要注重调动贫困群众的积极性、主动性、创造性,注重培育贫困群众发展生产和务工经商的基本技能,注重激发贫困地区和贫困群众脱贫致富的内在

---

① 习近平:《在河北省阜平县考察扶贫开发工作时的讲话》,《人民日报》2012 年 12 月 31 日。

② 参见《更好推进精准扶贫精准脱贫　确保如期实现脱贫攻坚目标》,《人民日报》2017 年 2 月 23 日。

③ 《习近平论扶贫工作——十八大以来重要论述摘编》,《党建》2015 年第 12 期。

④ 《习近平在中共中央政治局第三十九次集体学习时强调　更好推进精准扶贫精准脱贫　确保如期实现脱贫攻坚目标》,《人民日报》2017 年 2 月 23 日。

⑤ 习近平:《在河北省阜平县考察扶贫开发工作时的讲话》,《求是》2021 年第 4 期。

⑥ 中共中央文献研究室编:《习近平关于社会主义经济建设论述摘编》,中央文献出版社 2017 年版,第 229 页。

⑦ 《习近平在中央扶贫开发工作会议上强调　脱贫攻坚战冲锋号已经吹响　全党全国咬定目标苦干实干》,《人民日报》2015 年 11 月 29 日。

活力,注重提高贫困地区和贫困群众自我发展能力。要弘扬中华民族传统美德,勤劳致富,勤俭持家。要发扬中华民族孝亲敬老的传统美德,引导人们自觉承担家庭责任、树立良好家风,强化家庭成员赡养、扶养老年人的责任意识,促进家庭老少和顺。一个健康向上的民族,就应该鼓励劳动、鼓励就业、鼓励靠自己的努力养活家庭,服务社会,贡献国家。要改进工作方式方法,改变简单给钱、给物、给牛羊的做法,多采用生产奖补、劳务补助、以工代赈等机制,不大包大揽,不包办代替,教育和引导广大群众用自己的辛勤劳动实现脱贫致富。[1]

习近平指出,全面建成小康社会、基本实现教育现代化,薄弱环节和短板在乡村,在中西部老少边穷岛等边远贫困地区,发展乡村教育,让每个乡村孩子都能接受公平、有质量的教育,"阻止贫困现象代际传递,是功在当代、利在千秋的大事"[2]。他强调:"要把下一代的教育工作做好,特别是要注重山区贫困地区下一代的成长。下一代要过上好生活,首先要有文化,这样将来他们的发展就完全不同。义务教育一定要搞好,让孩子们受到好的教育,不要让孩子们输在起跑线上。古人有'家贫子读书'的传统。把贫困地区孩子培养出来,这才是根本的扶贫之策。"[3]

习近平特别强调区域发展必须紧扣精准脱贫工作。他指出,区域发展必须围绕精准扶贫发力。深度贫困地区的区域发展是精准扶贫的基础,是精准扶贫的重要组成部分。集中连片的贫困区要着力解决健全公共服务、建设基础设施、发展产业等问题,但必须明确,这样做是为了给贫困人口脱贫提供有利的发展环境,在深度贫困地区促进区域发展的措施必须围绕如何减贫来进

---

① 参见《习近平谈治国理政》第二卷,外文出版社 2017 年版,第 90—91 页。

② 《习近平主持召开中央全面深化改革领导小组第十一次会议强调 深刻把握全面深化改革关键地位 自觉运用改革精神谋划推动工作》,《人民日报》2015 年 4 月 2 日。

③ 《习近平论扶贫工作——十八大以来重要论述摘编》,《党建》2015 年第 12 期。

行,真正为实施精准扶贫奠定良好基础。要防止以区域发展之名上项目、要资金,导致区域经济增长了、社会服务水平提高了,贫富差距反而拉大了。深度贫困地区要改善经济发展方式,重点发展贫困人口能够受益的产业,如特色农业、劳动密集型的加工业和服务业等。交通建设项目要尽量做到向进村入户倾斜,水利工程项目要向贫困村和小型农业生产倾斜,生态保护项目要提高贫困人口参与度和受益水平,新型农村合作医疗和大病保险制度要对贫困人口实行政策倾斜。①

习近平还系统论述了社会保障制度在扶贫攻坚与精准脱贫中的兜底作用。习近平指出:"要紧紧扭住农村基本公共服务和基本社会保障的制度建设,编织一张兜住困难群众基本生活的社会安全网。"②"因病致贫、因残致贫问题时有发生,扶贫机制要进一步完善兜底措施,在医保、新农合方面给予更多扶持。"③习近平强调,到2020年,难免还有这样的贫困人口,要有社会保障来兜底。这就涉及农村扶贫标准和农村低保标准相衔接的问题。目前,农村扶贫标准由国家统一确定,而农村低保标准则由地方确定,相当多地方两个标准有一定差距。要统筹协调农村扶贫标准和农村低保标准,按照国家扶贫标准综合确定各地农村低保的最低指导标准,低保标准低的地区要逐步提高到国家扶贫标准,实施"两线合一",发挥低保先兜底作用。

习近平还指出,还要加大其他形式的社会救助力度,对因灾等造成的临时贫困群众要及时给予救助,加强农村最低生活保障和城乡居民养老保险、五保供养等社会救助制度的统筹衔接。此外,要大力加强医疗保险和医疗救助。从贫困发生原因看,相当部分人口是因病致贫或因病返贫的。俗话

---

① 参见《习近平谈治国理政》第二卷,外文出版社2017年版,第89页。

② 中共中央文献研究室编:《十八大以来重要文献选编》(上),中央文献出版社2014年版,第682页。

③ 《回访安徽干部群众　总书记来到我们身边》,《人民日报》2016年4月28日。

说天有不测风云,要建立健全医疗保险和医疗救助制度,对因病致贫或返贫的群众给以及时有效救助。新型农村合作医疗和大病保险政策要对贫困人口倾斜,门诊统筹要率先覆盖所有贫困地区,财政对贫困人口参保的个人缴费部分给予补贴。要加大医疗救助、临时救助、慈善救助等帮扶力度,把贫困人口全部纳入重特大疾病救助范围,保障贫困人口大病得到医治。要实施健康扶贫工程,加强贫困地区传染病、地方病、慢性病防治工作,全面实施贫困地区儿童营养改善、孕前优生健康免费检查等重大公共卫生项目,保障贫困人口享有基本医疗卫生服务。[1]

在中共十九大报告中,习近平进一步指出:"让贫困人口和贫困地区同全国一道进入全面小康社会是我们党的庄严承诺。要动员全党全国全社会力量,坚持精准扶贫、精准脱贫,坚持中央统筹、省负总责、市县抓落实的工作机制,强化党政一把手负总责的责任制,坚持大扶贫格局,注重扶贫同扶志、扶智相结合,深入实施东西部扶贫协作,重点攻克深度贫困地区脱贫任务,确保到2020年我国现行标准下农村贫困人口实现脱贫,贫困县全部摘帽,解决区域性整体贫困,做到脱真贫、真脱贫。"[2]

习近平关于精准扶贫和精准脱贫的重要论述,将精准脱贫的重要性提升到全面建成小康社会与社会主义的本质要求的高度。精准脱贫的目标从"两不愁"、"三保障"发展到"两不愁"、"三保障"、"两确保"。精准脱贫的途径更加系统,这就是"六个精准"和从"四个一批"发展到"五个一批"。精准脱贫的机制更加明确,这就是"扶持谁"、"谁来扶"、"怎么扶"和"如何退"。这些论述进一步明确了新时代中国脱贫攻坚工作的目标任务、途径手段和体制机

---

[1] 参见中共中央文献研究室编:《习近平总书记重要讲话文章选编》,中央文献出版社、党建读物出版社 2016 年版,第 293 页。

[2] 习近平:《决胜全面建成小康社会　夺取新时代中国特色社会主义伟大胜利——在中国共产党第十九次全国代表大会上的报告》,人民出版社 2017 年版,第 47—48 页。

制,是新时代中国扶贫开发工作新的战略部署,为新时代精准扶贫和精准脱贫指出了新方向,提出了新要求。

综上所述,改革开放以来,中国共产党站在中国特色社会主义建设与党治国理政的执政方略的高度,对扶贫开发提出了一系列重要思想,这些思想不仅是中国共产党反贫困思想理论的重要内容,也是中国特色社会主义理论的重要内容,并极大丰富了全球反贫困理论,构建起了中国特色反贫困理论体系,并推动了中国特色反贫困实践的发展和进步。

第七章　中国特色社会保障制度的发展

改革开放以来,中国共产党对社会保障制度理论的认识过程,既是对中国特色社会保障制度本质属性的认识过程,也是对符合中国国情的社会保障理论的探索过程。中国共产党对社会保障制度理论认识的发展变化,极大地影响并决定了中国共产党对中国特色社会保障制度体系建设基本要求和政策主张的变化,从而直接影响到中国特色社会保障制度体系建设和完善的实践探索。与此同时,中国共产党对中国特色社会保障制度理论的认识,也将随着中国经济和社会的不断发展进一步走向全面、科学和成熟。

一、中国特色社会保障制度内容逐步健全

改革开放以来,随着中国经济和社会的发展变化,中国共产党对社会保障制度重大理论问题的认识逐步发展和深化。在对社会保障功能的认识方面,经历一个从建立合理的个人收入分配和社会保障制度,到提出加快建设与经济发展水平相适应的社会保障体系,再到提出完善社会保障制度,保障群众基本生活,进而明确提出社会保障是保障人民生活、调节社会分配的一项基本制度,进而更提出社会保障是治国安邦的大问题;在对社会保障制度目标的认识

方面,提出了保障和改善民生,全面建成小康社会,满足人民对美好生活的向往等一系列符合中国国情的社会保障制度建设和发展目标;在对社会保障制度理念的认识方面,提出了就业是民生之本,促进社会公平正义,共享发展等系统的社会保障制度发展理念;在对社会保障制度发展道路的认识方面,强调社会保障度的中国特色,社会保障制度的城乡统筹发展,社会保障制度的可持续发展等;在对扶贫开发和反贫困的认识方面,提出了从"救济式扶贫"到"开发式扶贫",从"扶贫攻坚"到"大扶贫格局",从"精准扶贫"到"精准脱贫"等。

中国共产党对社会保障制度重大理论问题的认识过程,既是对中国特色社会保障制度本质属性的认识过程,也是对符合中国国情的社会保障理论的探索过程,为中国特色社会保障制度的整合与体系完善提供了系统的理论基础,并推动着中国特色社会保障制度健康发展。

1. 社会保险制度的发展

1978 年以来,中国社会保险制度进入改革时期,社会保险制度的改革和完善使得社会保险应对社会问题的能力不断增强。1978—1986 年是中国社会保险制度改革准备阶段。1978 年,国务院颁布《关于安置老弱病残干部的暂行办法》和《关于工人退休、退职的暂行办法》,恢复了机关事业单位养老保障制度和企业职工养老保障制度。1980 年,国务院颁布《关于老干部离职休养的暂行规定》,建立了离休制度。1982 年,国务院、中央军委发布《关于军队干部离职休养的暂行规定》和《关于建立老干部退休制度的决定》,建立了军队养老保障制度。

1986—1997 年为社会保险制度改革探索阶段。养老保险社会统筹与个人账户相结合的模式开始探索试点。1991 年,国务院发布《关于企业职工养老保险制度改革的决定》,提出养老保险实行社会统筹。1995 年,国务院发布《关于深化企业职工养老保险制度改革的通知》,决定养老保险实行社会统筹与个人账户相结合的模式,各地开始开展养老保险的试点工作。1993 年,国务院颁布《关于企业职工养老保险统筹问题的批复》,确定一些部门的养老保险可以实行行业统筹。社会统筹和行业统筹的提出是企业保障向社会保险开始转型的标志。

失业保险制度开始建立。1986 年,为了配合国有企业改革,劳动合同制开始实施,劳动合同制的实施将会引起失业问题。为了应对失业问题,1986 年,国务院出台了《国营企业职工待业保险暂行规定》,初步建立了失业保险制度。1993 年,国务院颁布《国营企业职工待业保险规定》,从失业保险制度的覆盖范围、筹资等方面对失业保险制度进行完善,将失业保险的覆盖人群扩大为七类人群,将失业保险缴费基数确定为职工工资总额。同时,部分地区开始了个人缴纳失业保险费的尝试。

医疗保险社会统筹与个人账户相结合的模式进入探索阶段。1989 年,国务院决定在丹东、四平、黄石、株洲进行医疗保险社会统筹的试点。1992 年,劳动部拟定《关于企业职工医疗保险制度改革的设想》和《关于实行大病医疗费用社会统筹的意见》,提出由国家、企业和个人三方合理分担医疗保险费。1994 年,国务院选择江苏镇江和江西九江开始社会统筹与个人账户相结合的医疗保险模式的试点。1996 年,国务院下发《关于职工医疗保障制度改革扩大试点的意见》,开始扩大社会统筹与个人账户相结合的社会医疗保险制度的试点工作。1988 年,《女职工劳动保护规定》颁布,1994 年,《企业职工生育保险试行办法》颁布,确定了生育保险的覆盖范围、资金来源和给付待遇。

1997—2006 年为新型社会保险制度形成时期。在养老保险制度建设上,社会统筹与个人账户相结合的养老保险模式得以确立。1997 年,国务院发布《关于建立统一的企业职工基本养老保险制度的决定》,确定养老保险采取社会统筹与个人账户相结合的模式,养老保险缴费来源于企业和个人。养老保险给付的条件是个人缴费年限满 15 年,给付标准为对退休人员发放基本养老

金,基本养老金由基础养老金和个人账户养老金组成。1998 年,国务院发布
《关于实行企业职工基本养老保险省级统筹和行业统筹移交地方管理有关问
题的通知》,要求基本养老保险实行省级统筹,养老保险管理采取属地管理模
式。2000 年,国务院颁布《关于完善城镇社会保险体系的试点方案》,对养老
保险个人账户的规模进行了调整,该方案还提出建立多层次养老保险体系,鼓
励个人储蓄性养老保险,提出有条件的企业可以为职工建立企业年金。2005
年,国务院发布《关于完善企业职工基本养老保险制度的决定》,对养老保险
个人账户的给付期进行了调整。

　　失业保险制度得以最终确立。1999 年,国务院颁布了《失业保险条例》,
规定失业保险金来源于企业和个人,失业保险金的给付标准为低于当地最低
工资、高于当地城镇居民最低生活保障线。同时,下岗职工的基本生活问题受
到高度关注。1998 年,国务院发布《关于做好国有企业下岗职工基本生活保
障、失业保险和城市居民最低生活保障制度衔接工作的通知》,规定在有下岗
职工的国有企业建立再就业中心,下岗职工由再就业中心提供 3 年的生活保
障,3 年后仍然不能就业的,正式转为失业人员,由失业保险制度负责。2000
年,国务院颁布《关于完善城镇社会保障体系的试点方案》,在辽宁省进行下
岗职工基本生活保障、失业保险制度和城镇居民最低生活保障制度的并轨工
作。2005 年,财政部、劳动和社会保障部联合发出《关于中央管理企业 2005
年度下岗职工基本生活保障财政补助金清算及有关问题的通知》,决定停止
执行国有企业下岗职工的基本生活保障制度,提出没有实现就业的人员按规
定享受失业保险及城市居民低保。

　　城镇企业职工统账结合的医疗保险制度开始实施,农村开始了新型农村
合作医疗的试点工作。1998 年,国务院发布《关于建立城镇职工基本医疗保
险制度的决定》,开始在全国推进企业职工统账结合的医疗保险制度。医疗
保险基金来源于企业和个人缴费,医疗保险给付标准控制在当地职工平均年

工资的 10%,最高支付额控制在当地职工平均年工资的 4 倍。2003 年,国务院转发《关于建立新型农村合作医疗制度的意见》,开始新型农村合作医疗的试点工作,新型农村合作医疗保险制度的资金来源于财政与个人,新农合基金主要补助参加新型农村合作医疗农民的大额医疗费用或住院医疗费用。

工伤保险制度进入快速发展时期。1996 年,劳动部发布《企业职工工伤保险试行办法》,确定了工伤保险社会统筹和社会化管理的方向。2002 年《中华人民共和国职业病防治法》《中华人民共和国安全生产法》《国家职业卫生标准管理办法》《职业危害事故调整处理办法》等法律法规的颁布,促进了工伤保险的进一步完善。2003 年,国务院颁布《工伤保险条例》,规定工伤保险缴费来源于企业,按照不同行业的工伤风险程度确定行业的差别费率。职工工伤待遇包括医疗待遇、护理待遇、伤残待遇、死亡待遇等。

2006 年以来,中国社会保险制度进入了完善时期。新型农村养老保险制度、城镇居民养老保险制度开始试点。2009 年,国务院颁布《关于开展新型农村社会养老保险试点的指导意见》,确定新型农村养老保险制度实行社会统筹与个人账户相结合的模式,基金来源于个人缴费、集体补助和政府补贴。2011 年,国务院颁布《关于开展城镇居民社会养老保险试点的指导意见》,开始城镇居民养老保险制度的试点,2012 年基本实现城镇居民养老保险制度全覆盖。城镇居民养老保险制度采取社会统筹与个人账户相结合的模式,资金来源于个人缴费和政府补贴,养老金待遇由基础养老金和个人账户养老金组成。

城镇居民医疗保险制度得以建立。2007 年,国务院颁布《关于开展城镇居民基本医疗保险试点的指导意见》,指出城镇居民医疗保险制度的覆盖范围包括不属于城镇职工基本医疗保险制度覆盖范围的中小学阶段的学生、少年儿童和其他非从业城镇居民,缴费来源包括家庭缴费与政府补贴,费用支付范围为参保居民的住院和门诊大病医疗支出。2012 年国家发展改革委等联

合发布的《关于开展城乡居民大病保险工作的指导意见》,确定大病保险保障
对象为城镇居民医保、新农合的参保(合)人。大病保险采取向商业保险机构
购买的方式运行,按照实际支付比例不低于 50% 的标准对城镇居民医保、新
农合补偿后需个人负担的合规医疗费用给予保障。

工伤保险制度不断完善。2011 年,修订后的《工伤保险条例》将工伤保险
覆盖面扩大到中华人民共和国境内的企业、事业单位、社会团体、民办非企业
单位、基金会、律师事务所、会计师事务所等组织和有雇工的个体工商户,将工
伤保险统筹层次提高到省级统筹,延长了按照伤残补助金支付工伤保险基金
的给付月数。

2011 年 7 月实施的《中华人民共和国社会保险法》,对中国社会保险制度
体系建设做出了系统的法律规定。在养老保险方面,该法规定参加基本养老
保险的个人,达到法定退休年龄时累计缴费不足 15 年的职工,可以缴费至满
15 年,按月领取基本养老金,也可以转入新型农村社会养老保险或者城镇居
民社会养老保险,另外,城镇居民社会养老保险和新型农村社会养老保险可以
合并实施。在医疗保险方面,该法规定参加职工基本医疗保险的个人,达到法
定退休年龄时累计缴费达到国家规定年限的,退休后不再缴纳基本医疗保险
费,按照国家规定享受基本医疗保险待遇,并规定国家建立和完善新型农村合
作医疗制度和城镇居民基本医疗保险制度。

2. 社会救助制度的发展

改革开放以来,中国社会救助制度取得了长足的发展。

1978—1993 年,中国社会救助制度的建设仍然在传统制度框架中延续。
中国传统社会救助制度主要包括五保供养制度和流浪乞讨人员临时救助制
度。1978 年的《农村人民公社工作条例(试行草案)》,规定对生活没有依靠
的老、弱、孤、寡、残疾的社员,实行供给。1981—1983 年,民政部先后印发《关

于检查对五保户生活安排情况的通知》《关于开展农村五保户普查工作的通知》《关于切实做好五保户普查工作的补充通知》，开始对全国五保对象进行普查和登记。1985 年的《中共中央、国务院关于制止向农民乱派款、乱收费的通知》，提出逐步推行乡镇统筹提供五保经费的办法。1991 年，国务院颁布《农民承担费用和劳务管理条例》，提出以乡统筹、村提留提供五保供养基金。

以"收容遣送"为主要特点的流浪乞讨人员救助制度得以确立。1982 年，《城市流浪乞讨人员收容遣送办法》和《城市流浪乞讨人员收容遣送办法实施细则（试行）》颁布，确定由民政、公安部门负责对"家居农村流入城市乞讨的，城市居民中流浪街头乞讨的，其他露宿街头生活无着的"流浪乞讨人员实施收容遣送。1989 年，民政部颁布《关于进一步做好收容遣送工作的通知》，继续强化对流浪人员进行以收容遣送为主的救助制度。1991 年，国务院颁布《关于收容遣送工作改革问题的意见》，扩大了收容遣送制度的遣送人群，确定收容遣送站对身份证、暂住证、务工证"三证"不全的流浪人员进行收容遣送。

1993—1999 年，中国进入新型社会救助制度的探索阶段。城市居民最低生活保障制度开始探索并推广。1993 年，上海市民政局、财政局等部门下发《关于本市城镇居民最低生活保障线的通知》，最早建立了城市居民最低生活保障制度。1997 年 9 月，国务院颁布《关于在全国建立城市居民最低生活保障制度的通知》，规定城市低保制度的救助范围、救助标准、救助资金来源。

五保供养制度规范化发展。1994 年，国务院颁布《农村五保供养工作条例》，五保供养制度的覆盖人群为农村无法定抚养人、无劳动能力和无生活来源的老年人、残疾人和未成年人。五保供养资金来源包括集体经济收入和集体统筹金。五保供养的内容包括保吃、保穿、保医、保葬，对未成人"保教"。五保供养形式采取由敬老院集中供养和由亲友或者邻里分散供养。

1999 年以来，中国进入了新型社会救助制度的建立与完善阶段。城市最低生活保障制度得以确立。1999 年,国务院颁布《城市居民最低生活保障条例》,覆盖人群为人均收入低于当地城市居民最低生活保障标准的非农业户口的城市居民,资金来源于地方政府财政、社会组织和个人捐赠,保障标准为按照当地维持城市居民基本生活所需的衣、食、住费用,并适当考虑水、电、煤费用及未成年人义务教育费用。给付水平为对无生活来源、无劳动能力又无法定赡养人、扶养人或者抚养人的城市居民全额发放最低生活保障金,对有一定收入的城市居民差额发放最低生活保障金。

农村最低生活保障制度得以建立。2007 年,国务院颁布《关于在全国建立农村最低生活保障制度的通知》,确定农村最低生活保障制度的保障标准根据维持当地农村居民全年基本生活所必需的吃饭、穿衣、用水、用电等费用确定,资金发放原则上按照申请人家庭年人均纯收入与保障标准的差额发放,也可以在核查申请人家庭收入的基础上,按照其家庭的困难程度和类别,分档发放。

五保供养制度得到了进一步完善。2006 年国务院颁布的《农村五保供养工作条例》,确定五保供养资金在政府预算中列支,并在五保审批管理、五保供养标准提升机制、五保供养服务机构建设上给予完善。2010 年的《农村五保供养服务机构管理办法》和 2012 年的《农村五保供养服务机构等级评定暂行办法》,明确了五保供养机构的建设、服务对象、供养内容、管理、经费保障以及等级评定等内容。

医疗救助制度得以建立。2003 年的《关于实施农村医疗救助的意见》,开始在农村实施医疗救助。农村医疗救助的救助对象为农村五保户、农村贫困户家庭成员以及政府规定的其他符合条件的贫困农民,救助办法为资助救助对象参加新型农村合作医疗保险或对患大病的费用给予适当救助。2005 年的《关于建立城市医疗救助制度试点工作的意见》,指出救助对象包括城市居民最低生活保障对象中未参加城镇职工基本医疗保险人员、参加城镇职工医疗保险但个人负担仍然较重的人员,救助标准为对扣除掉各项医疗保险可支付部分、单位报销部分后个人负担超过一定金额的医疗费用给予一定补助。

住房救助制度取得了较快的发展。1999 年的《城镇廉租住房管理办法》,指出廉租房向具有城镇常住居民户口的最低收入家庭提供,租金由政府定价。2003 年的《城镇最低收入家庭廉租住房管理办法》,明确了廉租房制度保障对象、保障标准和保障方式。2007 年的《关于解决城市低收入家庭住房困难的若干意见》,将廉租房救助范围扩大到城市低收入家庭,实行货币补贴和实物配租的住房保障形式。

教育救助制度也取得了较快的发展。2001 年,国家出台了面向农村义务教育阶段家庭困难学生"免费提供教科书,免收杂费并逐步补助寄宿生的生活费"政策。2003 年,提出健全扶持家庭困难学生享受"两免一补"的政策,保障农村适龄少年儿童接受义务教育的权利。2004 年,要求对高校贫困生实施助学贷款制度、增加贫困学生的助学金。2006 年,提出建立面对中等职业教育贫困家庭经济困难学生的助学金制度、助学贷款制度。

流浪乞讨人员救助制度取得了实质性进展。2003 年的《城市生活无着的流浪乞讨人员救助管理办法》,确定流浪乞讨人员救助制度的覆盖范围包括在城市生活无着的流浪、乞讨人员,救助制度的救助内容包括提供符合食品卫生要求的食物、提供符合基本条件的住处、对在站内突发急病者及时送医院救治帮助、与其亲属或者所在单位联系、对没有交通费返回其住所地或者所在单位者提供乘车凭证等。

灾害救助法制建设不断推进。2010 年,《自然灾害救助条例》颁布,明确了自然灾害救助的救助准备、应急救助、灾后救助、救助款物管理等事项。

3. 社会福利制度的发展

1978—1990 年,中国社会福利制度处于恢复和改革探索阶段。社会福利机构纷纷建立。1984年,中国残疾人福利基金会成立。1987年,中国社会福利有奖募捐委员会成立。1988年,中国残疾人联合会成立。社会福利机构的设立有助于推动中国社会福利事业的发展。

社会福利社会化方向形成。传统社会福利制度由民政福利和职工福利组成,是一种补缺型的福利制度,其缺点表现为福利异化、板块分割。1984年,民政部提出了社会福利事业要向国家、集体、个人兴办的方向发展,从而开始了社会福利社会化的探索工作。

1990—2000年,中国社会福利制度进入法制建设阶段。这一时期出台了许多涉及社会福利的法律,如1990年的《中华人民共和国残疾人保障法》、1992年的《中华人民共和国妇女权益法》、1996年的《中华人民共和国老年人权益法》以及1999年的《中华人民共和国公益事业捐赠法》。这一系列法律的颁布与实施,有效地促进了老年人、残疾人、妇女福利的发展。同时,这一时期有关社会福利院、社会福利企业以及福利彩票的法律法规得以完善。在社会福利院和福利企业的建设上,民政部门颁布了一系列法规。如1993年的《国家级福利院评定标准》,明确了社会福利院的设施条件、人员配备等标准。同年的《社会福利企业规划》,对社会福利企业的兴办做出了规划。1999年的《社会福利机构暂行办法》,对社会福利机构的管理做出了规定。1994年民政部发布的《福利彩票管理办法》《有奖募捐社会福利资金管理使用方法》对福利彩票的发行、使用、管理做出了详细的规定。

2000年以来,中国社会福利进入了快速发展阶段。老年人社会福利取得巨大发展。2000年的《关于加强老龄工作的决定》,从老年福利院、老年医疗保健服务、老年文化体育服务方面对老年社会工作提出要求。2001年的《中国老龄事业发展"十五"计划纲要(2001—2005年)》,从经济供养、医疗保健、照料服务、精神文化生活、权益保障等五个方面对老年福利工作做出了规划。在此基础上,民政部依托福利彩票开展星光计划,资助老年人福利服务设施和乡镇敬老院建设。随着 2008 年《关于全面推进居家养老服务工作的意见》的颁布,中国从培育居家养老服务组织、完善社区居家养老服务网络等方面开始了居家养老服务体系的建设。2012 年修订的《中华人民共和国老年人权益保护法》对老年福利制度的发展产生了积极的推动作用。

残疾人福利事业取得了较快的发展。1994 年的《残疾人教育条例》为残疾人教育问题的解决提供了法律依据。2007 年的《残疾人就业条例》为残疾人就业问题提供了政策支持。2008 年的《中华人民共和国残疾人保障法》,以及同年的《中共中央国务院关于促进残疾人事业发展的意见》,基本形成了包括就业、教育、康复、救助为主要内容的残疾人福利制度体系。

妇女福利事业的发展受到重视。2008 年的《关于生育津贴和生育医疗费有关个人所得税政策的通知》,明确规定对生育妇女获得的生育津贴、生育医疗费或其他属于生育保险性质的津贴、补贴免征个人所得税。2011 年的《中国妇女发展纲要(2011—2020 年)》,确定 2011—2020 年女性社会保障的主要目标是:生育保险覆盖所有用人单位,妇女生育保障水平提高;基本医疗保险制度覆盖城乡妇女,医疗保障水平稳步提高;妇女养老保障覆盖面逐步扩大;妇女参加失业保险的人数增加,失业保险待遇水平逐步提高;有劳动关系的女性劳动者全部参加工伤保险;妇女养老服务水平提高,以城乡社区为单位的养老服务覆盖率达到 90% 以上。

儿童福利制度逐步完善。中国颁布了一系列涉及儿童福利的法律法规。如 1997 年的《关于进一步发展孤残儿童福利事业的通知》、2003 年的《家庭寄养管理暂行办法》、2006 年修订的《中华人民共和国未成年人保护法》和《中华人民共和国义务教育法》、2007 年的《关于大力开展关爱农村留守儿童行动的意见》、2010 年的《关于加强孤儿保障工作的意见》等,逐渐形成了面向普通儿童、贫困儿童、孤残儿童、流浪儿童、留守儿童、受艾滋病影响儿童的福利体系,儿童福利的内容体现在健康、教育、生活环境、社会保障服务、校车安全等方面。

职业福利逐步发展。随着 2002 年的《国务院关于大力推进职业教育改革与发展的决定》、2003 年的《关于在新形势下深入开展建设职工之家活动的意见》、2007 年的《职工带薪年休假条例》和《全国年节及纪念日放假办法》、2009 年的《关于企业工资薪金及职工福利费扣除问题的通知》和《关于企业加强职工福利费财务管理的通知》以及 2010 年的《关于开展中央企业福利情况调查工作的通知》和《关于做好国资委系统监管企业职工薪酬调查工作的通知》等法律法规的颁布,中国对职业福利的建设进行合理的引导,逐渐形成了包括福利津贴、福利设施和福利服务的职业福利体系,职业福利的提供方也以劳动服务公司、后勤集团等形式的供给主体而存在和发展。

4. 基本社会保障服务的发展

改革开放以来,中国逐渐形成了以养老服务、医疗服务、就业服务为主要内容的基本社会保障服务体系,中国基本社会保障服务体系逐渐建立并不断发展。

养老服务的较快发展是基本社会保障服务的重要内容。1996 年的《中华人民共和国老年人权益保障法》,提出发展社区服务,逐步建立适应老年人需要的生活服务、文化体育活动、疾病护理与康复等服务设施和网点。2000 年的《关于加强老龄工作的决定》指出,构建以老年福利、生活照料、医疗保健、体育健身、文化教育和法律服务为主要内容的老年服务体系,同时提出,积极兴办不同形式、不同档次的老年福利院、老年护理院、老年公寓、托老所等,为老年人提供生活照料、文化、护理、健身等多方面的服务。2008 年的《关于全面推进居家养老服务工作的意见》,确定了发展居家养老的原则和保障措施,发展居家养老应该坚持以人为本、依托社区、因地制宜的原则,通过加大政府投入、完善社区居家养老服务网络、培育居家养老服务组织、建立居家养老服务管理体制推动居家养老服务的发展。

2012 年 12 月修订的《中华人民共和国老年人权益保障法》对社会养老服务体系提出了新的要求,规定地方各级人民政府和有关部门应当采取措施,发展城乡社区养老服务,鼓励、扶持专业服务机构及其他组织和个人,为居家的老年人提供生活照料、紧急救援、医疗护理、精神慰藉、心理咨询等多种形式的服务。对经济困难的老年人,地方各级人民政府应当逐步给予养老服务补贴。地方各级人民政府和有关部门、基层群众性自治组织,应当将养老服务设施纳入城乡社区配套设施建设规划,建立适应老年人需要的生活服务、文化体育活动、日间照料、疾病护理与康复等服务设施和网点,就近为老年人提供服务。发扬邻里互助的传统,提倡邻里间关心、帮助有困难的老年人。鼓励慈善组织、志愿者为老年人服务。倡导老年人互助服务。

医疗保障服务取得了较快的发展。1997 年的《中共中央、国务院关于卫生改革与发展的决定》,提出改革城市卫生服务体系,积极发展社区卫生服务,逐步形成功能合理、方便群众的卫生服务网络。1999 年的《关于发展城市社区卫生服务的若干意见》,确定了社区卫生服务的发展目标:到 2000 年,基本完成社区卫生服务的试点和扩大试点工作,部分城市应基本建成社区卫生服务体系的框架;到 2005 年,各地基本建成社区卫生服务体系的框架,部分城市建成较为完善的社区卫生服务体系;到 2010 年,在全国范围内,建成较为完善的社区卫生服务体系,成为卫生服务体系的重要组成部分,使城市居民能够享受到与经济社会发展水平相适应的卫生服务,提高人民健康水平。2006 年的《国务院关于发展城市社区卫生服务的指导意见》,指出到 2010 年全国地级以上城市和有条件的县级市要建立比较完善的城市社区卫生服务体系。2009 年的《关于深化医药卫生体制改革的意见》,提出建设以公立医疗机构为主导、非公立医疗机构共同发展的医疗服务体系。

基本就业服务受到高度重视。2002 年的《中共中央国务院关于进一步做好下岗失业人员再就业工作的通知》以及 2003 年的《关于进一步推动再就业培训和创业培训工作的通知》,指出要建立再就业培训机构资质认定制度,完善培训经费补贴与再就业效果直接挂钩的工作机制,推广创业培训与小额贷款等优惠政策整体推动的工作模式。2005 年的《国务院关于进一步加强就业再就业工作的通知》,提出发展和规范各种专业性职业中介机构和劳务派遣、职业咨询指导、就业信息服务等社会化服务组织,鼓励社会各类职业中介机构为城乡劳动者提供诚信、有效的就业服务。2007 年的《中华人民共和国就业促进法》,进一步确定了就业服务的内容、实施主体和实施办法。

二、中国特色社会保障制度结构逐步完善

1. 城镇职工社会保障制度的完善

城镇职工社会保障制度主要包括城镇职工养老保险制度、医疗保险制度、失业保险制度、工伤保险制度、生育保险制度、企业年金制度。城镇职工社会保障制度经历了不断扩大覆盖面的过程,越来越多的企业劳动者被城镇社会保障制度所覆盖。

中国城镇企业职工养老保险制度覆盖面不断扩大。1978 年的《国务院关于工人退休、退职的暂行办法》,恢复了城镇职工养老保险制度,其覆盖人群原则上包括全民所有制企业、事业单位和党政机关、群众团体的工人。1991年的《国务院关于企业职工养老保险制度改革的决定》,规定养老保险制度的覆盖范围为全民所有制企业,同时规定城镇集体所有制企业可以参照执行。1997 年的《国务院关于建立统一的企业职工基本养老保险制度的决定》,提出进一步扩大养老保险的覆盖范围,基本养老保险制度要逐步扩大到城镇所有企业及其职工。1999 年的《社会保险费征缴暂行条例》,规定养老保险制度的

覆盖人群包括国有企业、城镇集体企业、外商投资企业、城镇私营企业和其他城镇企业及其职工,实行企业化管理的事业单位及其职工。2000 年的《国务院关于印发完善城镇社会保障体系试点方案的通知》,强调自由职业人员、城镇个体工商户应参加基本养老保险。2005 年的《国务院关于完善企业职工基本养老保险制度的决定》,提出城镇各类企业职工、个体工商户和灵活就业人员都要参加企业职工基本养老保险。2011 年开始实施的《中华人民共和国社会保险法》,规定无雇工的个体工商户、未在用人单位参加基本养老保险的非全日制从业人员以及其他灵活就业人员可以参加基本养老保险。通过城镇企业职工养老保险制度的不断完善,越来越多的城镇劳动者被养老保险制度所覆盖。

城镇企业职工医疗保险制度的覆盖面逐步扩大。1992 年的《劳动部关于试行职工大病医疗费用社会统筹的意见的通知》,确定国营企业、县以上城镇集体所有制企业的在职职工和离退休职工为大病医疗费用社会统筹的覆盖人群。1998 年的《国务院关于建立城镇职工基本医疗保险制度的决定》,规定城镇所有用人单位,包括企业(国有企业、集体企业、外商投资企业、私营企业等)、机关、事业单位、社会团体、民办非企业单位及其职工为城镇职工基本医疗保险制度的覆盖范围。1999 年的《社会保险费征缴暂行条例》规定,医疗保险制度的覆盖人群包括国有企业、城镇集体企业、外商投资企业、城镇私营企业和其他城镇企业及其职工,国家机关及其工作人员,事业单位及其职工,民办非企业单位及其职工,社会团体及其专职人员。2003 年劳动和社会保障部办公厅《关于进一步做好扩大城镇职工基本医疗保险覆盖范围工作的通知》,提出将城镇符合参保条件的用人单位和职工纳入基本医疗保险范围,将实施关闭破产的中央企业和中央下放地方的企业退休人员纳入当地医疗保险社会统筹,同时做好地方关闭破产企业的退休人员参加医疗保险的工作。2003 年劳动和社会保障部办公厅《关于城镇灵活就业人员参加基本医疗保险的指导意见》,对灵活就业人员参加医疗保险制度提出了政策指导。2004 年劳动和社会保障部办公厅《关于推进混合所有制企业和非公有制经济组织从业人员参加医疗保险的意见》,将医疗保险制度进一步扩大到混合所有制企业和非公有制经济组织从业人员。2011 年 7 月实施的《中华人民共和国社会保险法》,规定无雇工的个体工商户、未在用人单位参加职工基本医疗保险的非全日制从业人员以及其他灵活就业人员可以参加职工基本医疗保险。通过城镇企业医疗保险制度扩大覆盖面工作的推进,中国城镇企业职工医疗保险制度覆盖的劳动者人数迅速提高。

失业保险、工伤保险、生育保险的覆盖面也逐步扩大。1986 年的《国营企业职工待业保险暂行规定》,明确指出失业保险制度覆盖人群,包括:宣告破产的企业的职工;濒临破产的企业法定整顿期间被精减的职工;企业终止、解除劳动合同的工人;企业辞退的职工。1993 年的《国有企业职工待业保险规定》,确定失业保险制度的覆盖范围扩大到七类人群:失去工作的国有企业职工;依法宣告破产的企业的职工;濒临破产的企业在法定整顿期间被精减的职工;按照国家有关规定被撤销、解散企业的职工;按照国家有关规定停产整顿企业被精减的职工;终止或者解除劳动合同的职工;企业辞退、除名或者开除的职工;依照法律、法规规定或者按照省、自治区、直辖市人民政府规定,享受待业保险的其他职工。1999 年的《失业保险条例》,确定失业保险覆盖范围为城镇企业事业单位、城镇企业事业单位职工(该条例所指的城镇企业指国有企业、城镇集体企业、外商投资企业、城镇私营企业以及其他城镇企业)。

1996 年的《企业职工工伤保险试行办法》对工伤保险的覆盖人群并没有做出明确的界定,仅指出中华人民共和国境内的企业及其职工必须遵照本办法的规定执行。2003 年的《工伤保险条例》,确定工伤保险的覆盖范围为中华人民共和国境内的各类企业、有雇工的个体工商户。2011 年修订的《工伤保险条例》指出,中华人民共和国境内的企业、事业单位、社会团体、民办非企业单位、基金会、律师事务所、会计师事务所等组织和有雇工的个体工商户应当参加工伤保险。

1988 年的《女职工劳动保护规定》，规定女职工劳动保护的覆盖范围，包括：中华人民共和国境内一切国家机关、人民团体、企业、事业单位的女职工。1994 年的《企业职工生育保险试行办法》，确定生育保险制度的覆盖范围为城镇企业及其职工。

机关事业单位社会保障制度处于缓慢的改革和发展中。1978 年以来中国颁布了一系列法律法规，提出要对机关事业单位养老保险制度进行改革。1986 年的《国营企业实行劳动合同制暂行规定》，规定了劳动合同制工人的社会保险待遇，同时指出国家机关、事业单位和社会团体在常年性岗位上招用的工人参照本规定执行。1991 年的《国务院关于企业职工养老保险制度改革的决定》确定由人事部负责机关、事业单位养老保险制度改革。1993 年的《国家公务员暂行条例》，确定了公务员正常退休和提前退休的条件，并指出公务员退休后享受国家规定的养老金。2000 年的《国务院关于印发完善城镇社会保障体系试点方案的通知》，确定公务员的养老保障制度维持不变，全额拨款的事业单位维持现行养老保障制度，改制为企业的实行企业养老保险制度，对于跨企业和机关工作的，执行所转入单位所属的养老保障制度。2005 年的《中华人民共和国公务员法》，确定工作年限满三十年的，距国家规定的退休年龄不足五年，且工作年限满二十年的公务员可以提前退休。

2008 年，《事业单位工作人员养老保险制度改革试点方案》出台，进行事业单位养老保险改革试点，实行社会统筹与个人账户相结合的基本养老保险制度，基本养老金由基础养老金和个人账户养老金组成。根据工资总额和物价变动建立养老金调整机制。建立职业年金制度。养老保险实行省级统筹。

除了养老保障制度改革外，事业单位医疗保险、失业保险、工伤保险制度改革也逐步展开。1998 年的《国务院关于建立城镇职工基本医疗保险制度的决定》，指出事业单位及其职工要参加基本医疗保险，基本医疗保险资金缴费由用人单位与职工个人缴费组成，国家公务员在参加基本医疗保险的基础上，享受医疗补助政策。1999 年的《失业保险条例》规定，城镇事业单位及其职工缴纳失业保险费。2011 年的《工伤保险条例》，指出事业单位需要缴纳工伤保险费。

2011 年，《中共中央国务院关于分类推进事业单位改革的指导意见》，提出了事业单位分类改革办法和事业单位社会保险制度改革方案。在事业单位分类方面，将事业单位分为承担行政职能、从事生产经营活动和从事公益服务三类，并将从事公益服务的事业单位进一步细分为公益一类和公益二类。公益一类是指承担义务教育、基础性科研、公共文化、公共卫生及基层的基本医疗服务等基本公益服务，不能或不宜由市场配置资源的事业单位。公益二类是指承担高等教育、非营利医疗等公益服务，可部分由市场配置资源的事业单位。对于承担行政职能的事业单位，在过渡期内社会保险按照现行政策执行。对于从事生产经营活动的事业单位，养老金待遇按照"老人老办法，新人新办法"的方式发放，在医疗保险方面，转制前已退休人员转制后继续按规定享受职工基本医疗保险、补充医疗保障等待遇，对于有条件的转制单位，可以建立补充医疗保险和企业年金。对于从事公益服务事业单位，参照企业建立社会统筹与个人账户相结合的养老保险制度，并建立职业年金制度。

2. 城镇居民社会保障制度的建立和发展

中国城镇居民社会保障制度包括城镇居民最低生活保障制度、城镇居民医疗救助制度、城镇居民住房保障制度、城镇居民医疗保险制度、城镇居民养老保险制度等。

城镇居民最低生活保障制度覆盖范围不断扩大。1997 年的《国务院关于在全国建立城市居民最低生活保障制度的通知》，确定城市居民最低生活保障制度的覆盖人群,包括:无生活来源、无劳动能力、无法定赡养人或抚养人的居民;领取失业救济金期间或失业救济期满仍未能重新就业,家庭人均收入低于最低生活保障标准的居民;在职人员和下岗人员在领取工资或最低工资、基本生活费后以及退休人员领取退休金后,其家庭人均收入仍低于最低生活保障标准的居民。1999 年的《城市居民最低生活保障条例》,确定城市居民最低生活保障制度覆盖人群为人均收入低于当地城市居民最低生活保障标准的非农业户口的城市居民。2001 年的《国务院办公厅关于进一步加强城市居民最低生活保障工作的通知》,提出将中央、省属企业,尤其是远离城镇的军工、矿山等企业符合条件的贫困职工家庭纳入最低生活保障范围。

城镇居民医疗救助制度覆盖人数增加。2005 年民政部等《关于建立城市医疗救助制度试点工作的意见》,规定城市医疗救助制度的覆盖人群包括:城市居民最低生活保障对象中未参加城镇职工基本医疗保险人员、已参加城镇职工基本医疗保险但个人负担仍然较重的人员和其他特殊困难群众。

城镇居民住房救助制度覆盖范围扩大。1999 年的《城镇廉租住房管理办法》,确定向城镇常住居民户口中的最低收入家庭提供租金相对低廉的普通住房。2003 年的《城镇最低收入家庭廉租住房管理办法》,确定廉租房制度保障对象为符合市、县人民政府规定的住房困难的最低收入家庭。2007 年的《国务院关于解决城市低收入家庭住房困难的若干意见》指出,所有设区的城市要对符合规定住房困难条件、申请廉租住房租赁补贴的城市低保家庭基本做到应保尽保。同年的《经济适用住房管理办法》,确定经济适用住房供应对象为城市低收入住房困难家庭。2010 年住房和城乡建设部等《关于加快发展公共租赁住房的指导意见》,确定公共租赁住房供应对象主要是城市中等偏下收入住房困难家庭。

城镇居民医疗保险和养老保险覆盖范围扩大。2007 年的《国务院关于开展城镇居民基本医疗保险试点的指导意见》,确定城镇居民基本医疗保险覆盖人群,包括:不属于城镇职工基本医疗保险制度覆盖范围的中小学阶段的学生、少年儿童和其他非从业城镇居民。2011 年的《国务院关于开展城镇居民社会养老保险试点的指导意见》规定,城镇居民养老保险制度的覆盖范围,包括:年满 16 周岁(不含在校学生)、不符合职工基本养老保险参保条件的城镇非从业居民。2011 年的《人力资源和社会保障事业发展"十二五"规划纲要》,提出"十二五"期间实现新型农村社会养老保险和城镇居民社会养老保险制度全覆盖。

3. 农村居民社会保障制度的发展

中国农村居民社会保障制度主要包括农村社会养老保险制度、农村合作医疗保险制度、农村最低生活保障制度、五保供养制度、农村医疗救助制度等。

农村居民社会养老保险制度的发展经历了比较曲折的发展阶段。20 世纪 80 年代初,少数村庄开始对老年农民实行养老保障。1992 年的《县级农村社会养老保险基本方案(试行)》规定,农村社会养老保险的覆盖人群为非城镇户口、不由国家供应商品粮的农村人口。1995 年的《民政部关于进一步做好农村社会养老保险工作意见的通知》提出,经济比较发达的地区要积极引导农民参加社会养老保险,经济中等发达地区要积极稳妥地推进,逐步建立农村社会养老保险制度,经济欠发达地区可选择条件较好的县(市、区)和乡(镇)进行试点,逐步积累经验。

1998 年开始,农村社会养老保险制度进入整顿时期。1999 年的《国务院批转整顿保险业工作小组保险业整顿与改革方案的通知》指出,目前中国农村尚不具备普遍实行社会保险的条件。对民政系统原来开展的"农村社会养老保险"进行清理整顿,停止接受新业务,区别情况,妥善处理,有条件的可以逐步将其过渡为商业保险。

2002 年以来,农村社会养老保险制度逐渐重新发展起来。2002 年,中共十六大报告中提出,有条件的地方,探索建立农村养老保险、医疗保险和最低生活保障制度。2003 年劳动和社会保障部《关于认真做好当前农村养老保险工作的通知》提出,当前农村社会保障工作的重点应当放在有条件的地方、有条件的群体以及影响农民社会保障的突出问题上。2009 年的《国务院关于开展新型农村社会养老保险试点的指导意见》,要求开始建立新型农村社会养老保险制度。

农村居民医疗保险制度的发展以新型农村合作医疗制度的建立为标志。1997 年,《中共中央国务院关于卫生改革与发展的决定》提出,到 2000 年在农村多数地区建立起各种形式的合作医疗制度,并逐步提高社会化程度。2001 年的《国务院办公厅转发国务院体改办等部门关于农村卫生改革与发展指导意见的通知》指出,按照自愿量力、因地制宜、民办公助的原则,继续完善与发展合作医疗制度,合作医疗筹资以个人投入为主。2002 年的《中共中央国务院关于进一步加强农村卫生工作的决定》,指出各级政府要积极组织引导农民建立以大病统筹为主的新型农村合作医疗制度。2003 年,卫生部等《关于建立新型农村合作医疗制度的意见》提出,要建立基本覆盖农村居民的新型农村合作医疗制度。2007 年卫生部等《关于完善新型农村合作医疗统筹补偿方案的指导意见》指出,要研究采取适当方式将一些特殊病种大额门诊治疗费用纳入统筹基金补偿范围。2009 年的《中共中央国务院关于深化医药卫生体制改革的意见》,指出要逐步提高政府补助水平,适当增加农民缴费,提高保障能力。

农村社会救助制度取得了巨大的发展。农村最低生活保障制度取得了较快的发展。2005 年的《中共中央国务院关于推进社会主义新农村建设的若干意见》,提出要在有条件的地方探索建立农村最低生活保障制度。2007 年的《国务院关于在全国建立农村最低生活保障制度的通知》,确定农村最低生活保障制度的保障人群为家庭年人均纯收入低于当地最低生活保障标准的农村居民,包括因病残、年老体弱、丧失劳动能力以及生存条件恶劣等原因造成生活常年困难的农村居民。2010 年的《民政部关于进一步规范农村最低生活保障工作的指导意见》,指出农村低保的保障范围为家庭年人均纯收入低于当地低保标准的农村居民家庭。

五保供养制度覆盖范围扩大。1994 年的《农村五保供养工作条例》,规定五保制度的覆盖人群包括:无法定扶养义务人,或者虽有法定扶养义务人,但是扶养义务人无扶养能力的老年人、残疾人和未成年人;无劳动能力的老年人、残疾人和未成年人;无生活来源的老年人、残疾人和未成年人。2006 年新的《农村五保供养工作条例》指出,五保供养制度的覆盖人群包括无劳动能力、无生活来源又无法定赡养、抚养、扶养义务人的老年、残疾或者未满 16 周岁的村民,或者其法定赡养、抚养、扶养义务人无赡养、抚养、扶养能力的老年、残疾或者未满 16 周岁的村民。

农村医疗救助制度覆盖人数增加。2002 年的《中共中央国务院关于进一步加强农村卫生工作的决定》提出,对农村五保户和贫困农民家庭实行医疗救助,医疗救助的形式为对救助对象患大病给予一定的医疗费用补助或者资助其参加当地合作医疗。2003 年民政部等《关于实施农村医疗救助的意见》,确定农村医疗救助的覆盖范围为农村五保户、农村贫困户家庭成员以及政府规定的其他符合条件的贫困农民。2005 年民政部等《关于加快推进农村医疗救助工作的通知》,要求在全国建立起完善的农村医疗救助制度。

三、中国特色社会保障制度责权关系逐步合理

1. 社会保障制度的政府责任更加明确

社会保障制度中的政府责任包括财政责任、监管责任、推动立法与宏观调控责任。① 从社会保障制度责权关系的内涵来看,财政责任是社会保障制度

---

① 参见郑功成:《中国社会保障改革与发展战略》,人民出版社 2008 年版,第 76 页。

责权关系分析的核心,而财政责任可以通过政府对社会保障的供款责任来体现。因此,可以从城镇社会保障制度中的政府责任和农村社会保障制度中的政府责任两个方面,对社会保障制度中的政府责任进行分析。

改革开放后,中国逐渐向社会主义市场经济体制转变,城镇社会保障制度经历了政府责任的收缩阶段。1986 年颁布《国营企业职工待业保险暂行规定》,中国失业保险制度框架初见端倪,失业保险制度的建立是作为国有企业改革的配套措施而运行。此后的一系列的社会保险法律法规,逐渐将社会保险的供款责任主体由计划经济时期的一方增加为多方,由企业转变为企业、个人和国家。1997 年的《国务院关于建立统一的企业职工基本养老保险制度的决定》,确定养老保险基金来源于企业和个人,企业以职工工资总额的 20% 缴纳养老保险费,个人以本人工资的 8% 缴纳养老保险费。1998 年的《国务院关于建立城镇职工基本医疗保险制度的决定》,确定医疗保险基金筹资来源为企业和个人,企业以职工工资总额的 6% 缴费,个人以本人工资的 2% 缴费。1999 年的《失业保险条例》规定,失业保险基金的来源包括企业缴费、个人缴费以及财政补贴。社会保险缴费主体的变化体现了社会保险责任的变化,企业和个人成为社会保险的主要缴费来源,体现了社会保险中国家责任的收缩。

2006 年以来,中国城镇社会保障制度中政府责任逐渐扩张。2007 年的《国务院关于开展城镇居民基本医疗保险试点的指导意见》规定,对试点城市的参保居民,政府每年按不低于人均 40 元给予补助,其中,中央财政从 2007 年起每年通过专项转移支付,对中西部地区按人均 20 元给予补助。政府财政补助形成城镇居民医疗保险基金的重要来源。2011 年的《国务院关于开展城镇居民社会养老保险试点的指导意见》,确定政府对符合待遇领取条件的参保人全额支付城镇居民养老保险基础养老金。其中,中央财政对中西部地区按中央确定的基础养老金标准给予全额补助,对东部地区给予 50% 的补助。地方人民政府应对参保人员缴费给予补贴,补贴标准不低于每人每年 30 元。

这是城镇居民养老保险中政府财政责任的体现。

政府责任的扩大除了表现在城镇居民养老保险和医疗保险的供款责任方面以外,还体现在对社会保障制度转制成本方面。1995 年的《财政部、国家国有资产管理局关于严禁将国有资产用于老职工养老保险问题的通知》指出,不得用国有资产转为养老保险基金。2001 年,国务院印发《减持国有股筹集社会保障资金管理暂行办法》,提出减持国有股所筹集的资金交由全国社会保障基金理事会管理。2009 年财政部等发布的《境内证券市场转持部分国有股充实全国社会保障基金实施办法》提出,在境内证券市场首次公开发行股票并上市的含国有股的股份有限公司均须按首次公开发行时实际发行股份数量的 10%,将股份有限公司部分国有股转由社保基金会持有。国有股划拨社会保障基金是社会保障制度中政府责任的重要体现。

改革开放以来,随着农村贫困问题、疾病问题和养老问题的突出以及中国政府以人为本执政理念的凸显,政府在农村社会保障制度中的责任逐渐扩张,这可以从合作医疗制度和农村社会养老保险制度供款来源的变化中体现。1979 年的《农村合作医疗章程(试行草案)》指出,合作医疗基金由参加合作医疗的个人和集体(公益金)筹集。1997 年的《国务院批转卫生部等部门关于发展和完善农村合作医疗若干意见的通知》指出,农村合作医疗筹资以个人投入为主,集体扶持,政府适当支持。农民个人缴纳的费用是农村合作医疗资金的主要来源。由于集体经济的衰退、农村居民较低的经济支持能力以及政府较为有限的财政责任,农民参加合作医疗的意愿不高。

2003 年的《国务院办公厅转发卫生部等部门关于建立新型农村合作医疗制度意见的通知》,确定地方财政每年对参加新型农村合作医疗农民的资助不低于人均 10 元,从 2003 年起,中央财政每年通过专项转移支付对中西部地区除市区以外的参加新型农村合作医疗的农民按人均 10 元安排补助资金。2006 年卫生部等《关于加快推进新型农村合作医疗试点工作的通知》,将中央财政对中西部地区除市区以外的参加新型农村合作医疗的农民由每人每年补助 10 元提高到 20 元。2008 年卫生部等《关于做好 2008 年新型农村合作医疗工作的通知》，将财政对参合农民的补助标准提高到每人每年 80 元。2012 年的《国务院关于印发"十二五"期间深化医药卫生体制改革规划暨实施方案的通知》指出，到 2015 年，城镇居民医保和新农合政府补助标准提高到每人每年 360 元以上。财政在新型农村合作医疗制度中供款额的变化，体现了政府责任在该制度领域的扩张。

政府责任在农村社会保障制度的扩张还表现在农村社会养老保险制度方面。1992 年的《县级农村社会养老保险基本方案（试行）》，确定农村社会养老保险资金筹集坚持以个人缴纳为主，集体补助为辅，国家给予政策扶持的原则。这表明政府在农村社会养老保险上的责任主要体现在政策支持上。2009 年的《国务院关于开展新型农村社会养老保险试点的指导意见》指出，政府对符合领取条件的参保人全额支付新农保基础养老金，其中中央财政对中西部地区按中央确定的基础养老金标准给予全额补助，对东部地区给予 50% 的补助。地方政府应当对参保人缴费给予补贴，补贴标准不低于每人每年 30 元。政府财政责任的提升是新农保制度得以顺利实施的核心因素。

2. 社会保障制度的单位责任逐步完善

在社会保障制度中，企业具有重要的作用。企业缴费成为社会保障制度发展中单位责任的重要体现，由企业建立的企业年金制度和补充医疗保险制度，构成了中国补充社会保障制度的主要形式。由此出发，对中国社会保障制度发展中的单位责任可以从这两个方面进行分析。

中国企业承担着缴纳社会保险费的供款责任。1994 年的《企业职工生育保险试行办法》，确定由企业缴纳生育保险费，规定生育保险费率不得超过工资总额的 1%。1997 年的《国务院关于建立统一的企业职工基本养老保险制度的决定》,确定企业以职工工资总额的 20% 缴纳养老保险费。1998 年的《国务院关于建立城镇职工基本医疗保险制度的决定》,确定企业以职工工资总额的 6% 缴纳医疗保险费。1999 年的《失业保险条例》,规定城镇企业事业单位按照本单位工资总额的 2% 缴纳失业保险费。2003 年的《工伤保险条例》,确定由企业缴纳工伤保险费,规定根据不同行业的工伤风险程度确定行业的差别费率,并根据工伤保险费使用、工伤发生率等情况,在每个行业内确定若干费率档次。

　　补充社会保障制度也是单位责任的重要体现,中国补充社会保障制度中凸显单位责任的社会保障项目主要包括企业年金和补充医疗保险制度。企业年金的发展经历了探索、建立和制度完善的过程。1991 年的《国务院关于企业职工养老保险制度改革的决定》,指出国家提倡、鼓励企业实行补充养老保险,并在政策上给予指导。企业补充养老保险由企业根据自身经济能力,为本企业职工建立,所需费用从企业自有资金中的奖励、福利基金内提取。1994 年的《中华人民共和国劳动法》提出,国家鼓励用人单位根据本单位实际情况为劳动者建立补充保险。

　　1995 年的《国务院关于深化企业职工养老保险制度改革的通知》指出,国家在建立基本养老保险、保障离退休人员基本生活的同时,鼓励建立企业补充养老保险和个人储蓄性养老保险。同年,劳动和社会保障部《关于建立企业补充养老保险制度的意见》指出,企业年金的实施范围为城镇各类企业,外商投资企业可以限于中方职工。建立企业年金的企业必须达到以下条件:参加了基本养老保险费用社会统筹,并按时足额地缴纳养老保险费;生产经营状况比较稳定;民主管理基础较好。企业年金的资金来源主要由企业负担,也可以由企业和个人共同负担,但个人缴费部分不得超过供款总额的一半。企业年金采取个人账户方式,企业和个人的缴费计入职工个人账户。企业年金的给付条件为职工符合法定退休条件并办理了退休手续后,可从补充养老保险个人账户中一次或分次领取补充养老保险金。

1997 年的《国务院关于建立统一的企业职工基本养老保险制度的决定》强调,各个地区要在国家政策指导下发展企业年金。2000 年的《关于完善城镇社会保障体系试点方案》,正式提出企业年金的概念,并进一步强调企业年金实行完全积累,企业年金资金来源于企业和职工,企业缴费在工资总额 4%以内的部分,可从成本中列支。1991—2004 年,国家对企业年金的发展主要是通过颁布法律法规予以鼓励和指导。

2004 年的《企业年金试行办法》,规范了企业年金的建立条件、资金来源、记账办法和给付条件。确定实施企业年金的企业应满足的条件包括:依法参加基本养老保险并履行缴费义务、具有相应的经济负担能力和已建立集体协商机制;企业年金基金来源于企业缴费、职工个人缴费和企业年金基金投资运营收益,其中,企业缴费每年不超过本企业上年度职工工资总额的十二分之一,企业和职工个人缴费合计一般不超过本企业上年度职工工资总额的六分之一;企业年金基金实行完全积累,在职工变动工作单位时,企业年金个人账户资金可以随同转移。同年的《企业年金基金管理试行办法》,对企业年金的受托人、账户管理人、托管人、投资管理人的职责进行了规范,并对企业年金基金投资做出了规定。《企业年金试行办法》与《企业年金基金管理试行办法》的颁布,在中国建立起了企业年金的制度框架。

2005 年以来,企业年金制度开始进入完善阶段。企业年金覆盖面扩大。2005 年,国务院国资委《关于中央企业试行企业年金制度的指导意见》规定,国资委监管企业开始试行企业年金制度。2006 年的《财政部关于国有金融企业试行企业年金制度有关问题的通知》,对国有独资及国有控股金融企业试行企业年金制度进行了规范。企业年金管理不断完善。2005 年的《企业年金管理运营机构资格认定暂行办法》和《企业年金账户管理信息系统试行标准》,对企业年金管理机构应具备的条件进行了说明。2006 年,劳动和社会保障部《关于进一步加强社会保险基金管理监督工作的通知》提出,企业年金计划要由具备企业年金基金管理资格的机构管理运营。2011 年的《企业年金基金管理办法》,对于规范企业年金基金的受托管理、账户管理、托管、投资管理以及监督管理有重要意义。

单位补充医疗保险制度也逐渐建立起来。1997 年的《中共中央国务院关于卫生改革与发展的决定》,提出计划在"九五"期间,基本建立起城镇职工社会医疗保险制度,积极发展多种形式的补充医疗保险。1998 年的《国务院关于建立城镇职工基本医疗保险制度的决定》,提出允许建立企业补充医疗保险,规定企业补充医疗保险费在工资总额 4% 以内的部分,从职工福利费中列支,福利费不足列支的部分,经同级财政部门核准后列入成本。

2002 年财政部等《关于企业补充医疗保险有关问题的通知》,规定建立补充医疗保险制度的企业应是按规定参加社会保险并按时足额缴纳社会保险费的企业,补充医疗保险用于对城镇职工基本医疗保险制度支付以外由职工个人负担的医药费用进行补助,企业缴纳补充医疗保险费在工资总额 4% 以内,可直接从成本列支。2009 年的《中共中央国务院关于深化医药卫生体制改革的意见》提出,加快建立和完善以基本医疗保障为主体,其他多种形式补充医疗保险和商业健康保险为补充的医疗保障体系。2012 年,国务院发布《关于印发"十二五"期间深化医药卫生体制改革规划暨实施方案的通知》,提出充分发挥基本医疗保险、医疗救助、商业健康保险、多种形式补充医疗保险和公益慈善的协同互补作用,切实解决重特大疾病患者的因病致贫问题。

3. 社会保障制度的个人责任逐步合理

社会保障制度中的个人责任主要表现为个人在社会保障制度中的缴费责任和个人参加商业保险。在社会保障制度中,个人缴费是社会保障制度持续稳定运行的重要条件,商业保险是多层次社会保险体系的重要组成部分。因此,社会保障制度中个人责任可以从个人在社会保障制度中的缴费责任与商业保险角度进行分析。

个人缴费是社会保障资金的重要来源。1997 年的《国务院关于建立统一的企业职工基本养老保险制度的决定》,确定个人以本人工资的 8%缴纳养老保险费。1998 年的《国务院关于建立城镇职工基本医疗保险制度的决定》,确定个人以本人工资的 2%缴纳医疗保险费。1999 年的《失业保险条例》,规定城镇企业事业单位职工按照本人工资的 1%缴纳失业保险费。

2003 年卫生部等《关于建立新型农村合作医疗制度的意见》,确定农民个人每年的缴费标准不应低于 10 元,经济条件好的地区可相应提高缴费标准。2008 年卫生部等《关于做好 2008 年新型农村合作医疗工作的通知》,将个人缴费标准提高到每人每年 20 元。

2009 年的《国务院关于开展新型农村社会养老保险试点的指导意见》,确定个人缴费档次包括每年 100 元、200 元、300 元、400 元、500 元 5 个档次,地方可以根据实际情况增设缴费档次。2011 年的《国务院关于开展城镇居民社会养老保险试点的指导意见》,确定个人缴费档次包括每年 100 元、200 元、300 元、400 元、500 元、600 元、700 元、800 元、900 元、1000 元 10 个档次,地方政府可以根据实际情况增设缴费档次。

改革开放以来,商业保险对社会保障的补充作用也日益得以体现。1980—1993 年,商业保险处于从国有垄断到多元竞争的恢复发展期,商业保险开始尝试参与社会保障。1984 年,中央财经领导小组决定由中国人民保险公司经营集体所有制企业职工的养老保险。20 世纪 80 年代中后期,商业保险公司介入中国农村养老保险中。

1993 年以来,商业保险在社会保障中的作用得以认可,商业保险参与社会保障开始进入发展阶段。1993 年的《中共中央关于建立社会主义市场经济体制若干问题的决定》,将商业保险作为社会保险的补充。1997 年的《国务院关于建立统一的企业职工基本养老保险制度的决定》,明确提出发挥商业保险的补充作用。2003 年的《中共中央关于完善社会主义市场经济体制若干问题的决定》指出,鼓励有条件的企业建立补充保险,积极发展商业养老、医疗保险。2009 年的《中共中央国务院关于深化医药卫生体制改革的意见》提出,医疗保险体系的发展要以商业健康保险为补充。2011 年的《人力资源和社会保障部关于印发人力资源和社会保障事业发展"十二五"规划纲要的通知》,强调鼓励商业保险公司等社会机构提供与社会保险相衔接的产品和服务。

四、十八大以来中国特色社会
保障制度的新发展

1. 推进社会保障制度整合与协调

中共十八大以来,中国共产党对社会保障制度重大问题的认识进一步发展和提升的同时,对新时期中国社会保障制度提出了的新要求并做出了新的部署,直接指导并推进了中国社会保障制度的新发展。中央政府颁布实施一系列政策法规,落实中共中央的新要求和新部署,推进社会保障制度取得新发展。

推进社会保障制度整合、衔接与协调,其目的是更大程度上促进公平,增强制度的实施效果,更好的保障和改善民生。2014 年的《国务院关于统一城乡居民基本养老保险制度的决定》指出,将新农保和城居保两项制度合并实施,在全国范围内建立统一的城乡居民基本养老保险制度。"十二五"末,在全国基本实现新农保和城居保制度合并实施,并与职工基本养老保险制度相衔接。2020 年前,全面建成公平、统一、规范的城乡居民养老保险制度,与社会救助、社会福利等其他社会保障政策相配套,更好保障参保城乡居民的老年

基本生活。2014年的《社会救助暂行办法》中,救助对象不再区分城镇和农村,而是实施城乡统一的社会救助制度,并强调社会救助制度与其他社会保障制度相衔接。

2015年的《国务院关于机关事业单位工作人员养老保险制度改革的决定》指出,逐步建立独立于机关事业单位之外、资金来源多渠道、保障方式多层次、管理服务社会化的养老保险体系。实行社会统筹与个人账户相结合的基本养老保险制度。基本养老保险费由单位和个人共同负担。参保人员在同一统筹范围内的机关事业单位之间流动,只转移养老保险关系,不转移基金。参保人员跨统筹范围流动或在机关事业单位与企业之间流动,在转移养老保险关系的同时,基本养老保险个人账户储存额随同转移。

2016年的《国务院关于整合城乡居民基本医疗保险制度的意见》指出,推进城镇居民医保和新农合制度整合,逐步在全国范围内建立起统一的城乡居民医保制度。城乡居民基本医疗保险制度实行覆盖范围、筹资政策、保障待遇、医保目录、定点管理和基金管理六统一。

2017年,民政部等多部委联合发布《关于进一步加强医疗救助与城乡居民大病保险有效衔接的通知》,从保障对象衔接、支付政策衔接、经办服务衔接、监督管理衔接四个方面来完善和促进医疗救助和大病保险制度有效衔接,强调资助困难群众参加基本医疗保险并扩大特大疾病医疗救助对象范围,落实大病保险倾斜性支付政策并提高重特大疾病医疗救助水平,规范医疗费用结算程序并加强地方医疗保障信息共享,同时要求各地方政府抓紧制定具体的衔接方案。

2018年,国务院办公厅发布《关于全面推进生育保险和职工基本医疗保险合并实施的意见》,统一参保登记。参加职工基本医疗保险的在职职工同步参加生育保险;统一基金征缴和管理。生育保险基金并入职工基本医疗保险基金,统一征缴,统筹层次一致。按照用人单位参加生育保险和职工基本医疗保险的缴费比例之和确定新的用人单位职工基本医疗保险费率,个人不缴纳生育保险费。同时,根据职工基本医疗保险基金支出情况和生育待遇的需求,按照收支平衡的原则,建立费率确定和调整机制;统一医疗服务管理。两项保险合并实施后实行统一定点医疗服务管理。医疗保险经办机构与定点医疗机构签订相关医疗服务协议时,要将生育医疗服务有关要求和指标增加到协议内容中,并充分利用协议管理,强化对生育医疗服务的监控。执行基本医疗保险、工伤保险、生育保险药品目录以及基本医疗保险诊疗项目和医疗服务设施范围;统一经办和信息服务。两项保险合并实施后,经办管理统一由基本医疗保险经办机构负责,经费列入同级财政预算。

2018 年,国务院发布《关于建立企业职工基本养老保险基金中央调剂制度的通知》,主要内容如下:

(1)基本原则。一是促进公平。通过实行部分养老保险基金中央统一调剂使用,合理均衡地区间基金负担,提高养老保险基金整体抗风险能力。二是明确责任。实行省级政府扩面征缴和确保发放责任制,中央政府通过转移支付和养老保险中央调剂基金进行补助,建立中央与省级政府责任明晰、分级负责的管理体制。三是统一政策。国家统一制定职工基本养老保险政策,逐步统一缴费比例、缴费基数核定办法、待遇计发和调整办法等,最终实现养老保险各项政策全国统一。四是稳步推进。合理确定中央调剂基金筹集比例,平稳起步,逐步提高,进一步统一经办规程,建立省级集中的信息系统,不断提高管理和信息化水平。

(2)建立中央调剂基金。中央调剂基金由各省份养老保险基金上解的资金构成。按照各省份职工平均工资的 90% 和在职应参保人数作为计算上解额的基数,上解比例从 3% 起步,逐步提高。中央调剂基金实行以收定支,当年筹集的资金全部拨付地方。中央调剂基金按照人均定额拨付,根据人力资源和社会保障部、财政部核定的各省份离退休人数确定拨付资金数额。中央调剂基金是养老保险基金的组成部分,纳入中央级社会保障基金财政专户,实行收支两条线管理,专款专用,不得用于平衡财政预算。中央调剂基金采取先预缴预拨后清算的办法,资金按季度上解下拨,年终统一清算。现行中央财政补助政策和补助方式保持不变。中央政府在下达中央财政补助资金和拨付中央调剂基金后,各省份养老保险基金缺口由地方政府承担。省级政府要切实承担确保基本养老金按时足额发放和弥补养老保险基金缺口的主体责任。

(3)健全保障措施。一要完善省级统筹制度。各省(自治区、直辖市)要在统一基本养老保险制度、缴费政策、待遇政策、基金使用、基金预算和经办管理的基础上,推进养老保险基金统收统支工作,并建立地方各级政府养老保险基金缺口责任分担机制。二要强化基金预算管理。各级政府及财政、人力资源和社会保障部门要切实加强基金预算编制和审核工作,严格规范收支内容、标准和范围,并按照批准的预算和规定的程序执行,不得随意调整。进一步强化基金预算的严肃性和硬约束,确保应收尽收,杜绝违规支出。三要推进信息化建设。建立全国养老保险缴费和待遇查询系统、养老保险基金中央调剂监控系统以及全国共享的中央数据库。在中央与地方之间以及各部门之间实现信息、数据互联互通,有效监控在职应参保人数和离退休人数,及时掌握和规范中央调剂基金与省级统筹基金收支行为,防范风险。

此外,2018年,中共中央印发了《深化党和国家机构改革方案》,社会保障行政管理体制进行重大整合。

(1)成立退役军人事务部。为维护军人军属合法权益,加强退役军人服务保障体系建设,建立健全集中统一、职责清晰的退役军人管理保障体制,让军人成为全社会尊崇的职业,方案提出,将民政部的退役军人优抚安置职责、人力资源和社会保障部的军官转业安置职责,以及中央军委政治工作部、后勤保障部有关职责整合,组建退役军人事务部,作为国务院组成部门。

(2)成立国家医疗保障局。人力资源和社会保障部管理的城镇职工和城镇居民基本医疗保险、生育保险职责,将改由国家医疗保障局管理。同时,原国家卫生和计划生育委员会的新型农村合作医疗管理职责、国家发展和改革委员会的药品和医疗服务价格管理职责、民政部的医疗救助职责整合至国家医疗保障局。国家医疗保障局主要职责是:拟订医疗保险、生育保险、医疗救助等医疗保障制度的政策、规划、标准并组织实施,监督管理相关医疗保障基金,完善国家异地就医管理和费用结算平台,组织制定和调整药品、医疗服务价格和收费标准,制定药品和医用耗材的招标采购政策并监督实施,监督管理纳入医保支出范围内的医疗服务行为和医疗费用等。

2018 年,中共中央办公厅、国务院办公厅印发了《国税地税征管体制改革方案》,从 2019 年 1 月 1 日起,将基本养老保险费、基本医疗保险费、失业保险费、工伤保险费、生育保险费等各项社会保险费交由税务部门统一征收。

2019 年,国家医疗保障局、财政部发布《关于做好 2019 年城乡居民基本医疗保障工作的通知》,其主要内容如下:

(1)提高城乡居民医保和大病保险筹资标准。2019 年城乡居民医保人均财政补助标准新增 30 元,达到每人每年不低于 520 元,新增财政补助一半用于提高大病保险保障能力。个人缴费同步新增 30 元,达到每人每年 250 元。中央财政对各省、自治区、直辖市、计划单列市实行分档补助。省级财政要加大对深度贫困地区倾斜力度,完善省级及以下财政分担办法。地方各级财政要按规定足额安排财政补助资金,按规定及时拨付到位。对持居住证参保的,个人按当地居民相同标准缴费,各级财政按当地居民相同标准给予补助。有序推进城乡居民医疗保险费征管职责划转前后的工作衔接,确保年度筹资量化指标落实到位。

(2)稳步提升待遇保障水平。各地要用好城乡居民医保年度筹资新增资金,确保基本医保待遇保障到位。巩固提高政策范围内住院费用报销比例,建立健全城乡居民医保门诊费用统筹及支付机制,重点保障群众负担较重的多发病、慢性病。把高血压、糖尿病等门诊用药纳入医保报销。实行个人(家庭)账户的,应于 2020 年底前取消,向门诊统筹平稳过渡;已取消个人(家庭)账户的,不得恢复或变相设置。

(3)提高大病保险保障功能。降低并统一大病保险起付线,原则上按上一年度居民人均可支配收入的 50% 确定,低于该比例的,可不做调整;政策范围内报销比例由 50% 提高至 60%;加大大病保险对贫困人口的支付倾斜力度,贫困人口起付线降低 50%,支付比例提高 5 个百分点,全面取消建档立卡贫困人口大病保险封顶线,进一步减轻大病患者、困难群众医疗负担。

(4)全面建立统一的城乡居民医保制度。城镇居民基本医疗保险和新型农村合作医疗制度尚未完全整合统一的地区,于 2019 年底前实现两项制度并轨运行向统一的城乡居民医保制度过渡。完善新生儿、儿童、学生以及农民工等人群参保登记及缴费办法,避免重复参保。已有其他医疗保障制度安排的,不纳入城乡居民医保覆盖范围。妥善处理特殊问题、特殊政策,做好制度统一前后政策衔接,稳定待遇预期,防止泛福利化倾向。结合医疗保障相关职能整合,在确保覆盖范围、筹资政策、保障待遇、医保目录、定点管理、基金管理"六统一"的基础上,统一经办服务和信息系统,进一步提高运行质量和效率,确保统一的城乡居民医保制度全面建立,实现制度更加完善、保障更加公平、基金更可持续、管理更加规范、服务更加高效的基本目标。

(5)完善规范大病保险政策和管理。各省、自治区、直辖市要结合全面建立统一的城乡居民医保制度,统一规范大病保险筹资及待遇保障政策,推动统筹地区之间待遇保障标准和支付水平衔接平衡、大体一致。

2019 年,中共中央办公厅、国务院办公厅发布《关于解决部分退役士兵社会保险问题的意见》,规定以政府安排工作方式退出现役的退役士兵,适用以下政策:

(1)允许参保和补缴。未参加社会保险的允许参保。退役士兵入伍时未参加城镇职工基本养老、基本医疗保险的,入伍时间视为首次参保时间。2012年7月1日《中华人民共和国军人保险法》实施前退役的,军龄视同为基本养老保险、基本医疗保险缴费年限。在《中华人民共和国军人保险法》实施后退役、国家给予军人退役基本养老保险补助的,军龄与参加基本养老保险、基本医疗保险的缴费年限合并计算。参保后缴费中断的允许补缴。退役士兵参加基本养老保险出现欠缴、断缴的,允许按不超过本人军龄的年限补缴,补缴免收滞纳金。达到法定退休年龄、基本养老保险累计缴费年限(含军龄)未达到国家规定最低缴费年限的,允许延长缴费至最低缴费年限。2011年7月1日《中华人民共和国社会保险法》实施前首次参保、延长缴费5年后仍不足最低缴费年限的,允许一次性缴费至最低缴费年限。达到法定退休年龄、城镇职工基本医疗保险累计缴费年限(含军龄)未达到国家规定年限的,可以缴费至国家规定年限。退役士兵参加工伤保险、失业保险、生育保险存在的问题,各地按规定予以解决。

(2)补缴责任和要求。退役士兵参加社会保险缴纳费用,原则上单位缴费部分由所在单位负担,个人缴费部分由个人负担。原单位已不存在或缴纳确有困难的,由原单位上级主管部门负责补缴;上级主管部门不存在或无力缴纳的,由安置地退役军人事务主管部门申请财政资金解决。政府补缴年限不超过本人军龄。上述单位缴费财政补助部分由中央、省、市、县四级承担,安置地省级政府承担主体责任,中央财政对地方给予适当补助。对于个人缴费部分,个人属于最低生活保障对象、特困人员的,地方政府对其个人缴费予以适当补助。

(3)缴费工资基数和费率。城镇职工基本养老保险。缴费工资基数由安置地按照补缴时上年度职工平均工资的60%予以确定,单位和个人缴费费率按补缴时安置地规定执行,相应记录个人权益。城镇职工基本医疗保险。缴费工资基数由参保地按照补缴时上年度职工平均工资的60%予以确定,单位和个人缴费费率按参保地规定执行。

（4）参保和补缴手续。建立"一门受理、协同办理"的经办机制。需要参加社会保险或补缴社会保险费的退役士兵持本人有效身份证件和相关退役证明，到安置地退役军人事务主管部门登记军龄、提出申请。安置地退役军人事务主管部门将相关认定信息及证明材料分别提供给安置地（或参保地）社会保险、医疗保险及相关征收机构办理参保和补缴手续。

2019年，人力资源和社会保障部等发布《香港澳门台湾居民在内地（大陆）参加社会保险暂行办法》，将在内地（大陆）就业和在内地（大陆）居住未就业的两类港澳台人员纳入适用范围。在内地（大陆）就业的港澳台居民应当参加五项基本社会保险。在内地（大陆）居住未就业港澳台居民，可以在居住地按规定参加城乡居民基本养老保险和医疗保险。参加社会保险的港澳台居民，依法享受社会保险待遇。港澳台居民办理社会保险的各项业务流程与内地（大陆）居民一致。已在香港、澳门、台湾参加当地相关社会保险，并继续保留社会保险关系的港澳台居民，可持相关授权机构出具的证明，不在内地（大陆）参加养老保险和失业保险。内地（大陆）与香港、澳门、台湾有关机构就社会保险事宜作出具体安排的，按照相关规定办理为港澳台居民在内地参加社会保险制度提供了依据。

2. 推进低收入群体的社会保障制度建设

2014年的《社会救助暂行办法》指出，社会救助制度坚持托底线、救急难、可持续。国家对共同生活的家庭成员人均收入低于当地最低生活保障标准，且符合当地最低生活保障家庭财产状况规定的家庭，给予最低生活保障；对无劳动能力、无生活来源且无法定赡养、抚养、扶养义务人，或者其法定赡养、抚养、扶养义务人无赡养、抚养、扶养能力的老年人、残疾人以及未满16周岁的未成年人，给予特困人员供养；对基本生活受到自然灾害严重影响的人员，提供生活救助;保障医疗救助对象获得基本医疗卫生服务;对在义务教育阶段就学的最低生活保障家庭成员、特困供养人员,给予教育救助;对符合规定标准的住房困难的最低生活保障家庭、分散供养的特困人员,给予住房救助;对最低生活保障家庭中有劳动能力并处于失业状态的成员给予就业救助;对因火灾、交通事故等意外事件,家庭成员突发重大疾病等原因,导致基本生活暂时出现严重困难的家庭,或者因生活必需支出突然增加超出家庭承受能力,导致基本生活暂时出现严重困难的最低生活保障家庭,以及遭遇其他特殊困难的家庭,给予临时救助。

2015 年的《国务院关于全面建立困难残疾人生活补贴和重度残疾人护理补贴制度的意见》规定,困难残疾人生活补贴主要补助残疾人因残疾产生的额外生活支出,对象为低保家庭中的残疾人,有条件的地方可逐步扩大到低收入残疾人及其他困难残疾人。重度残疾人护理补贴主要补助残疾人因残疾产生的额外长期照护支出,对象为残疾等级被评定为一级、二级且需要长期照护的重度残疾人,有条件的地方可扩大到非重度智力、精神残疾人或其他残疾人,逐步推动形成面向所有需要长期照护残疾人的护理补贴制度。

2018 年的《国务院关于建立残疾儿童康复救助制度的意见》指出,建立残疾儿童康复救助制度的基本原则是:坚持制度衔接、应救尽救,坚持尽力而为、量力而行,坚持规范有序、公开公正,坚持政府主导、社会参与。总体目标是到2020 年,建立与全面建成小康社会目标相适应的残疾儿童康复救助制度体系,形成党委领导、政府主导、残联牵头、部门配合、社会参与的残疾儿童康复救助工作格局,基本实现残疾儿童应救尽救。到 2025 年,残疾儿童康复救助制度体系更加健全完善,残疾儿童康复服务供给能力显著增强,服务质量和保障水平明显提高,残疾儿童普遍享有基本康复服务,健康成长、全面发展权益得到有效保障。救助对象为符合条件的0—6 岁视力、听力、言语、肢体、智力等残疾儿童和孤独症儿童。包括城乡最低生活保障家庭、建档立卡贫困户家庭的残疾儿童和儿童福利机构收留抚养的残疾儿童;残疾孤儿、纳入特困人员供养范围的残疾儿童;其他经济困难家庭的残疾儿童。其他经济困难家庭的具体认定办法,由县级以上地方人民政府制定。有条件的地区,可扩大残疾儿童康复救助年龄范围,也可放宽对救助对象家庭经济条件的限制。县级以上地方人民政府根据本地实际确定残疾儿童康复救助基本服务项目和内容,包括以减轻功能障碍、改善功能状况、增强生活自理和社会参与能力为主要目的的手术、辅助器具配置和康复训练等。县级以上地方人民政府依据本地财力状况、保障对象数量、残疾类别等,分类确定康复救助基本服务项目的经费保障标准,并建立动态调整机制。

3. 推进社会保障责权关系进一步均衡化

2017 年,国务院公布《划转部分国有资本充实社保基金实施方案》,规定首先以弥补企业职工基本养老保险制度转轨时期因企业职工享受视同缴费年限政策形成的企业职工基本养老保险基金缺口为基本目标,划转比例统一为企业国有股权的 10%。2017 年将部分中央企业和部分省份作为改革试点,2018 年以后,在总结试点经验的基础上,分批划转其他符合条件的中央和地方国有企业的国有股权,该方案也对划转程序、承接主体对国有资本的管理及配套措施做了相应规定。

2017 年,人社部、财政部联合印发《企业年金办法》,从 2018 年 2 月 1 日起施行。规定,企业年金是指企业及其职工在依法参加基本养老保险的基础上,自主建立的补充养老保险制度。《企业年金办法》规定,企业年金所需费用由企业和职工共同缴纳,企业缴费每年不超过本单位职工工资总额的 8%,企业和个人缴费合计不超过 12%。每个参保职工都将拥有一个"个人账户",企业和个人缴费都将存入这个账户中,实行完全积累。这意味着,广大企业职工未来在基本养老保险的基础上,将有机会增加一份退休收入。

2017年,国务院办公厅还发布《关于加快发展商业养老保险的若干意见》,强调了商业养老保险在完善我国养老保障体系、促进养老服务业发展、推动经济提质增效方面的重要作用,并提出了加快发展商业养老保险的指导思想、基本原则和主要目标。明确提出要加快个人税收递延型商业养老保险的试点,这是应对人口老龄化、增强养老保险体系可持续性的重大决策。同年,国务院办公厅印发《关于进一步深化基本医疗保险支付方式改革的指导意见》,提出以保障基本、建立机制、因地制宜、统筹推进为原则,进一步加强医保基金预算管理,并全面推行以按病种付费为主的多元复合式医保支付方式的目标。

2018年,人力资源和社会保障部、财政部发布《关于建立城乡居民基本养老保险待遇确定和基础养老金正常调整机制的指导意见》,其主要规定如下:

(1)完善待遇确定机制。城乡居民基本养老保险待遇由基础养老金和个人账户养老金构成。基础养老金由中央和地方确定标准并全额支付给符合领取条件的参保人;个人账户养老金由个人账户全部储存额除以计发系数确定。明确各级人民政府、集体经济组织和参保居民等各方面的责任。中央根据全国城乡居民人均可支配收入和财力状况等因素,合理确定全国基础养老金最低标准。地方应当根据当地实际提高基础养老金标准,对65岁及以上参保城乡老年居民予以适当倾斜;对长期缴费、超过最低缴费年限的,应适当加发年限基础养老金。各地提高基础养老金和加发年限基础养老金标准所需资金由地方负担。引导激励符合条件的城乡居民早参保、多缴费,增加个人账户资金积累,优化养老保险待遇结构,提高待遇水平。

(2)建立基础养老金正常调整机制。人力资源和社会保障部会同财政部,统筹考虑城乡居民收入增长、物价变动和职工基本养老保险等其他社会保障标准调整情况,适时提出城乡居民全国基础养老金最低标准调整方案,报请党中央和国务院确定。地方基础养老金的调整,应由当地人力资源和社会保障部门会同财政部门提出方案,报请同级党委和政府确定。

（3）建立个人缴费档次标准调整机制。各地要根据城乡居民收入增长情况,合理确定和调整城乡居民基本养老保险缴费档次标准,供城乡居民选择。最高缴费档次标准原则上不超过当地灵活就业人员参加职工基本养老保险的年缴费额。对重度残疾人等缴费困难群体,可保留现行最低缴费档次标准。

（4）建立缴费补贴调整机制。各地要建立城乡居民基本养老保险缴费补贴动态调整机制,根据经济发展、个人缴费标准提高和财力状况,合理调整缴费补贴水平,对选择较高档次缴费的人员可适当增加缴费补贴,引导城乡居民选择高档次标准缴费。鼓励集体经济组织提高缴费补助,鼓励其他社会组织、公益慈善组织、个人为参保人缴费加大资助;实现个人账户基金保值增值。开展城乡居民基本养老保险基金委托投资,实现基金保值增值,提高个人账户养老金水平和基金支付能力。

2018年,财政部等多部门《关于开展个人税收递延型商业养老保险试点的通知》,对试点地区个人通过个人商业养老资金账户购买符合规定的商业养老保险产品的支出,允许在一定标准内税前扣除;计入个人商业养老资金账户的投资收益,暂不征收个人所得税;个人领取商业养老金时再征收个人所得税。具体规定如下:个人缴费税前扣除标准。取得工资薪金、连续性劳务报酬所得的个人,其缴纳的保费准予在申报扣除当月计算应纳税所得额时予以限额据实扣除,扣除限额按照当月工资薪金、连续性劳务报酬收入的6%和1000元孰低办法确定。取得个体工商户生产经营所得、对企事业单位的承包承租经营所得的个体工商户业主、个人独资企业投资者、合伙企业自然人合伙人和承包承租经营者,其缴纳的保费准予在申报扣除当年计算应纳税所得额时予以限额据实扣除,扣除限额按照不超过当年应税收入的6%和12000元孰低办法确定;账户资金收益暂不征税。计入个人商业养老资金账户的投资收益,在缴费期间暂不征收个人所得税;个人领取商业养老金征税。个人达到国家规定的退休年龄时,可按月或按年领取商业养老金,领取期限原则上为终身或不少于 15 年。个人身故、发生保险合同约定的全残或罹患重大疾病的,可以一次性领取商业养老金。对个人达到规定条件时领取的商业养老金收入,其中25% 部分予以免税,其余 75% 部分按照 10% 的比例税率计算缴纳个人所得税,税款计入"其他所得"项目。个人税收递延型商业养老保险试点正式实施,多层次养老保险体系建设有了重要的政策支持。

2019 年,国务院办公厅发布《降低社会保险费率综合方案的通知》,同时发布《降低社会保险费率综合方案》,其主要内容如下:

(1)降低养老保险单位缴费比例。自 2019 年 5 月 1 日起,降低城镇职工基本养老保险(包括企业和机关事业单位基本养老保险,以下简称"养老保险")单位缴费比例。各省、自治区、直辖市及新疆生产建设兵团(以下统称"省")养老保险单位缴费比例高于 16% 的,可降至 16%;目前低于 16% 的,要研究提出过渡办法。各省具体调整或过渡方案于 2019 年 4 月 15 日前报人力资源和社会保障部、财政部备案;继续阶段性降低失业保险、工伤保险费率。自 2019 年 5 月 1 日起,实施失业保险总费率 1% 的省,延长阶段性降低失业保险费率的期限至 2020 年 4 月 30 日。自 2019 年 5 月 1 日起,延长阶段性降低工伤保险费率的期限至 2020 年 4 月 30 日,工伤保险基金累计结余可支付月数在 18 个月至 23 个月的统筹地区可以现行费率为基础下调 20%,累计结余可支付月数在 24 个月以上的统筹地区可以现行费率为基础下调 50%。

(2)调整社保缴费基数政策。调整就业人员平均工资计算口径。各省份应以本省份城镇非私营单位就业人员平均工资和城镇私营单位就业人员平均工资加权计算的全口径城镇单位就业人员平均工资,核定社保个人缴费基数上下限,合理降低部分参保人员和企业的社保缴费基数。调整就业人员平均工资计算口径后,各省份要制定基本养老金计发办法的过渡措施,确保退休人员待遇水平平稳衔接;完善个体工商户和灵活就业人员缴费基数政策。个体工商户和灵活就业人员参加企业职工基本养老保险,可以在本省份全口径城镇单位就业人员平均工资的 60% 至 300% 之间选择适当的缴费基数。

(3)加快推进养老保险省级统筹。各省份要结合降低养老保险单位缴费比例、调整社保缴费基数政策等措施,加快推进企业职工基本养老保险省级统筹,逐步统一养老保险参保缴费、单位及个人缴费基数核定办法等政策,2020年底前实现企业职工基本养老保险基金省级统收统支;提高养老保险基金中央调剂比例。加大企业职工基本养老保险基金中央调剂力度,2019 年基金中央调剂比例提高至 3.5%,进一步均衡各省之间养老保险基金负担,确保企业离退休人员基本养老金按时足额发放。

(4)稳步推进社保费征收体制改革。企业职工基本养老保险和企业职工其他险种缴费,原则上暂按现行征收体制继续征收,稳定缴费方式,"成熟一省、移交一省";机关事业单位社保费和城乡居民社保费征管职责如期划转。人力资源和社会保障、税务、财政、医保部门要抓紧推进信息共享平台建设等各项工作,切实加强信息共享,确保征收工作有序衔接。妥善处理好企业历史欠费问题,在征收体制改革过程中不得自行对企业历史欠费进行集中清缴,不得采取任何增加小微企业实际缴费负担的做法,避免造成企业生产经营困难。同时,合理调整 2019 年社保基金收入预算。

4. 推进社会福利服务的健康发展

着力推进养老服务和健康服务的发展,其目的是构建养老保险与养老服务、医疗保险与健康服务、养老服务与健康服务衔接、协调的基本社会保障制度新体系。2013 年的《国务院关于加快发展养老服务业的若干意见》规定:到2020 年,全面建成以居家为基础、社区为依托、机构为支撑的,功能完善、规模适度、覆盖城乡的养老服务体系。生活照料、医疗护理、精神慰藉、紧急救援等养老服务覆盖所有居家老年人。同年的《国务院关于促进健康服务业发展的若干意见》规定:到 2020 年,基本建立覆盖全生命周期、内涵丰富、结构合理的健康服务业体系,基本满足广大人民群众的健康服务需求。医疗服务能力大幅提升。医疗卫生服务体系更加完善,形成以非营利性医疗机构为主体、营利性医疗机构为补充,公立医疗机构为主导、非公立医疗机构共同发展的多元办医格局。康复、护理等服务业快速增长。各类医疗卫生机构服务质量进一步提升。健康管理与促进服务水平明显提高。

2015 年卫生计生委等《关于推进医疗卫生与养老服务相结合的指导意见》指出,把保障老年人基本健康养老需求放在首位,对有需求的失能、部分失能老年人,以机构为依托,做好康复护理服务,着力保障特殊困难老年人的健康养老服务需求;对多数老年人,以社区和居家养老为主,通过医养有机融合,确保人人享有基本健康养老服务。推动普遍性服务和个性化服务协同发展。到 2020 年,覆盖城乡、规模适宜、功能合理、综合连续的医养结合服务网络基本形成,基层医疗卫生机构为居家老年人提供上门服务的能力明显提升。就医等便利服务的绿色通道,所有养老机构能够以不同形式为入住老年人提供医疗卫生服务,基本适应老年人健康养老服务需求。

2016 年的《国务院办公厅关于全面放开养老服务市场提升养老服务质量的若干意见》指出,到 2020 年,养老服务市场全面放开,养老服务和产品有效供给能力大幅提升,供给结构更加合理,养老服务政策法规体系、行业质量标准体系进一步完善,信用体系基本建立,市场监管机制有效运行,服务质量明显改善,群众满意度显著提高。2017 年,国务院制定《"十三五"国家老龄事业发展和养老体系建设规划》,同年,卫生计生委等 13 部门制定《"十三五"健康老龄化规划》。这两个规划明确了新时期我国老年事业发展的指导思想、基本原则和发展目标,提出要健全完善针对老年人的社会保障体系、养老服务体系和健康支持体系,并要求通过发展老年教育、繁荣老年文化、加强老年人精神关爱等途径以丰富老年人的精神文化生活。

2017年,国务院颁布修订后的《残疾人教育条例》,自2017年5月1日起施行。该条例以总结实践经验、立足实际情况、明确政府责任为总体思路,根据残疾人教育发展形势变化和实际需求,对残疾人教育事业发展目标和理念进行了调整。强调保障教育机会平等、积极推进融合教育、加强对残疾人教育的支持保障,体现了对残疾人平等受教育权的尊重。同年,国务院颁布了《残疾预防和残疾人康复条例》,该条例加大了对残疾预防和残疾人康复事业的扶持力度,包括加强对残疾人的医疗保障,尤其是强化了对0—6岁残疾儿童、城乡贫困残疾人、重度残疾人等特殊残疾群体的保障力度。该条例首次以法规的形式明确了国家、社会、公民在残疾预防和残疾人康复工作中的责任,为实现残疾人"人人享有康复服务"的目标提供了有力的保障。

2019年,国务院办公厅发布《关于推进养老服务发展的意见》,提出健全市场机制,持续完善居家为基础、社区为依托、机构为补充、医养相结合的养老服务体系,并对推进养老服务发展提出具体措施:一是深化"放管服"改革。主要包括建立养老服务综合监管制度,继续深化公办养老机构改革,通过提高审批效能解决好养老机构消防审验问题,减轻养老服务税费负担,提升政府投入精准化水平,支持养老机构规模化、连锁化发展,做好养老服务领域信息公开和政策指引。二是拓展养老服务投融资渠道。主要包括推动解决养老服务机构融资问题,扩大养老服务产业相关企业债券发行规模,全面落实外资举办养老服务机构国民待遇。三是扩大养老服务就业创业。主要包括建立完善养老护理员职业技能等级认定和教育培训制度,大力推进养老服务业吸纳就业,建立养老服务褒扬机制。四是扩大养老服务消费。主要包括建立健全长期照护服务体系,发展养老普惠金融,促进老年人消费增长,加强老年人消费权益保护和养老服务领域非法集资整治工作。五是促进养老服务高质量发展。主要包括提升医养结合服务能力,推动居家、社区和机构养老融合发展,持续开展养老院服务质量建设专项行动,实施"互联网+养老"行动,完善老年人关爱服务体系,大力发展老年教育。六是促进养老服务基础设施建设。主要包括实施特困人员供养服务设施(敬老院)改造提升工程,实施民办养老机构消防安全达标工程,实施老年人居家适老化改造工程,落实养老服务设施分区分级规划建设要求,完善养老服务设施供地政策。

2019 年,国务院办公厅发布《关于促进 3 岁以下婴幼儿照护服务发展的指导意见》,按照儿童优先原则,最大限度地保护婴幼儿,确保婴幼儿的安全和健康。到 2020 年,婴幼儿照护服务的政策法规体系和标准规范体系初步建立,建成一批具有示范效应的婴幼儿照护服务机构;到 2025 年,多元化、多样化、覆盖城乡的婴幼儿照护服务体系基本形成。该意见提出了三方面的任务举措:一是加强对家庭婴幼儿照护的支持和指导。全面落实产假政策,支持脱产照护婴幼儿的父母重返工作岗位,为家长及婴幼儿照护者提供婴幼儿早期发展指导服务。二是加大对社区婴幼儿照护服务的支持力度。按标准和规范建设婴幼儿照护服务设施及配套安全设施,鼓励通过市场化方式,采取公办民营、民办公助等多种形式,在就业人群密集的产业聚集区域和用人单位完善婴幼儿照护服务设施。注重发挥城乡社区公共服务设施的婴幼儿照护服务功能,支持和引导社会力量依托社区提供婴幼儿照护服务。三是规范发展多种形式的婴幼儿照护服务机构。支持用人单位在工作场所为职工提供福利性婴幼儿照护服务,鼓励支持有条件的幼儿园开设托班,支持各类婴幼儿照护服务机构提供多样化、多层次的婴幼儿照护服务。加强婴幼儿照护服务专业化、规范化建设,运用互联网等信息化手段对婴幼儿照护服务机构的服务过程加强监管,依法逐步实行工作人员职业资格准入制度。同年,根据《民政部职能配置、内设机构和人员编制规定》,民政部设立的“儿童福利司”和“养老服务司”正式建立,同时要求地方在 2019 年建立儿童福利与养老服务的专门机构。

中共十八大以来社会保障制度领域的 20 个"首次"①

年度	重大举措	历史意义
2013	启动制定改革完善养老保险总体方案	全局和长远的顶层设计
2014	改革机关事业单位养老保险制度	结束"双轨制"
	新农保、城居保合并为城乡居保制度	统筹城乡社会保障体系建设
	统一提高全国城乡居保基础养老金最低标准	分享成果,助力减贫
	颁布《社会救助暂行办法》	建立统一的救助制度
2015	实施全民参保计划	提高制度公平可及性
	基本养老保险基金市场化投资运营	开辟保值增值新道
	全面实施城乡居民大病医疗保险	兜住基本医保底线
2016	统一调整机关企事业单位退休人员养老金	进一步缩小"待遇差"
	颁布《全国社会保障基金条例》	依法管理战略储备基金
	探索建立长期护理保险制度	开展应对老龄化行动
2017	划转国有资本充实社会保障基金	开辟社会保障筹资新渠道
	实现基本医保跨省住院费用即时结算	适应人口流动性需求
	失业保险基金援企稳岗成为长期稳定政策	支持就业优先战略
2018	建立企业职工养老保险基金中央调剂制度	为全国统筹奠基
	开展个人税收递延型商业养老保险试点	养老保险第三支柱破冰
	统一城乡医保制度和医疗保障管理体制	统管医保和医药价格
2019	全面推进生育保险和职工医疗保险合并实施	增强共济,提高效率
	综合降低社会保险费率	新常态下为企业减负
	社会保障卡覆盖率超过 90%	社保管理全面信息化

2020 年 12 月发布的《国务院办公厅关于促进养老托育服务健康发展的意见》(国办发〔2020〕52 号)进一步明确指出,要健全老有所养的政策体系,省级人民政府要将养老纳入国民经济和社会发展规划统筹推进。统筹推进城

---

① 胡晓义:《新中国社会保障制度发展史》,中国劳动社会保障出版社 2019 年版,第 514—515 页。

乡养老发展。强化政府保基本兜底线职能,健全基本养老服务体系。优化乡村养老设施布局,整合区域内服务资源,不断拓展乡镇敬老院服务能力和辐射范围。完善老年人助餐服务体系。增强家庭照护能力,优化居家社区服务,提升公办机构服务水平,推动培训疗养资源转型发展养老服务。

5. 扎实推进精准扶贫和精准脱贫

中共十八大以来,精准扶贫与精准脱贫工作扎实向前推进。2013 年,国务院制定和发布《建立精准扶贫工作机制实施方案》,明确提出的目标任务是通过对贫困户和贫困村精准识别、精准帮扶、精准管理和精准考核,引导各类扶贫资源优化配置,实现扶贫到村到户,逐步构建精准扶贫工作长效机制,为科学扶贫奠定坚实基础。重点工作是建档立卡与信息化建设,建立干部驻村帮扶工作制度,培育扶贫开发品牌项目,提高扶贫工作的精准性和有效性,提高社会力量参与扶贫的精准性、有效性,建立精准扶贫考核机制。

2015 年的《中共中央国务院关于打赢脱贫攻坚战的决定》对新时期脱贫攻坚提出具体要求。总体目标是到 2020 年,稳定实现农村贫困人口不愁吃、不愁穿,义务教育、基本医疗和住房安全有保障。实现贫困地区农民人均可支配收入增长幅度高于全国平均水平,基本公共服务主要领域指标接近全国平均水平。确保我国现行标准下农村贫困人口实现脱贫,贫困县全部摘帽,解决区域性整体贫困。基本原则是坚持党的领导,夯实组织基础;坚持政府主导,增强社会合力;坚持精准扶贫,提高扶贫成效;坚持保护生态,实现绿色发展;坚持群众主体,激发内生动力;坚持因地制宜,创新体制机制。

《中共中央国务院关于打赢脱贫攻坚战的决定》要求实施精准扶贫方略,加快贫困人口精准脱贫。为此,要健全精准扶贫工作机制。发展特色产业脱贫,引导劳务输出脱贫,实施易地搬迁脱贫,结合生态保护脱贫,着力加强教育脱贫,开展医疗保险和医疗救助脱贫,实行农村最低生活保障制度兜底脱贫,探索资产收益扶贫,健全留守儿童、留守妇女、留守老人和残疾人关爱服务体系。要加强贫困地区基础设施建设,加快破除发展瓶颈制约。加快交通、水利、电力建设,加大"互联网+"扶贫力度,加快农村危房改造和人居环境整治,重点支持革命老区、民族地区、边疆地区、连片特困地区脱贫攻坚。强化政策保障,健全脱贫攻坚支撑体系。加大财政扶贫投入力度,加大金融扶贫力度,完善扶贫开发用地政策。广泛动员全社会力量,合力推进脱贫攻坚。健全东西部扶贫协作机制,健全定点扶贫机制,健全社会力量参与机制。

中共十八大以来,中国共产党对扶贫开发认识的发展,推动中国扶贫开发政策的不断发展和深度实施,也极大地提升了中国扶贫开发政策的效果与国际影响力。到 2020 年底,中国如期完成新时代脱贫攻坚目标任务,现行标准下 9899 万农村贫困人口全部脱贫,832 个贫困县全部摘帽,12.8 万个贫困村全部出列,区域性整体贫困得到解决,完成消除绝对贫困的艰巨任务。贫困人口生活水平显著提升。贫困人口收入水平持续提升。贫困地区农村居民人均可支配收入,从 2013 年的 6079 元增长到 2020 年的 12588 元,年均增长11.6%,增速比全国农村高 2.3 个百分点。"两不愁三保障"全面实现。2020年贫困县九年义务教育巩固率达到 94.8%,99.9%以上的贫困人口参加基本医疗保险,全面实现贫困人口看病有地方、有医生、有医疗保险制度保障,看病难、看病贵问题有效解决。实施农村危房改造,贫困人口全面实现住房安全有保障。实施农村饮水安全和巩固提升工程,累计解决 2889 万贫困人口的饮水安全问题,饮用水量和水质全部达标,3.82 亿农村人口受益;贫困地区自来水普及率从 2015 年的 70%提高到 2020 年的 83%。

贫困地区落后面貌根本改变。基础设施显著改善。截至 2020 年底,全国贫困地区新改建公路 110 万公里、新增铁路里程 3.5 万公里,贫困地区具备条件的乡镇和建制村全部通硬化路、通客车、通邮路。2016 年以来,新增和改善农田有效灌溉面积 8029 万亩,新增供水能力 181 亿立方米。贫困村通光纤和

4G 比例均超过 98%。基本公共服务水平明显提升。2013 年以来,累计改造贫困地区义务教育薄弱学校 10.8 万所,实现贫困地区适龄儿童都能在所在村上幼儿园和小学。截至 2020 年底,中西部 22 个省份基层文化中心建设完成比例达到 99.48%,基本实现村级文化设施全覆盖;98% 的贫困县至少有一所二级以上医院,贫困地区县级医院收治病种中位数达到全国县级医院整体水平的 90%,1936 万贫困人口纳入农村低保或特困救助供养政策;6098 万贫困人口参加了城乡居民基本养老保险,基本实现应保尽保。贫困地区经济持续快速发展。贫困地区的地区生产总值持续保持较快增长,2015 年以来,人均一般公共预算收入年均增幅高出同期全国平均水平约 7 个百分点。①

6. 新发展阶段中国社会保障制度的新发展

改革开放以来,中国社会保障制度在不断改革中逐步走向健全和完善,中国社会保障制度的发展既是中国特色社会保障制度功能、目标、理念、道路与反贫困理论指导下取得的,也在不断促进中国特色社会保障制度理论的发展。中国特色社会保障制度实践需要中国特色社会保障制度理论的指导,中国特色社会保障制度理论的发展也需要中国特色社会保障制度实践加以检验。

中共十九届五中全会通过的《中共中央关于制定国民经济和社会发展第十四个五年规划和二〇三五年远景目标的建议》,对"十四五"时期以及 2035 年中国社会保障制度的发展提出了新的更高的要求,该建议提出:"健全多层次社会保障体系。健全覆盖全民、统筹城乡、公平统一、可持续的多层次社会保障体系。推进社保转移接续,健全基本养老、基本医疗保险筹资和待遇调整机制。实现基本养老保险全国统筹,实施渐进式延迟法定退休年龄。发展多层次、多支柱养老保险体系。推动基本医疗保险、失业保险、工伤保险省级统

---

① 国务院新闻办公室:《人类减贫的中国实践》,见 http://www.gov.cn/zhengce/2021-04/06/content_5597952.htm。

筹,健全重大疾病医疗保险和救助制度,落实异地就医结算,稳步建立长期护理保险制度,积极发展商业医疗保险。健全灵活就业人员社保制度。健全退役军人工作体系和保障制度。健全分层分类的社会救助体系。坚持男女平等基本国策,保障妇女儿童合法权益。健全老年人、残疾人关爱服务体系和设施,完善帮扶残疾人、孤儿等社会福利制度。完善全国统一的社会保险公共服务平台。"①

《中华人民共和国国民经济和社会发展第十四个五年规划和 2035 年远景目标纲要》进一步指明了中国社会保障制度的发展目标和重大举措,该纲要指出:健全多层次社会保障体系。坚持应保尽保原则,按照兜底线、织密网、建机制的要求,加快健全覆盖全民、统筹城乡、公平统一、可持续的多层次社会保障体系。要改革完善社会保险制度。健全养老保险制度体系,促进基本养老保险基金长期平衡。实现基本养老保险全国统筹,放宽灵活就业人员参保条件,实现社会保险法定人群全覆盖。完善划转国有资本充实社保基金制度,优化做强社会保障战略储备基金。完善城镇职工基本养老金合理调整机制,逐步提高城乡居民基础养老金标准。发展多层次、多支柱养老保险体系,提高企业年金覆盖率,规范发展第三支柱养老保险。推进失业保险、工伤保险向职业劳动者广覆盖,实现省级统筹。推进社保转移接续,完善全国统一的社会保险公共服务平台。要优化社会救助和慈善制度。以城乡低保对象、特殊困难人员、低收入家庭为重点,健全分层分类的社会救助体系,构建综合救助格局。健全基本生活救助制度和医疗、教育、住房、就业、受灾人员等专项救助制度,完善救助标准和救助对象动态调整机制。健全临时救助政策措施,强化急难社会救助功能。加强城乡救助体系统筹,逐步实现常住地救助申领。积极发展服务类社会救助,推进政府购买社会救助服务。促进慈善事业发展,完善财

---

① 《中共中央关于制定国民经济和社会发展第十四个五年规划和二〇三五年远景目标的建议》,人民出版社 2020 年版。

税等激励政策。规范发展网络慈善平台,加强彩票和公益金管理。要健全退役军人工作体系和保障制度。完善退役军人事务组织管理体系、工作运行体系和政策制度体系,提升退役军人服务保障水平。深化退役军人安置制度改革,加大教育培训和就业扶持力度,拓展就业领域,提升安置质量。建立健全新型待遇保障体系,完善和落实优抚政策,合理提高退役军人和其他优抚对象待遇标准,做好随调配偶子女工作安排、落户和教育等工作。完善离退休军人和伤病残退役军人移交安置、收治休养制度,加强退役军人服务中心(站)建设,提升优抚医院、光荣院、军供站等建设服务水平。加强退役军人保险制度衔接。大力弘扬英烈精神,加强烈士纪念设施建设和管护,建设军人公墓。深入推动双拥模范城(县)创建。①

　　《中共中央关于制定国民经济和社会发展第十四个五年规划和二〇三五年远景目标的建议》和《中华人民共和国国民经济和社会发展第十四个五年规划和2035年远景目标纲要》为中国社会保障制度的进一步发展提出了新目标,必将推动中国社会保障制度提出新理念,促进中国社会保障制度发展形成新格局,为全面推进社会主义现代化强国建设,实现中国共产党为中国人民谋幸福、为中华民族谋复兴的初心使命奠定坚实的基础。

---

　　①　参见《中华人民共和国国民经济和社会发展第十四个五年规划和2035年远景目标纲要》,人民出版社2021年版。

结　语

一、中国特色社会保障制度的基本功能是
保障人民生活和调节社会分配

改革开放初期,中国共产党的工作重心开始转移到以经济建设为中心,从而开始了中国经济体制改革的进程。打破平均主义、提高经济效率成为经济体制改革的最初目标与基本途径,反对平均主义成为中国共产党在这一时期的经济主张的核心内容,这在 1984 年的《中共中央关于经济体制改革的决定》中得以集中和明确的体现。该决定指出:"历史的教训告诉我们:平均主义思想是贯彻执行按劳分配原则的一个严重障碍,平均主义的泛滥必然破坏社会生产力。当然,社会主义社会要保证社会成员物质、文化生活水平的逐步提高,达到共同富裕的目标。但是,共同富裕决不等于也不可能是完全平均,决不等于也不可能是所有社会成员在同一时间以同等速度富裕起来。如果把共同富裕理解为完全平均和同步富裕,不但做不到,而且势必导致共同贫穷。只有允许和鼓励一部分地区、一部分企业和一部分人依靠勤奋劳动先富起来,才能对大多数人产生强烈的吸引和鼓舞作用,并带动越来越多的人一浪接一

浪地走向富裕。"①

20 世纪 90 年代初期,中国经济体制改革经历十多年进程,在经济快速发展的同时所引发的社会问题开始显现,促使中国共产党思考经济体制改革与收入分配、社会保障制度之间的关系,从而使得中国共产党对社会保障制度的功能的认识开始发生变化,这在 1993 年的《中共中央关于建立社会主义市场经济体制若干问题的决定》中得以明确的体现。该决定提出,要"建立合理的个人收入分配和社会保障制度",并对社会保障制度的功能做出比较明确的表述:"建立多层次的社会保障体系,对于深化企业和事业单位改革,保持社会稳定,顺利建立社会主义市场经济体制具有重大意义。""重点完善企业养老和失业保险制度,强化社会服务功能以减轻企业负担,促进企业组织结构调整,提高企业经济效益和竞争能力。"②显然,20 世纪 90 年代初,中国共产党开始认识到建立合理的社会保障制度体系的必要性,但是,基于经济建设的中心地位,这时虽然认识到社会保障制度的政治与社会功能,但却突出了社会保障制度的经济功能。

世纪之交,中国经济体制改革向纵深发展,提高经济效益和增强企业竞争力成为突出的目标,国有企业改革进入攻坚阶段,服务和推进经济体制改革成为包括社会保障制度在内的许多社会政策的出发点和落脚点,这势必影响中国共产党对社会保障制度功能的认识。这在 1999 年的《中共中央关于国有企业改革和发展若干重大问题的决定》中可以清楚地看出。该决定指出:"下岗分流、减员增效和再就业,是国有企业改革的重要内容。要把减员与增效有机结合起来,达到降低企业成本、提高效率和效益的目的。""加快社会保障体系

---

①　中共中央文献研究室编:《十二大以来重要文献选编》中,人民出版社 1986 年版,第 578 页。

②　劳动和社会保障部、中共中央文献研究室编:《新时期劳动和社会保障重要文献选编》,中国劳动社会保障出版社、中央文献出版社 2002 年版,第 137—138 页。

建设,是顺利推进国有企业改革的重要条件。"①显然,该决定更加突出了社会保障制度的经济功能,并将社会保障制度建设定位于顺利推进国有企业改革的条件。

随着国有企业改革的推进和经济社会发展,中国共产党在认真总结以往认识的基础上,结合经济发展的基本要求与民生改变的普遍需求,对社会保障制度功能进行了新的思考和定位,并在2003年的《中共中央关于完善社会主义市场经济体制若干问题的决定》中得以明确的表达,该决定提出:"加快建设与经济发展水平相适应的社会保障体系。"②这不仅表明中国共产党对建立和完善社会保障制度必要性认识的发展,而且表明其已经正确认识到社会保障制度与经济发展的关系。显然,世纪之交,中国共产党对社会保障制度功能的认识存在一个显著变化的过程,这就是从突出强调社会保障制度的经济功能,转变为强调社会保障制度建设与经济发展水平的关系,从而在一定程度上确认了社会保障制度功能的综合性。

中共十六大以后,随着中国共产党对社会主义市场经济认识的不断全面和深入,如何在经济发展的基础上实现民生的改善,从而推动和促进社会主义和谐社会建设,成为党在新时期必须要面对的重大问题。社会保障制度功能问题必然成为中国共产党所必须深入思考和定位的一个重要问题。中国共产党在总结改革开放以来关于社会保障制度功能认识的经验与教训的基础上,对社会保障制度功能进行了重新定位,并集中体现在2006年的《中共中央关于构建社会主义和谐社会若干重大问题的决定》之中。该决定明确指出:"完善社会保障制度,保障群众基本生活。"③该决定表明中国共产党对社会保障

---

① 劳动和社会保障部、中共中央文献研究室编:《新时期劳动和社会保障重要文献选编》,中国劳动社会保障出版社、中央文献出版社2002年版,第414—415页。

② 中共中央文献研究室编:《十六大以来重要文献选编》(上),中央文献出版社2005年版,第476页。

③ 新华月报社编:《时政文献辑览(2006.3—2007.3)》,人民出版社2007年版,第40页。

制度功能的认识发生重大变化,社会保障制度的基本目的是保障群众的基本生活,经济体制改革依然是党的工作重心,但不再强调社会保障制度作为经济体制改革的重要条件的经济性功能,而其促进社会公平与民生幸福的社会性功能得以肯定并受到高度重视。

中共十七大以后,中国社会保障制度体系建设和国民经济与社会发展的实践,推动着中国共产党对重大社会问题、重大社会政策的认识不断发展,从而使得中国共产党对社会保障制度功能的认识走向全面、科学和成熟。这突出表现在中共十八大报告之中,该报告明确指出:"社会保障是保障人民生活、调节社会分配的一项基本制度。"①可见,中国共产党对社会保障制度功能的认识提升到一个新的高度,社会保障制度不再被作为推动经济体制改革的工具,也不再仅仅是为了保障人民群众的基本生活,而是为了保障人民生活和调节社会分配。不是保障人民生活和调节社会分配的一项特殊或者临时制度,而是一项基本制度。

二、中国特色社会保障制度的根本目标是满足人民对美好生活的向往

保障和改善民生是社会保障制度建设和发展的重要目标。改革开放以来,随着经济社会的发展,中国共产党越来越重视保障和改善民生,逐步建立起保障和改善民生的思想理论体系。早在改革开放初期,邓小平就重视和强调改善民生。他指出,我们搞四个现代化,因为经验不足,会面临多方面的困难。如改造一个企业就要减人,减下的人怎么安置,这也是困难。又如我们要

---

① 胡锦涛:《坚定不移沿着中国特色社会主义道路前进　为全面建成小康社会而奋斗——在中国共产党第十八次全国代表大会上的报告》,人民出版社 2012 年版,第 36 页。

建立退体制度,这是很正确的,但是也会有很多人思想抵触,这也是很大的困难。①

江泽民也强调指出,改革开放的重要目的是改善人民生活。加快改革开放和经济发展,目的都是满足人民日益增长的物质文化需要。随着生产发展和社会财富的增加,城乡居民的实际收入、消费水平和生活质量要有明显提高。② 一定要使群众得到应该得到的、看得见的物质利益,而且随着经济的发展,要使群众得到的、看得见的物质利益不断有所增加。不能做好这方面的工作,是无法向党、向人民交代的。③

胡锦涛同样强调保障和改善民生。他指出,要牢牢把握保障和改善民生这一根本目的。保障和改善民生,既是满足人民日益增长的物质文化需求的必然要求,也是加快转变经济发展方式,扩大消费的必然要求。要加强保障和改善民生工作的制度建设,增强公平性、透明度、可持续性。④ 提高人民物质文化生活水平,是改革开放和社会主义现代化建设的根本目的。要多谋民生之利,多解民生之忧,解决好人民最关心最直接最现实的利益问题,在学有所教、劳有所得、病有所医、老有所养、住有所居上持续取得新进展,努力让人民过上更好生活。⑤

保障和改善民生是习近平强调的重要社会保障制度目标。习近平指出:"做好经济社会发展工作,民生是'指南针'"。要全面把握发展和民生相互牵动、互为条件的关系,通过持续发展强化保障和改善民生的物质基础,通过不

---

① 参见《邓小平文选》第二卷,人民出版社 1994 年版,第 230 页。

② 参见中共中央文献研究室编:《十四大以来重要文献选编》上,人民出版社 1999 年版,第 32 页。

③ 参见中共中央文献研究室编:《江泽民论有中国特色社会主义（专题摘编）》,中央文献出版社 2002 年版,第 112—113 页。

④ 参见《胡锦涛文选》第三卷,人民出版社 2016 年版,第 575—576 页。

⑤ 参见《胡锦涛文选》第三卷,人民出版社 2016 年版,第 640 页。

断保障和改善民生创造更多有效需求。① "让老百姓过上好日子是我们一切工作的出发点和落脚点。""多做一些雪中送炭、急人之困的工作,少做些锦上添花、花上垒花的虚功。"②习近平还指出,抓民生要抓住人民最关心最直接最现实的利益问题,抓住最需要关心的人群,一件事情接着一件事情办、一年接着一年干,锲而不舍向前走。要多谋民生之利,多解民生之忧,在学有所教、劳有所得、病有所医、老有所养、住有所居上持续取得新进展。③

改革开放以来,中国共产党关于保障和改善民生的一系列重要认识,为中国社会保障制度的建设和发展指明基本的目标。

全面建成小康社会是社会保障制度建设的重要目标之一。邓小平早在1979 年就提出了小康社会的目标。他指出,我们的四个现代化的概念,不是像西方那样的现代化的概念,而是"小康之家"。到 20 世纪末,要达到第三世界中比较富裕一点的国家的水平,比如国民生产总值人均一千美元,也还得付出很大的努力。就算达到那样的水平,同西方来比,也还是落后的。中国到那时也还是一个小康的状态。④

江泽民指出,提高人民生活水平,是改革开放和发展经济的根本目的。在经济发展的基础上,使全国人民过上小康生活,并逐步向更高的水平前进。⑤在中共十六大报告中,江泽民系统阐述了全面建设小康社会的目标,其中与人民生活和社会保障直接相关的目标是:城镇人口的比重较大幅度提高,工农差别、城乡差别和地区差别扩大的趋势逐步扭转。社会保障体系比较健全,社会

---

① 参见《习近平论扶贫工作——十八大以来重要论述摘编》,《党建》2015 年第 12 期。
② 中共中央宣传部编:《习近平总书记系列重要讲话读本》,学习出版社、人民出版社 2014 年版,第 109、111 页。
③ 参见中共中央宣传部编:《习近平总书记系列重要讲话读本》,学习出版社、人民出版社 2014 年版,第 113 页。
④ 参见《邓小平文选》第二卷,人民出版社 1994 年版,第 237 页。
⑤ 参见中共中央文献研究室编:《十五大以来重要文献选编》上,人民出版社 2000 年版,第 29 页。

就业比较充分,家庭财产普遍增加,人民过上更加富足的生活。社会秩序良好,人民安居乐业。①

胡锦涛在中共十八大报告中明确提出了全面建成小康社会的奋斗目标,其中之一就是,人民生活水平全面提高。具体表现为:基本公共服务均等化总体实现。就业更加充分。收入分配差距缩小,中等收入群体持续扩大,扶贫对象大幅减少。社会保障全民覆盖,人人享有基本医疗卫生服务,住房保障体系基本形成,社会和谐稳定。②

习近平关于全面建成小康社会的论述,为中国社会保障制度的发展和完善确立了重要目标。他指出:"我们已经确定了今后的奋斗目标,这就是到中国共产党成立100年时全面建成小康社会。"③全面建成小康社会,强调的不仅是"小康",而且更重要的也是更难做到的是"全面"。"小康"讲的是发展水平,"全面"讲的是发展的平衡性、协调性、可持续性。如果到2020年我们在总量和速度上完成了目标,但发展不平衡、不协调、不可持续问题更加严重,短板更加突出,就算不上真正实现了目标,即使最后宣布实现了,也无法得到人民群众和国际社会认可。全面小康,覆盖的领域要全面,是"五位一体"全面进步。全面小康,覆盖的人口要全面,是惠及全体人民的小康。全面小康,覆盖的区域要全面,是城乡区域共同的小康。④ 全面建成小康社会是中国共产党提出的第一个百年奋斗目标,这一目标既是中国经济社会发展的指引,也是中国社会保障制度发展和完善必须服务的方向。

不断满足人民对美好生活的向往是社会保障制度建设的又一重要目标。习近平明确提出,要把不断满足人民对美好生活的向往作为党的奋斗目标。

---

① 参见《江泽民文选》第三卷,人民出版社2006年版,第543—544页。
② 参见《胡锦涛文选》第三卷,人民出版社2016年版,第626页。
③ 《习近平谈治国理政》第一卷,外文出版社2018年版,第44页。
④ 参见《习近平谈治国理政》第二卷,外文出版社2017年版,第78—81页。

"我们的人民热爱生活,期盼有更好的教育、更稳定的工作、更满意的收入、更可靠的社会保障、更高水平的医疗卫生服务、更舒适的居住条件、更优美的环境,期盼孩子们能成长得更好、工作得更好、生活得更好。人民对美好生活的向往,就是我们的奋斗目标。"①在中共十九大报告中,习近平指出,带领人民创造美好生活,是我们党始终不渝的奋斗目标。必须始终把人民利益摆在至高无上的地位,让改革发展成果更多更公平惠及全体人民,朝着实现全体人民共同富裕不断迈进。保障和改善民生要抓住人民最关心最直接最现实的利益问题,既尽力而为,又量力而行,一件事情接着一件事情办,一年接着一年干。保障群众基本生活,不断满足人民日益增长的美好生活需要,不断促进社会公平正义,形成有效的社会治理、良好的社会秩序,使人民获得感、幸福感、安全感更加充实、更有保障、更可持续。②

习近平进一步指出,中国特色社会主义进入新时代,这个新时代,是决胜全面建成小康社会、进而全面建设社会主义现代化强国的时代,是全国各族人民团结奋斗、不断创造美好生活、逐步实现全体人民共同富裕的时代。中国特色社会主义进入新时代,我国社会主要矛盾已经转化为人民日益增长的美好生活需要和不平衡不充分的发展之间的矛盾。我国稳定解决了十几亿人的温饱问题,总体上实现小康,不久将全面建成小康社会,人民美好生活需要日益广泛,不仅对物质文化生活提出了更高要求,而且在民主、法治、公平、正义、安全、环境等方面的要求日益增长。同时,我国社会生产力水平总体上显著提高,社会生产能力在很多方面进入世界前列,更加突出的问题是发展不平衡不充分,这已经成为满足人民日益增长的美好生活需要的主要制约因素。③

---

① 《习近平谈治国理政》第一卷,外文出版社 2018 年版,第 4 页。

② 参见习近平:《决胜全面建成小康社会　夺取新时代中国特色社会主义伟大胜利——在中国共产党第十九次全国代表大会上的报告》,人民出版社 2017 年版,第 45 页。

③ 参见习近平:《决胜全面建成小康社会　夺取新时代中国特色社会主义伟大胜利——在中国共产党第十九次全国代表大会上的报告》,人民出版社 2017 年版,第 10—11 页。

总之,不断满足人民美好生活的需要,是中国共产党的奋斗目标,中国特色社会保障制度的发展和完善,则是不断满足人民美好生活的需要的重要制度保障。

三、中国特色社会保障制度的基本理念是
共享发展与促进社会公平正义

改革开放以来,随着经济体制改革的不断深入,就业问题成为影响民生与社会稳定的重要问题,中国共产党在经济社会发展的实践中,不断提升关于促进就业与失业保障的认识,逐步确立就业是民生之本的社会保障基本理念。

江泽民明确提出就业是民生之本。他指出,要结合本地区经济社会发展的需要和下岗失业人员的特点,有组织地开发一批适合下岗失业人员从事的就业岗位。要有针对性地开展面向下岗失业人员的职业介绍和职业指导。解决就业困难群众的再就业问题,必须提供更有针对性的就业服务,进一步把工作做细做实。要充分重视职业培训在促进再就业工作中的重要作用。要提高再就业培训的针对性、实用性和有效性。要积极开展再就业援助。政府的资金和政策要集中用于帮助最困难的群众实现再就业,政府开发的公益性就业岗位主要应用来安排他们,并采取提供就业援助、社会保险补贴和岗位补贴等更加优惠的扶持政策。要继续巩固"两个确保",搞好"三条保障线"的衔接,切实做到应保尽保。[①]

胡锦涛同样强调就业是民生之本。他指出,要始终把就业、再就业工作作为一件关系全局的大事来抓,认真落实中央关于促进就业、再就业的政策措施,切实解决存在的突出问题,切实取得实实在在的效果。发展是促进就业、

---

① 参见《江泽民文选》第三卷,人民出版社 2006 年版,第 508—509 页。

再就业的根本途径。要通过发展社区服务业、劳动密集型产业、中小企业、公益性事业等就业容量大的行业和企业,培养新的就业增长点,实现发展经济和扩大就业的良性互动。要加强就业技能培训,切实提高劳动者就业技能和竞争能力。要进一步做好就业再就业服务工作,大力改善公共职业介绍服务的设施和手段,建立健全再就业援助制度,规范劳动力市场秩序,为出境就业再就业创造良好环境。①

习近平明确提出必须崇尚劳动、造福劳动者。他指出,要维护和发展劳动者的利益,保障劳动者的权利。要坚持社会公平正义,排除阻碍劳动者参与发展、分享发展成果的障碍,努力让劳动者实现体面劳动、全面发展。② 在中共十九大报告中,习近平进一步指出,就业是最大的民生。要坚持就业优先战略和积极就业政策,实现更高质量和更充分就业。大规模开展职业技能培训,注重解决结构性就业矛盾,鼓励创业带动就业。提供全方位公共就业服务,促进高校毕业生等青年群体、农民工多渠道就业创业。破除妨碍劳动力、人才社会性流动的体制机制弊端,使人人都有通过辛勤劳动实现自身发展的机会。完善政府、工会、企业共同参与的协商协调机制,构建和谐劳动关系。③

改革开放以来,中国共产党提出的一系列关于促进就业、保障失业人员基本生活、实现劳动者体面劳动的思想,成为中国社会保障制度发展的基本理念。

共享发展是中国共产党关于社会保障制度的另一重要理念。邓小平指出,各项工作都要有助于建设有中国特色的社会主义,都要以是否有助于人民的富裕幸福,是否有助于国家的兴旺发达,作为衡量做得对或不对的标准。④

---

① 参见《胡锦涛文选》第二卷,人民出版社 2016 年版,第 181—182 页。
② 参见《习近平谈治国理政》第一卷,外文出版社 2018 年版,第 46 页。
③ 习近平:《决胜全面建成小康社会　夺取新时代中国特色社会主义伟大胜利——在中国共产党第十九次全国代表大会上的报告》,人民出版社 2017 年版,第 46 页。
④ 参见《邓小平文选》第三卷,人民出版社 1993 年版,第 23 页。

我们允许一部分人先好起来,一部分地区先好起来,目的是更快地实现共同富裕。正因为如此,所以我们的政策是不使社会导致两极分化,就是说,不会导致富的越富,贫的越贫。① 坚持社会主义的发展方向,就要肯定社会主义的根本任务是发展生产力,逐步摆脱贫困,使国家富强起来,使人民生活得到改善。社会主义的特点不是穷,而是富,但这种富是人民共同富裕。②

江泽民也十分强调共同富裕。他指出,实现共同富裕是社会主义的根本原则和本质特征,绝不能动摇。③ 允许一部分地区一部分人通过诚实劳动和合法经营先富起来,带动和帮助其他地区和其他群众,最终达到全国各地区的普遍繁荣和全体人民的共同富裕,这是我们必须长期坚持的一个大政策。④ 在整个改革开放和现代化建设的过程中,都要努力使工人、农民、知识分子和其他群众共同享受到经济社会发展的成果。使他们不断得到看得见的物质文化利益。⑤

胡锦涛在中共十七大报告中指出,要始终把实现好、维护好、发展好最广大人民的根本利益,作为党和国家一切工作的出发点和落脚点,走共同富裕道路,促进人的全面发展,做到发展为了人民,发展依靠人民,发展成果由人民共享。⑥ 共同富裕是中国特色社会主义的根本原则。要坚持社会主义基本经济制度和分配制度,调整国民收入分配格局,加大再分配调节力度,着力解决收入分配差距较大问题,使发展成果更多更公平惠及全体人民,朝着共同富裕方向稳步前进。⑦

---

① 参见《邓小平文选》第三卷,人民出版社 1993 年版,第 172 页。
② 参见《邓小平文选》第三卷,人民出版社 1993 年版,第 264—265 页。
③ 参见《江泽民文选》第一卷,人民出版社 2006 年版,第 466 页。
④ 参见中共中央文献研究室编:《十五大以来重要文献选编》上,人民出版社 2000 年版,第 685—686 页。
⑤ 参见中共中央文献研究室编:《江泽民论有中国特色社会主义(专题摘编)》,中央文献出版社 2002 年版,第 111—112 页。
⑥ 参见《胡锦涛文选》第二卷,人民出版社 2016 年版,第 624 页。
⑦ 参见《胡锦涛文选》第三卷,人民出版社 2016 年版,第 624 页。

　　习近平全面系统地论述了共享发展的理念。他指出:"共享理念实质就是坚持以人民为中心的发展思想,体现的是逐步实现共同富裕的要求。"共享发展的内涵主要有四个方面。一是共享是全民共享。这是就共享的覆盖面而言的。共享发展是人人享有、各得其所,不是少数人共享、一部分人共享。二是共享是全面共享。这是就共享的内容而言的。共享发展就要共享国家经济、政治、文化、社会、生态各方面建设成果,全面保障人民在各方面的合法权益。三是共享是共建共享。这是就共享的实现途径而言的。共建才能共享,共建的过程也是共享的过程。四是共享是渐进共享。这是就共享发展的推进进程而言的。① 习近平还指出,广大人民群众共享改革发展成果,是社会主义的本质要求,是社会主义制度优越性的集中体现。我们必须坚持发展为了人民、发展依靠人民、发展成果由人民共享,做出更有效的制度安排,使全体人民朝着共同富裕方向稳步前进。② 共享发展理念是新时期中国经济社会新发展理念的重要内容,也是新时期中国社会保障制度发展和完善的重要理念之一。

　　改革开放以来,中国共产党逐步认识到促进社会公平正义对于保障和改善民生、维护社会和谐稳定的重要意义,并系统地提出了关于促进社会公平正义的思想理论。胡锦涛不仅提出了社会公平正义的重要性,而且提出了公平正义的保障体系。他指出,维护和实现社会公平正义,涉及最广大人民根本利益,是我们党坚持立党为公、执政为民的必然要求,也是我国社会主义制度的本质要求。要把维护社会公平放到更加突出的位置,综合运用多种手段,依法逐步建立以权利公平、机会公平、规则公平、分配公平为主要内容的社会公平保障体系,使全体人民共享改革发展成果,使全体人民朝着共同富裕的方向稳

---

　　① 参见中共中央文献研究室编:《习近平总书记重要讲话文章选编》,中央文献出版社、党建读物出版社 2016 年版,第 402—403 页。
　　② 参见中共中央文献研究室编:《十八大以来重要文献选编》中,中央文献出版社 2016 年版,第 827 页。

步前进。① 胡锦涛在中共十八大报告中进一步指出,必须坚持维护社会公平正义。公平正义是中国特色社会主义的内在要求。要在全体人民共同奋斗、经济社会发展的基础上,加紧建设对保障社会公平正义具有重大作用的制度,逐步建立以权利公平、机会公平、规则公平、分配公平为主要内容的社会公平保障体系,努力营造公平的社会环境,保证人民平等参与、平等发展权利。②

习近平十分强调社会公平正义理念在社会保障制度乃至经济社会发展中的地位。他指出,"公平正义是中国特色社会主义的内在要求"③,全面深化改革必须以促进社会公平正义、增进人民福祉为出发点和落脚点。这是坚持我们党全心全意为人民服务根本宗旨的必然要求。必须着眼创造更加公平正义的社会环境,不断克服各种有违公平正义的现象,使改革发展成果更多更公平惠及全体人民。④ 关于促进社会公平正义的决定性要素。他指出,实现社会公平正义最主要的还是经济社会发展水平,我们要在不断发展的基础上尽量把促进社会公平正义的事情做好。⑤ 关于社会公平正义的重要保证。他指出,制度是社会公平正义的重要保证。我们要通过创新制度安排,努力克服人为因素造成的有违公平正义的现象,保证人民平等参与、平等发展权利。要把促进社会公平正义、增进人民福祉作为一面镜子,审视我们各方面体制机制和政策规定。要加紧建设对保障社会公平正义具有重大作用的制度,逐步建立以权利公平、机会公平、规则公平、分配公平为主要内容的社会公平保障体系。⑥

---

① 参见《胡锦涛文选》第二卷,人民出版社 2016 年版,第 291 页。
② 参见《胡锦涛文选》第三卷,人民出版社 2016 年版,第 623—624 页。
③ 《习近平谈治国理政》第一卷,外文出版社 2018 年版,第 13 页。
④ 参见中共中央文献研究室编:《习近平总书记重要讲话文章选编》,中央文献出版社、党建读物出版社 2016 年版,第 96 页。
⑤ 参见中共中央文献研究室编:《习近平总书记重要讲话文章选编》,中央文献出版社、党建读物出版社 2016 年版,第 97 页。
⑥ 参见中共中央文献研究室编:《习近平总书记重要讲话文章选编》,中央文献出版社、党建读物出版社 2016 年版,第 96—98 页。

改革开放以来,中国共产党关于社会公平正义的一系列思想理论的提出,确立了中国社会保障制度建设和发展的另一基本理念,成为中国社会保障制度建设和发展的重要理论基础。

四、中国特色社会保障制度的基本道路是实现更加公平更可持续的发展

改革开放以来,伴随着经济社会的发展变化,中国共产党逐步探索建设中国特色社会保障制度的道路,在此基础上,比较系统地提出了有关中国特色社会保障制度建设的思想理论体系。

邓小平在 1978 年就指出,工会要努力保障工人的福利。我们的国家还很落后,工人的福利不可能在短期内有很大的增长,而只能在生产增长特别是劳动生产率增长的基础上逐步增长。但是,这决不能成为企业领导不关心工人福利的借口,尤其不能成为工会组织不关心工人福利的借口。工会要努力改善工人的劳动条件、居住条件、饮食条件和卫生条件,同时要在工人中间积极开展各种形式的互助活动。[①]

江泽民系统地论述了建设有中国特色的社会保障制度的必要性与现实意义。他指出,加快建立多层次的社会保障体系,特别是抓紧建立和完善养老、失业、医疗保险制度。这对于深化企业改革,保持社会稳定,顺利建立社会主义市场经济体制,具有重大意义。[②] 在中共十五大报告中,江泽民明确提出,建立社会保障体系,实行社会统筹和个人账户相结合的养老、医疗保险制度,

---

① 参见《邓小平文选》第二卷,人民出版社 1994 年版,第 137—138 页。
② 参见中共中央文献研究室编:《十四大以来重要文献选编》中,人民出版社 1997 年版,第 1375 页。

完善失业保险和社会救济制度,提供最基本的社会保障。① 社会保障工作直接关系到坚持党的全心全意为人民服务的宗旨,关系到维护人民群众的切身利益,关系到保证改革开放和经济建设稳定发展的大局。②

胡锦涛在中共十七大报告中明确提出建立覆盖城乡居民的社会保障体系,保障人民基本生活。他指出,社会保障是社会安定的重要保证。要以社会保险、社会救助、社会福利为基础,以基本养老、基本医疗、最低生活保障制度为重点,以慈善事业、商业保险为补充,加快完善社会保障体系。③ 要加快建立覆盖城乡居民的社会保障体系。这是坚持立党为公、执政为民的具体体现,是推动科学发展、促进社会和谐的重要工作,是保增长、保民生、保稳定的重要任务,也是保持国家长治久安的重要条件。要把加快完善社会保障体系作为实现好、维护好、发展好最广大人民根本利益的重要工作扎实推进,努力使全体人民学有所教、劳有所得、病有所医、老有所养、住有所居,不断促进社会和谐。④

在中共十九大报告中,习近平系统论述了新时代中国特色社会保障制度建设的新方向,他指出,要加强社会保障体系建设。按照兜底线、织密网、建机制的要求,全面建成覆盖全民、城乡统筹、权责清晰、保障适度、可持续的多层次社会保障体系。全面实施全民参保计划。实施健康中国战略。人民健康是民族昌盛和国家富强的重要标志。要完善国民健康政策,为人民群众提供全方位全周期健康服务。积极应对人口老龄化,构建养老、孝老、敬老政策体系和社会环境,推进医养结合,加快老龄事业和产业发展。⑤

---

① 参见中共中央文献研究室编:《十五大以来重要文献选编》上,人民出版社 2000 年版,第 24 页。

② 参见劳动和社会保障部、中共中央文献研究室编:《新时期劳动和社会保障重要文献选编》,中国劳动社会保障出版社、中央文献出版社 2002 年版,第 354 页。

③ 参见《胡锦涛文选》第二卷,人民出版社 2016 年版,第 643—644 页。

④ 参见《胡锦涛文选》第三卷,人民出版社 2016 年版,第 211—212 页。

⑤ 参见习近平:《决胜全面建成小康社会 夺取新时代中国特色社会主义伟大胜利——在中国共产党第十九次全国代表大会上的报告》,人民出版社 2017 年版,第 47—48 页。

改革开放以来,中国共产党关于建立和完善中国特色社会保障制度的必要性及其重大意义的论述,成为指导中国社会保障制度建设和发展的思想理论基础。

改革开放以来,随着中国城乡经济社会的发展变化,中国共产党逐步认识到统筹城乡经济社会发展的重要性,逐步强调社会保障制度及公共服务的城乡统筹发展。

江泽民指出,千方百计增加农民收入,是当前农业和农村工作的一项重要任务。全国实现小康,重点和难点都在农村。农村实现小康,关键是增加农民收入。要从调整优化结构、增加农业投入、扩大以工代赈、促进农产品流通等方面采取综合措施,开辟农民增收的新途径新领域。① 贫困地区尽快脱贫致富,是实现第二步战略目标的重要组成部分。②

胡锦涛指出,要进一步加强统筹城乡发展工作。没有农民的小康,就没有全国人民的小康,没有农村的现代化就没有全国的现代化。要建立健全农村社会化服务体系和支持保护体系。要继续加强扶贫开发工作,提高扶贫开发成效,加快扶贫地区脱贫步伐。要加强农村教育,要把改善农民群众生产生活条件,提高他们生活水平,作为一件大事来抓。③ 要加大农村扶贫开发力度,因地制宜实行整村推进的扶贫开发方式,继续对缺乏生存条件地区的贫困人口实行易地扶贫,对丧失劳动能力的贫困人口实行救助制度。④

习近平也十分重视社会保障制度的城乡统筹发展。他指出,改革开放以来,我国农村面貌发生了翻天覆地的变化。但是,城乡二元结构没有根本改变,城乡发展差距不断拉大趋势没有根本扭转。根本解决这些问题,必须推进城乡发展一体

---

① 参见《江泽民文选》第二卷,人民出版社 2006 年版,第 441—442 页。
② 参见《江泽民文选》第一卷,人民出版社 2006 年版,第 235 页。
③ 参见《胡锦涛文选》第二卷,人民出版社 2016 年版,第 68—69 页。
④ 参见《胡锦涛文选》第二卷,人民出版社 2016 年版,第 416 页。

化。必须健全体制机制,形成以工促农、以城带乡、工农互惠、城乡一体的新型工农城乡关系,让广大农民平等参与现代化进程、共同分享现代化成果。①

中国共产党关于统筹城乡经济社会发展尤其是统筹城乡社会保障制度发展的认识和思想,对于中国社会保障制度的进一步完善产生了直接而又重大的推动作用。

随着中国经济社会的发展变化和社会保障制度的逐步发展,如何实现社会保障制度在保障和改善民生的基础上能够可持续发展,成为中国社会保障制度长远发展面临的重要问题。中国共产党逐步认识并提出了社会保障制度可持续发展的思想。

邓小平指出,我们只能在发展生产的基础上逐步改善生活。发展生产,而不改善生活,是不对的;同样,不发展生产,要改善生活,也是不对的,而且是不可能的。逐步改善人民的生活,提高人民的收入,必须建立在发展生产的基础上。解决这类问题,步子一定要稳,要对群众很好地进行引导,千万不能不负责任地许愿鼓动。②

江泽民指出,建立社会保障体系要把握以下几个原则:一是从国情出发,与国民经济发展水平以及各方面承受能力相适应,首先保证人们基本生活的需要;二是坚持公平与效率相结合,权利与义务相对应,兼顾国家、企业、个人三者利益;三是要积极稳妥,注意新老体制的衔接和过渡,避免出现大的波动。③

胡锦涛十分强调社会保障制度的可持续发展。他在中共十八大报告中指出:"要坚持全覆盖、保基本、多层次、可持续方针,以增强公平性、适应流动性、保证可持续性为重点,全面建成覆盖城乡居民的社会保障体系。"④以社会

---

① 参见《习近平谈治国理政》第一卷,外文出版社2018年版,第81页。
② 参见《邓小平文选》第二卷,人民出版社1994年版,第257—258页。
③ 参见江泽民:《论"三个代表"》,人民出版社2002年版,第91页。
④ 胡锦涛:《坚定不移沿着中国特色社会主义道路前进 为全面建成小康社会而奋斗——在中国共产党第十八次全国代表大会上的报告》,人民出版社2012年版,第36页。

保险、社会救助、社会福利为基础,以基本养老、基本医疗、最低生活保障制度为重点,以慈善事业、商业保险为补充,统筹协调做好各项工作,实现社会保障事业可持续发展。①

习近平非常关注社会保障制度的可持续发展,并从多个方面对这一问题进行了系统具体的论述。关于社会保障发展与经济发展的关系。他指出,要处理好发展经济和保障民生的关系,既要在经济发展的基础上不断加大保障民生力度,也不要脱离财力作难以兑现的承诺。要坚持量入为出,积极调整财政支出结构。②

关于社会保障水平的合理性。习近平指出,我国仍处于并将长期处于社会主义初级阶段,改善民生不能脱离这个最大的实际提出过高目标,只能根据经济发展和财力状况逐步提高人民生活水平,做那些现实条件下可以做到的事情。决不能开空头支票,也要防止把胃口吊得过高,否则,结果只会适得其反,就有可能落入"中等收入陷阱"。③ 我们要坚持从实际出发,收入提高必须建立在劳动生产率提高的基础上,福利水平提高必须建立在经济和财力可持续增长的基础上。④

习近平非常重视养老保险制度的可持续性。习近平指出,构建公平、可持续的养老保险制度至关重要。要完善个人账户,坚持精算平衡,增强社保缴费激励,提高收付透明度,提高统筹层次,有序推进基本养老保险制度改革。⑤习近平十分重视社会保障费率的合理性。习近平指出,目前一些企业的"五

---

① 参见《胡锦涛文选》第三卷,人民出版社 2016 年版,第 212 页。

② 参见中共中央文献研究室编:《习近平总书记重要讲话文章选编》,中央文献出版社、党建读物出版社 2016 年版,第 274—275 页。

③ 参见中共中央宣传部编:《习近平总书记系列重要讲话读本(2016 年版)》,学习出版社、人民出版社 2016 年版,第 214 页。

④ 参见中共中央文献研究室编:《习近平总书记重要讲话文章选编》,中央文献出版社、党建读物出版社 2016 年版,第 325 页。

⑤ 参见中共中央文献研究室编:《习近平总书记重要讲话文章选编》,中央文献出版社、党建读物出版社 2016 年版,第 322 页。

险一金"相当于职工工资的百分之四十左右,大大超过一些发达国家水平,要研究精简归并"五险一金",当前可适当降低企业住房公积金缴付比例,需要时再回归常态。① 习近平十分重视住房保障体系的可持续性。习近平指出,加快推进住房保障和供应体系建设,要处理好政府提供公共服务和市场化的关系、住房发展的经济功能和社会功能的关系、需要和可能的关系、住房保障和防止福利陷阱的关系。从我国国情看,总的方向是构建以政府为主提供基本保障、以市场为主满足多层次需求的住房供应体系。②

　　中国共产党关于社会保障制度可持续发展的思想,为中国社会保障制度未来的建设和发展指明了方向。

　　综上所述,改革开放以来,随着中国经济社会的发展变化,中国共产党对社会保障制度重大理论问题的认识逐步发展和深化。在对社会保障功能的认识方面,经历一个从建立合理的个人收入分配和社会保障制度,到提出加快建设与经济发展水平相适应的社会保障体系,再到提出完善社会保障制度,保障群众基本生活,进而明确提出社会保障是保障人民生活、调节社会分配的一项基本制度;在对社会保障制度目标的认识方面,提出了保障和改善民生,全面建成小康社会,满足人民对美好生活的向往等一系列符合中国国情的社会保障制度建设和发展目标;在对社会保障制度理念的认识方面,提出了就业是民生之本,促进社会公平正义,共享发展等系统的社会保障制度发展理念;在对社会保障制度发展道路的认识方面,强调社会保障制度的中国特色,社会保障制度的城乡统筹发展,社会保障制度的更加公平、更可持续发展等。在扶贫开发与反贫困方面提出了从"救济式扶贫"到"开发式扶贫",从"扶贫攻坚"到"大扶贫格局",从"精准扶贫"到"精准脱贫"等比较系统的扶贫与脱贫思想

---

　　① 参见中共中央文献研究室编:《习近平总书记重要讲话文章选编》,中央文献出版社、党建读物出版社 2016 年版,第 316 页。
　　② 参见《习近平谈治国理政》第一卷,外文出版社 2018 年版,第 192—193 页。

体系。

中国共产党对社会保障制度重大理论问题的认识过程,既是对中国特色社会保障制度本质属性的认识过程,也是对符合中国国情的社会保障理论的探索过程。中国共产党对社会保障制度重大理论问题的认识,构成中国特色社会主义理论的重要组成部分,也是中国共产党对马克思主义社会保障理论的重要贡献。

主要参考文献

1.《马克思恩格斯全集》第 2 卷,人民出版社 1957 年版。

2.《马克思恩格斯全集》第 6 卷,人民出版社 1961 年版。

3.《马克思恩格斯全集》第 10 卷,人民出版社 1998 年版。

4.《马克思恩格斯全集》第 25 卷,人民出版社 2001 年版。

5.《马克思恩格斯全集》第 26 卷,人民出版社 2014 年版。

6.《马克思恩格斯全集》第 42 卷,人民出版社 2016 年版。

7.《马克思恩格斯全集》第 44 卷,人民出版社 2001 年版。

8.《马克思恩格斯全集》第 46 卷,人民出版社 2003 年版。

9.《马克思恩格斯全集》第 29 卷,人民出版社 2020 年版。

10.《马克思恩格斯文集》第 1 卷,人民出版社 2009 年版。

11.《马克思恩格斯选集》第 1、2 卷,人民出版社 2012 年版。

12.《列宁全集》第 4、6 卷,人民出版社 2013 年版。

13.《列宁全集》第 21、22、36、41 卷,人民出版社 2017 年版。

14.《列宁选集》第 4 卷,人民出版社 1972 年版。

15.《毛泽东选集》,人民出版社 1991 年版。

16.《毛泽东文集》,人民出版社 1993 年版。

17.《邓小平文选》,人民出版社 1993、1994 年版。

18.《江泽民文选》,人民出版社 2006 年版。

19．江泽民:《论"三个代表"》,人民出版社 2002 年版。

20．胡锦涛:《坚定不移沿着中国特色社会主义道路前进 为全面建成小康社会而奋斗——在中国共产党第十八次全国代表大会上的报告》,人民出版社 2012 年版。

21.《胡锦涛文选》,人民出版社 2016 年版。

22.《习近平谈治国理政》第一卷,外文出版社 2018 年版。

23.《习近平谈治国理政》第二卷,外文出版社 2017 年版。

24.《习近平谈治国理政》第三卷,外文出版社 2020 年版。

25．习近平:《决胜全面建成小康社会 夺取新时代中国特色社会主义伟大胜利——在中国共产党第十九次全国代表大会上的报告》,人民出版社 2017 年版。

26．中共中央文献研究室编:《邓小平年谱(1975—1997)》,中央文献出版社 2004 年版。

27．中共中央文献研究室编:《江泽民论有中国特色社会主义(专题摘编)》,中央文献出版社 2002 年版。

28．中共中央文献研究室编:《十二大以来重要文献选编》中,人民出版社 1986 年版。

29．中共中央文献研究室编:《十四大以来重要文献选编》上,人民出版社 1999 年版。

30．中共中央文献研究室编:《十五大以来重要文献选编》上,人民出版社 2000 年版。

31．中共中央文献研究室编:《十六大以来重要文献选编》(上),中央文献出版社 2005 年版。

32．中共中央文献研究室编:《十七大以来重要文献选编》(中),中央文献出版社 2011 年版。

33．中共中央文献研究室编：《十八大以来重要文献选编》(中)，中央文献出版社 2016 年版。

34．中共中央党史和文献研究院编：《十九大以来重要文献选编》(上)，中央文献出版社 2019 年版。

35．劳动和社会保障部、中共中央文献研究室编：《新时期劳动和社会保障重要文献选编》，中国劳动社会保障出版社、中央文献出版社 2002 年版。

36．新华月报社编：《时政文献辑览(2006.3—2007.3)》，人民出版社 2007 年版。

37．中共中央宣传部编：《习近平总书记系列重要讲话读本》，学习出版社、人民出版社 2014 年版。

38．中共中央宣传部编：《习近平总书记系列重要讲话读本(2016 年版)》，学习出版社、人民出版社 2016 年版。

39．中共中央文献研究室编：《习近平总书记重要讲话文章选编》，中央文献出版社、党建读物出版社 2016 年版。

40．中共中央文献研究室编：《习近平关于全面建成小康社会论述摘编》，中央文献出版社 2016 年版。

41．中共中央文献研究室编：《习近平关于社会主义经济建设论述摘编》，中央文献出版社 2017 年版。

42．中共中央文献研究室编：《习近平关于社会主义社会建设论述摘编》，中央文献出版社 2017 年版。

43．中共中央党史和文献研究院编：《习近平扶贫论述摘编》，中央文献出版社 2018 年版。

责任编辑：陈　登

封面设计：胡欣欣

图书在版编目（CIP）数据

中国特色社会保障制度理论发展研究/丁建定　等　著. —北京：人民出版社，
　2021.12

ISBN 978－7－01－023526－4

Ⅰ.①中…　Ⅱ.①丁…　Ⅲ.①社会保障制度-理论研究-中国　Ⅳ.①D632.1

中国版本图书馆 CIP 数据核字（2021）第 127667 号

中国特色社会保障制度理论发展研究

ZHONGGUO TESE SHEHUI BAOZHANG ZHIDU LILUN FAZHAN YANJIU

丁建定　等　著

人民出版社 出版发行

（100706　北京市东城区隆福寺街 99 号）

北京汇林印务有限公司印刷　新华书店经销

2021 年 12 月第 1 版　2021 年 12 月北京第 1 次印刷

开本：710 毫米×1000 毫米 1/16　印张：19.75

字数：261 千字

ISBN 978－7－01－023526－4　定价：60.00 元

邮购地址 100706　北京市东城区隆福寺街 99 号

人民东方图书销售中心　电话（010）65250042　65289539

版权所有·侵权必究

凡购买本社图书，如有印制质量问题，我社负责调换。

服务电话：（010）65250042